国家社会科学基金西部项目（编号 09XFX032）结项成果
四川省学术和技术带头人培养资金 2012 年度资助成果
电子科技大学中央高校基本科研业务费项目（编号 ZYGX2014J106）资助成果

我国西部地区农村群体性纠纷及其解决机制研究

基于实证视角的描述与分析

吴卫军　冯露　徐岩　著

知识产权出版社
全国百佳图书出版单位

图书在版编目（CIP）数据

我国西部地区农村群体性纠纷及其解决机制研究：基于实证视角的描述与分析/吴卫军，冯露，徐岩著.—北京：知识产权出版社，2017.3

ISBN 978-7-5130-4787-6

Ⅰ.①我… Ⅱ.①吴… ②冯… ③徐… Ⅲ.①农村—群体性—民事纠纷—处理—研究—中国 Ⅳ.①D925.104

中国版本图书馆 CIP 数据核字（2017）第 044404 号

责任编辑：雷春丽　　　　**责任出版**：刘译文

封面设计：SUN 工作室　韩建文

我国西部地区农村群体性纠纷及其解决机制研究

——基于实证视角的描述与分析

吴卫军　冯露　徐岩　著

出版发行：知识产权出版社有限责任公司　　网　址：http：//www.ipph.cn

社　址：北京市海淀区西外太平庄 55 号　　邮　编：100081

责编电话：010-82000860 转 8004　　责编邮箱：leichunli@cnipr.com

发行电话：010-82000860 转 8101/8102　　发行传真：010-82000893/82005070/82000270

印　刷：北京嘉恒彩色印刷有限责任公司　　经　销：各大网上书店、新华书店及相关专业书店

开　本：720mm×1000mm　1/16　　印　张：16

版　次：2017 年 3 月第 1 版　　印　次：2017 年 3 月第 1 次印刷

字　数：236 千字　　定　价：40.00 元

ISBN 978-7-5130-4787-6

目　录

CONTENTS

第一章
绪　论

第一节　研究的背景与意义

马克思曾经指出："人们在自己生活的社会生产中发生一定的、必然的、不以他们的意志为转移的关系，即同他们的物质生产力的一定发展阶段相适合的生产关系。这些关系的总和构成社会的经济结构，即有法律和政治的上层建筑竖立其上并有一定的社会意识形式与之相适应的现实基础。物质生活的生产方式制约着整个社会生活、政治生活和精神生活的过程。"① 改革开放以来，中国从一个纯粹的农业社会逐渐向一个新兴的工业社会迈进，政治、经济、社会及科技的整体性变迁必然对农民、农业和农村产生深刻的影响。在当前农村，这种影响突出表现为利益主体日益多元、利益诉求日益多样、利益心态日益复杂，由此引发的社会冲突不断加剧，各种结构型矛盾、群体性纠纷日益增多。从一定意义上说，农村各种群体性纠纷成为转型期"三农"问题的主要表征形式，这在正逐步接受工业文明洗礼和市场经济冲击的我国西部广大地区表现得尤为突出。特别是不少群体性纠纷因规模大、突发性强、冲突激烈而演变成具有广泛社会影响的群体性事件，如因移民安置补偿纠纷引发的"四川汉源事件"、因胶农与胶企纠纷引发的"云南孟良事件"就是如此。基于此，理性审视、妥当评估转型期西部地区农村群体性纠纷及其解决机制就成为当下学术界不容回避的重要课题。

---

① ［德］马克思、恩格斯：《马克思恩格斯全集》（第13卷），人民出版社1960年版，第8页。

当前国内基于实证立场，从法学角度展开的对农村群体性纠纷及其解决机制的研究非常少。检索资料显示，最近几年来，只有寥寥几篇直接研究该问题的期刊论文，相关的专著尚未发现。国内相关的一些研究主要有以下两类。

一类是法学界对各种社会纠纷解决机制及群体性事件（纠纷）法律治理的研究。在这方面，学界涌现出了一批优秀的学术成果，如范愉的《非诉讼纠纷解决机制研究》（2000）、王亚新等的《法律程序运作的实证分析》（2005）、汤维建等的《群体性纠纷诉讼解决机制论》（2008）、何兵的《和谐社会与纠纷解决机制》（2007）、左卫民等的《变革时代的纠纷解决：法学与社会学的初步考察》（2007）、徐昕的《迈向社会和谐的纠纷解决》（2008）、高其才等的《多元司法：中国社会的纠纷解决方式及其变革》（2009）、李国波的《农村群体性事件法律研究》（2010）、戚建刚等的《群体性事件治理中公众有序参与的行政法制度研究》（2014）。这些成果运用不同方法从不同角度对群体性事件（纠纷）的概念、特点、纠纷解决的立法与司法现状、纠纷解决中的策略与技术、纠纷解决的效果等问题进行了深入分析，提出了不少有创见的主张和观点。

另一类是从社会学、政治学、人类学、管理学视角专门研究群体性事件与公共危机应对、处理的成果。这方面代表性的论著主要有陈晋胜的《群体性事件研究报告》（2006）、于建嵘的《当代中国农民的维权抗争——湖南衡阳考察》（2007）、莫利拉等的《公共危机管理：农村社会突发事件预警、应急与责任机制研究》、刘伟的《难以产出的村落政治——对村民群体性活动的中观透视》（2009）、宋维强的《社会转型期中国农民群体性事件研究》、易江波的《近代中国城市江湖社会纠纷解决模式》（2010）、何显明的《群体性事件的发生机理及其应急处置》（2010）、于建嵘的《抗争性政治：中国政治社会学基本问题》（2010）、何显明等的《群体性事件的发生机理及其应急处置：基于典型案例的分析研究》（2010）、易江波的《近代中国城市江湖社会纠纷解决模式》（2010）、王鑫的《纠纷与秩序：对石林县纠纷解决的法人类学研究》（2011）等。这些成果侧重于运用社会学、政治学等学科的各种理论，诠释群体性纠纷及其解决的现状，尝试从不同角度开出解决问题的

“药方”，其研究思路、研究方法、研究结论极大地丰富了群体性纠纷的研究成果，值得法学学者吸收与借鉴。

与此同时，20 世纪以来，国外也有大量学者从法学、政治学、社会学、经济学角度对社会冲突、纠纷解决机制、农民维权抗争现象进行了大量研究。其代表性的成果主要有美国 L. 科塞的《社会冲突的功能》（中文版，1989）、美国詹姆斯·斯科特的《农民的道义经济学：东南亚的反叛与生存》（中文版，2001）、日本高见泽磨的《现代中国的纠纷与法》（中文版，2003）、美国戈尔德堡等的《纠纷解决——谈判、调解和其他机制》（中文版，2004）。其中，少量成果直接涉及中国农村纠纷及其解决情况，如美国杜赞奇的《文化、权力与国家：1900～1942 年的华北农村》（中文版，1995）。

检视以上成果，当前国内外对农村群体性纠纷及其解决机制的研究尚存在一些不足和缺失，主要表现为：一些成果的“诉讼中心化色彩”较浓厚，对诉讼外纠纷解决机制关注不够；纯粹从诉讼法学、司法制度角度开展研究的多，综合运用法学、社会学、人类学、政治学等多学科知识进行分析的少；对国内一般性纠纷及其解决机制研究的多，对群体性纠纷及其解决机制的关注不够；对城市发生的群体性纠纷研究的多，基于实证数据和典型案例对农村群体性纠纷及其解决机制进行系统深入研究的成果则不多见。

基于以上现状，本书拟在实证调研基础上，从法学与社会学的视角出发，详细描述转型期我国西部地区农村群体性纠纷的表象、特征、发展态势，系统分析各种纠纷解决机制在其间的运作机理与现实功效，有针对性地提出对策建议。这能够在一定程度上丰富我国法学理论的研究成果，具有较为重要的理论意义与学术价值。另外，随着西部大开发战略的逐步深入，转型期所特有的国情必将导致西部地区农村的各类群体性纠纷日益增多。在构建和谐社会与建设法治国家的时代背景下，妥善解决、有效化解这类纠纷成为关乎农村稳定和改革成败的带有全局性、战略性的关键问题。但是在实践中，农村群体性纠纷的化解机制及效果均差强人意，这一现状折射出立法设计和实务操作方面的诸多问题。有鉴于此，本书将在深入分析基础上系统阐发若干改革构想，以期为制度变革提供具有可操作性的解决方案。从这个角度看，本书的研究具有较为重要的现实意义和实践价值。

第二节　研究的基本路径

无论是着眼于制度层面的剖析，还是从现实运作的角度审视，我国西部地区农村群体性纠纷及其解决机制都呈现出纷繁复杂的多样图景。在本书中，我们没有面面俱到地对每一类农村纠纷解决方式都进行详细的分析描述，事实上，已经有不少学者从社会学、政治学，乃至法学角度对这方面问题进行了深入的研究，相关的理论成果可谓蔚为大观了。为了避免不必要的重复劳动，同时也力图在该问题的研究上体现出一些新意和创见，我们在本书中除了进行基本理论分析、立法文本解读外，还尝试借用社会学、人类学研究方法，从两条路径来开展研究。

一方面，课题组通过问卷调查、走访座谈获取了大量第一手资料，通过对这些资料的归纳整理，特别是对相关数据的统计分析，从定量层面描述我国西部地区农村群体性纠纷的基本状况，展示各种纠纷解决机制的运用过程及运作效果，完成宏观视角的全面分析。另一方面，课题组专门截取了农村群体性纠纷及其解决情况的某些片段，通过案情展示、过程描述、效果评判并辅之以必要的分析，力图从定性层面再现我国西部地区农村群体性纠纷个案解决的真实运作图景，完成微观视角的深入剖析。这种定量与定性、宏观与微观相结合的研究路径构成了本书的基本框架。

我们的目的并不在于通过宏大而完整的理论架构完成对现存农村群体性纠纷解决体系的重塑或再造，进而得出普适性的最终论断——也许，这具有更为重要的学术价值和现实意义，但无疑它也可能会遮蔽对社会现象的充分挖掘与深入甄别。我们的初衷是在文本分析的基础上，将关注的视线投向鲜活、复杂而又变动不居的经验事实，通过数据分析和案例解剖来揭示一些具有规律性的社会现象，探寻富有生命力的学术问题，开启进行更加深入研究的路径。基于此，书中的侧重点在于尽量展示我国西部地区农村群体性纠纷数量、类型、当事人等存在形式，描绘各种群体性纠纷解决机制的运作过程与作用效果，进而通过个案分析追问各种纠纷解决主体手中的“权力”是如何运作的，怎样的一些策略安排和技术运用在冲突化解过程中发挥了作用？之所以如此，是由于“洞见或透视隐藏于深处的棘手问题是艰难的，因为如果只是把握这一棘手问题的表层，它就会维持现状，仍然得不到解决。因此，必须把它‘连根拔起’，使它彻底地暴露出来；这就要求我们开始以一种新的方式来思考”①。这种在课题研究中一以贯之的思路被徐昕称之为“小叙事大视野”②。正是从这一思路出发，我们期望能够通过深入而细致的研究，较为准确地描绘出法学与社会学双重视野中西部地区农村群体性纠纷及其解决机制的真实图景，为制度变革和立法完善提供些许建言。

在展开正式的分析之前，我们认为有必要交代本课题在研究思路方面的几个基本问题。

首先，在本课题申请立项时，我们的思路是在制度分析及立法解读的基础上，通过一定范围内的实证调研，获取国内西部地区农村群体性纠纷及其解决机制的真实数据，同时选取若干有典型特点的个案进行实地调研与跟踪分析，以完成对群体性纠纷解决状况真实图景的客观描绘。然而，课题研究启动后，在进行实证调研时，我们即遇到了以下无法克服的实际困难：

一是各级党委、政府往往有专门的部门（如各地政府所属的公安机关）及机构（如党委、政法委下属的“维稳办”）每月汇总、统计、分析相关数据，但这些数据被纳入《保密法》规定的保密事项（如四川省公安厅将全省群体性事件的统计数据确定为“机密”级别），一般不对外提供，更不允许在公开或半公开的研究成果中引用，③ 故我们在进行调研时无一例外地遇到了这一“法律壁垒”，即很难获取官方数据。二是直接或间接获取的一些数

---

① ［英］维特根斯坦：《札记》，转引自［法］皮埃尔·布迪厄、［美］华康德：《实践与反思——反思社会学导引》，李猛、李康译，中央编译出版社1998年版，第1页。

② 徐昕：《论私力救济》，中国政法大学出版社2005年版，第40～45页。

③ 但这种规定似乎又有变通的余地和空间，在一些公开或半公开的刊物上，我们发现一些论文明确记载了相关的统计数据。如在公安部公共安全研究所主办的《公安研究》（公开出版）杂志上，我们找到了署名为“四川省公安厅”的论文《关于当前四川省征地拆迁引发群体性事件的调研报告》，该论文列举了一些省内群体性事件的数据；在四川省政法委主办的《四川政法》（内部刊物）上，课题组也找到了一些类似的论文。

据的真实性值得怀疑。群体性纠纷及群体性事件在各地都是比较敏感的社会问题，相关政府部门及司法机关对此特别重视，往往将其作为年度考核时的重要指标对待。因此，尽管中央对群体性事件上报、统计有明确的要求，但各地党委、政府出于种种考虑，大都采取了“可报可不报的，不报”的应对态度，特别是对于没有造成较大社会影响，且及时得到处理的各类群体性事件，很多都没有纳入群体性事件的统计范围。我们在调研过程中，通过与党委政府工作人员的座谈、查阅相关统计数据、走访当事人等方式，证实了这一现象存在的普遍性。三是缺乏对农村群体性纠纷、群体性事件的专门数据。在获得的少量官方统计数据中，没有以群体性事件发生地——“农村”与“城市”——为分类依据的数据。这样，这些官方数据对本课题研究的价值与意义便大打折扣。

基于以上三点考虑，在进行课题研究时，我们不得不对原有的研究思路进行调整：首先是不得不花费较多时间、精力直接进行问卷调查、数据收集与统计分析，以期通过调研获得的第一手资料展开研究，这些内容主要体现在本书第四章之中。其次是将重心更多地放在了个案分析上，力图通过对鲜活个案的解剖来探寻农村群体性纠纷的产生机理与纠纷解决机制的运作状况，进而提出立法建议，开启对问题进行更加深入研究的路径，这些内容主要体现在本书第五、六章之中。这种定性分析与定量分析相结合的研究思路成为本书一以贯之的基本逻辑，这可能与立项初衷有所背离，但我们认为据此得出的结论具有更强的说服力，也更符合课题研究的客观情况。

其次，从理论完整性的角度考量，农村群体性纠纷及与之相关的纠纷解决机制是一个复杂的社会现象。只有将实证的考察与宏大的理论架构有机结合起来，才能对其进行全面深入的研究，得出的结论才具有科学意义上的普适性。然而，这远非本课题所能荷载的重大命题，特别是考虑到本课题将研究的视域局限于我国西部地区之农村，研究周期较短，人财物等经费受到较大限制，本书之内容无法做到面面俱到。因此，程式化、应然性的立法规定尽管是本书分析立论的制度背景和“批判的武器”，本书也将有相当篇幅涉及这方面的内容，但其并未构成本书的研究重心，相关分析和结论至多是一种宏观方面的对策、建议，只是做到了浅尝辄止，并未深入系统地展开。同时，制度设计背后更为宏大、深邃的理论架构，如法治理论、利益冲突理论、社会转型理论、风险管理理论、社会运动理论、集群行为理论、沟通理论、现代社会理论，都非常重要，都能从不同角度解释群体性纠纷的产生、发展、演变及化解这一普遍社会现象，进而提出应对策略。但在本书中，我们不准备照搬这些理论进行分析阐述，因为国内外学者在这方面的高水平成果已经非常多了，而我们的知识储备与学术能力也难以荷载这样的使命。在有限的篇幅内，作为从数据分析、个案视角进行的实证研究，本书更多地倾向于描述现实、揭示问题，而非以系统的理论进行解构，进而建构一整套完善的改革举措。

再次，我们认为，任何一次性的分析都是有限的，但完整的叙述本身可以帮助克服一次社会分析中容易导致的唯智主义的"暴力符号"。① 尽管本书关于制度文本的解读可能会存在偏差，并且进行的统计分析及案例描述可能并不具有社会学意义上的典型性（特别是在这些数据及个案具有明显地域色彩的情况下更是如此），但我们的目的不在于完整描绘出当前我国西部地区农村群体性纠纷及其解决机制的全部谱系，而是期望通过这些纳入本书视野的制度文本、调研数据、具体个案来尽量展示各种纠纷解决方式的存在形式及运作机理，审视法律（文本）的制度设计是如何在宏大的社会背景与微观的权力关系网络中作为一种技术进行实践的，这些构成了问题的关键。② 无论本书是否完成了这一预设的理论使命，我们都认为这种分析的方法、路径、视角是具有启示性的，得出的结论具有现实意义并在某种程度上具有普适价值。

---

① "当萨克斯（Harvey Sacks）告诉我们，社会学是一种自然描述的科学，他是想让我们明白，社会学所面对的那些实践，任何野心勃勃的分析都难以洞察彻底，真正的科学是在承认分析的有限性的基础上，尽可能地保留实践的面貌，哪怕是那些自己分析不仅不能穷尽，甚至面临挑战的部门。"李猛："评论：如何触及社会的实践生活"，见张静主编：《国家与社会》，浙江人民出版社 2000 年版。

② 在福柯的权力—知识观看来，问题的关键是"日常生活中的权力"而非简单的国家权力。所谓"日常生活中的权力"，就是像大众媒体一样，在日常生活中，通过各种制度中的规则和拘束，直接、间接地给予人们影响的"权力"，即在各种制度中行使出来的权力。参见［日］樱井哲夫：《福柯——知识与权力》，姜忠莲译，河北教育出版社 2001 年版，第 174 页。

最后，在进行文本解读和数据统计、个案分析的同时，我们也借鉴了一些第二手材料，特别是一些宏观层面的数据，力图通过对这些补充素材的引证，获得对西部地区农村群体性纠纷及其解决机制更为全面的认知，以弥补实证调研及个案分析之不足。这样，就不可避免地形成新的理论困境：一方面，如前所述，这些材料大多是官方或半官方公布的数据，基于群体性纠纷的敏感性，出于某些利益性、功利性的考虑，数据的真实性、准确性值得怀疑；另一方面，我们又不得不在一定程度上依赖这些材料来分析问题，佐证观点，由此得出的结论之科学性可能会受到质疑。加之我们受所学专业背景的限制，在实证调研和材料收集整理中尚存在先天不足，因此，本书的研究难免存在这样或者那样的问题，其不当之处还寄希望于在今后的研究中不断加以改进。

早在约60年前，费孝通先生就已深刻地指出："任何对于中国问题的讨论总难免流于空泛和偏执。空泛，因为中国具有这样长的历史和这样广的幅员，一切归纳出来的结论都有例外，都需要加以限度；偏执，因为当前的中国正在变迁的中程，部分的和片面的观察都不易得到应有的分寸。"① 加之在社会转型的大背景下，西部地区农村群体性纠纷及其解决状况又处于不断流变之中，进行准确分析和描述的难度很大。但笔者认为，如果本书能够在避免和减少对现状的空泛认知与偏执思维方面有所裨益，则本研究的目的就已基本实现了。

第三节 研究的主要方法

所谓研究方法，是指在学术研究中使用的工具和手段。从哲学层面审视，研究方法是推动学术研究不断发展、促进学术规范体系日益形成的重要因素。任何理论体系之诞生都是科学研究方法催生的产物，没有科学的方法，就没有科学的理论。从某种意义上讲，是否有科学的研究方法以及科学方法运用

---

① 费孝通：《乡土重建与乡镇发展》，香港牛津大学出版社1994年版，第16页。

的广度与深度，是学术成果水平高低的标准与尺度。对法学研究而言，要实现有学者主张的“惊心动魄的跳跃”，[①] 必须借助科学的研究方法。在本课题研究中，我们主要使用了以下几种研究方法：文献研究法、统计分析法、案例研究法。

一、文献研究法

所谓文献研究法，是指根据研究对象之内容，对相关文献进行收集、整理、鉴别，进而形成对研究对象之科学认知的方法。在汉语词汇中，“文”指文本，“献”指口头相传的东西，文献则泛指记录有知识的一切载体。2010年2月1日实施的中华人民共和国国家标准《文献著录第1部分：总则》将“文献”分成普通图书、连续性资源、非书资料、档案、测绘制图资料、古籍、乐谱、电子资源等九大类。这一最权威表述也理应是研究本课题时可利用的全部资料范围。然而，从现实性角度考量，文献研究法主要着眼于对期刊杂志、图书资料的运用。

对于农村群体性纠纷及其解决机制而言，文献研究法主要指通过对学术论文、著作及其他文本性研究成果中的相关知识进行收集、归纳、分析，结合作者之理解，梳理思路，在此基础上揭示与阐发具有启发性与原创性的新理论、新观点，进而丰富法学基本理论，弥补学术研究之不足。在我们看来，之所以要进行文献研究，其理由主要在于包括法治文明在内的人类文明既是当下社会赖以存在的基础与前提，更是人类探索未知世界、进行科学研究的起点，只有“站在巨人的肩上”，我们才能登高望远，不断前行。

采用文献研究法，要求我们至少做到以下几点：一是科学界定研究之内容。反映人类文明之文献浩如烟海，因而梳理文献时应当有明确的指向性，只有将本课题研究对象之内涵与外延清晰界定，我们才可能“大海捞针”，找到有用的资料与成果为我所用。二是广泛搜寻相关文献。文献研究之最大特点在于可超越时空之限，尽情徜徉于人类文明的知识宝库，但是没有详实的文献，这一切都无从谈起，因而必须穷尽可能的方法收集有关本书研究主

---

① 陈瑞华：《论法学研究方法》，北京大学出版社2009年版，第201~214页。

题之资料。三是系统整理提炼已有之文献。文献是一种客观存在的知识载体，对研究者而言，其对研究对象内在规律之揭示具有间接性与零散性，这就需要研究者采用一定方法进行整理与提炼，客观展示学界已有成果，夯实更深入研究之基础。四是在此基础上对研究对象之再认识，进而提出作者自己的主张和观点。文献研究最易陷入人云亦云、重复赘述的窠臼，避免这一缺憾的最重要的手段在于“思辨—思考”已有研究成果，辨析真伪美丑，进而提出新观点并加以论证。这既是文献研究的最终目的，也是文献研究最重要的环节与步骤。

本书中，我们在广泛收集、系统整理有关研究文献的基础上，力图聚焦学术研究的薄弱环节，进而有所心得、有所建树，无论这一目标是否实现，我们认为，若本书能在一定程度上丰富学界关于农村群体性纠纷及其解决机制的研究成果，则回应了“什么是你的贡献”这一科学研究的逻辑前提。

二、统计分析法

统计分析是指依据一定的标准，通过对直接或间接获取的司法实践中的相关数据进行定量分析，以获取对研究对象更多、更丰富的信息。在我们看来，从司法统计学的角度观察，相关数据本身蕴含着丰富的时代信息，其不仅在微观上能够直接彰显“字面上的法”在实践中得以恪守与落实的情况，而且在宏观上还能“管中窥豹”，借以感知经济发展、社会变迁、文化演进对纠纷解决方式的影响状况。[①] 因此，正如有论者曾经指出的那样，通过解读案件在统计数据中的变化和差异，有助于增进我们对法律现状和变化的了解，获得对有关制度和政策进行反思与探讨的经验素材，提炼出促进制度和政策合理化的建议。[②]

在课题组看来，运用统计分析法主要有三个步骤：一是收集准确详实的

---

① 吴卫军、李倩：“基层法院行政诉讼受案范围的历史、现状与进路”，载《重庆大学学报（社科版）》2013 年第 4 期。

② 冉井富：《当代中国民事诉讼率变迁研究》，中国人民大学出版社 2005 年版，第 3 页。

数据；二是运用科学方法对数据进行归纳整理；三是通过对数据之分析得出结论。就数据的收集而言，如前所述，在本课题研究中，基于官方数据收集困难这一现状，我们只能利用大量的第一手调研数据。这些数据直接来源于课题组的调研活动，我们期望通过较具广泛性、代表性的原始数据来客观展现我国西部地区农村群体性纠纷及其解决机制的现状，揭示隐蔽在实践表象背后的内在规律，进而将对研究对象的分析引向深入。当然，需要特别说明的是，受制于调查手段的简单、调查范围的局限，以及调查内容的不周延性等因素，课题组收集的数据可能会面临着“样本代表性不够”“调查的信度与效度不高”等质疑，这是任何实证研究都无法避免的困境。为此，我们还借鉴了一些官方与非官方的第二手材料，特别是一些宏观层面的数据，力图结合对这些补充素材的剖析，弥补第一手资料之不足。

就数据的整理而言，主要是指对发放并回收的问卷按一定标准进行甄选，剔除不合格问卷后，对剩余问卷进行分类统计。这项工作相对较为容易，我们将课题组及工作人员分成两个小组，一个小组负责对农村村民的调查问卷进行统计，另一个小组负责对党委政府工作人员的调查问卷进行统计，然后进行交叉复核，确保统计结果的准确全面。

就数据的分析而言，这是三个步骤中最为关键和重要的环节。一方面，数据本身具有客观性和静止性，不同的人依据不同标准可以得出不同的结论。这就需要我们善于运用思辨方法解读数据表达的意义，总结农村群体性纠纷及其解决机制的内在规律，必要时还应与第二手资料进行比对，确保观点、结论的相对准确。另一方面，还要分析数据背后的真实原因，这些原因有些来源于社会客观情况，有些来自于调研对象的个体差异，还有些则是由于数据统计误差所致。如何追根溯源结论的客观性对课题组的专业素养与科研能力提出了很高要求。在本课题研究中，为了完成数据分析的任务，课题组除对数据本身进行挖掘外，还充分结合走访座谈的情况展开了延伸讨论，力图避免研究过程中的片面性。

三、案例分析法

案例分析又称为个案分析，最初来源于商业活动中对高级经理人及商业政策的相关教育实践，后经哈佛大学分析提炼与开发整理，成为现代工商管理硕士（MBA）教学的基本方法。从其本意而言，案例分析是指把现实经济生活中发生的事件作为案例，交给受训学员讨论分析，培养学员们对实际问题的分析能力、判断能力与解决能力。在法学领域中，案例分析也经常被用于教学实践，主要包括精选案例、案例的分类取舍、案例的应用、案例的延伸等几个步骤，[①] 其出发点与目的也在于训练学生的法律综合素养，培养学生理论联系实际，进而运用法律解决实际问题的能力。

在我们看来，案例分析在法学研究中具有非常重要的意义与价值。一方面，相对于静态的司法数据而言，案例是动态的实践运作。通过对典型案例的描述，我们可以将关注的目光投向鲜活、复杂而又变动不居的经验事实，特别是透过表象审视问题的实质。这种被徐昕称为“小叙事大视野”的研究进路可以实现“从原点到场域、从细微到宽广、从个案到法理、从单线索到多角度”，[②] 以弥补“大叙事”的表述缺陷。另一方面，从操作的便利性考虑，相对于数据收集必须秉持系统、完整、全面的要求而言，案例的收集与获取更为容易。无论是阅览卷宗，进行走访座谈，还是对报刊、网络进行检索，都能收集大量有关西部地区农村群体性纠纷及其解决情况的案例，许多案例还具有重要影响和典型性，这就大大降低了进行学术研究的成本，使得对问题的分析探讨更为便利。

案例研究法的主要步骤也分为三步：一是案例之收集；二是案例之整理；三是案例之分析。在本书资料收集与实证调研中，我们先后收集了31个农村地区群体性纠纷的案例，这其中，有13个案例来自于课题组实证调研的第一手资料，剩余18个案例来自于网络及媒体的报道。限于篇幅，本书不可能对这些案例一一罗列，我们选取了有代表性的几个案例在后文中专章分析。我们的目的是通过这些典型案例来尽量真实展现各种群体性纠纷的产生、发展及解决情况，借此客观揭示制度文本与统计数据之外的社会现实，为发现问题及提出改革对策提供更加坚实的支撑。当然，需要特别说明的是，这些用

---

① 吴艳华：“案例分析法在经济法教学中的应用”，载《教育探索》2010年第5期。
② 徐昕：《论私力救济》，中国政法大学出版社2005年版，第40~45页。

于分析的案例都发生于课题组调研之前，尽管调研过程中我们已通过复制卷宗、个别访谈、集体座谈，乃至于实地勘察等方式尽量获取最为详实的资料，进而将案例完整地再现。但历史毕竟是历史，加上各种主客观因素之影响，案例之选择存在主观偏好与价值观的影响，案例信息的汇集肯定存在一定程度的遗漏，案例的全面描述不免存在一定程度的偏差，进而对案例之分析结论也会有一定的片面性。但无论如何，只要这些案例本身是真实的，其反映的问题具有客观性，则本书的研究结论应具有不容小觑的参考价值与借鉴意义。

第二章
我国西部地区农村群体性纠纷及其解决机制的基本理论

第一节　相关概念之界定

本书为研究西部地区农村群体性纠纷及其解决机制的理论成果，为避免主题的宽泛化与过大化，需要对相关概念进行较为周延与精当的界定。

一、西部地区

作为一个描述地域维度的词语，“西部地区”在不同语境下有各种不同的理解，其指涉对象的范围也有宽窄之分，因此，从学术研究的准确性出发，需要对其加以界定。

从地理意义上看，我国“西部地区”指位于中国大陆西部的广大地域，与俗称的“东部沿海地区”“中部地区”及“东北地区”相对应。从时间层面上看，“西部地区”的范围之确定直接来源于我国的西部大开发战略。1999 年 9 月 22 日，中国共产党第十五届四中全会通过的决定明确提出“国家要实施西部大开发战略”，正式启动西部大开发战略。2010 年 1 月，国务院成立了西部地区开发领导小组，并在京召开西部地区开发会议，吹响了西部大开发的号角。2000 年 10 月 26 日，国务院发出《关于实施西部大开发若干政策措施的通知》（国办发〔2000〕33 号），明确提出了西部大开发中适用于西部地区的一系列政策。该文件指出：“西部开发的政策适用范围，包括重庆市、四川省、贵州省、云南省、西藏自治区、陕西省、甘肃省、宁夏回族自治区、青海省、新疆维吾尔自治区和内蒙古自治区、广西壮族自治区。”此后，在规范意义上，“西部地区”是指上述六省五区一市共 12 个省级行政区划，总面积约 686 万平方公里，约占全国总面积的 72%。为了与国家层面的文件保持一致，本书中的“西部地区”也指以上 12 个省市区。

之所以将研究区域框限于西部地区，主要理由有两个：一是基于操作层面便利性的考虑，本课题承担单位位于四川省，是西部大开发的重点区域之一，同时毗邻的省份也主要位于西部，进行社会调查与实证调研具有便利性，能够节省大量的人力、物力，尽快完成研究任务。二是出于典型性的选择。我国西部地区幅员辽阔、人口众多、少数民族多，加之经济不发达、区域广、城镇化程度不高，导致社会进程中的“共时性”（后工业化、工业化、前工业化）特征明显，经济机构中的“二元化现象”突出，农业、农村、农民问题一直是各地经济社会发展的重中之重，其群体性纠纷及解决机制的现状在当前中国具有典型性。因此，尽管中部地区、东部沿海地区、东北地区也有广大农村，也有发生在农村的大量群体性纠纷，但其复杂程度与解决难度从整体上要逊色于西部地区。这一点，从各地农村发生的群体性纠纷事件就可看出端倪，例如，我国主要的少数民族都聚居在西部，主要的信教群体也都集中在西部，因此，基于民族问题、宗教问题引发的农村群体性纠纷在西部地区很多地方不同程度地存在，但在中部地区、东部沿海地区，以及东北地区则极为少见。再比如，尽管缺乏权威的数据统计与对比分析，但是从媒体披露出来的典型事件看，起因于征地拆迁的农村群体性纠纷在东部地区占有最突出的地位，但是在西部广大农村地区则未必如此。

二、农村

《现代汉语词典》将农村解释为“以从事农业生产为主的人聚居的地方”。[①] 作为与“城市”相对应的描述地域性质的词语，“农村”一词在各种正式与非正式场合被普遍使用，其基本含义也得到大体一致的认同。然而，

---

① 中国社会科学院语言研究所词典编辑室：《现代汉语词典》，商务印书馆 1996 年版，第 934 页。

如何准确界定农村？农村与城市有哪些区别？广大城市郊区及国有农场、牧场、林场、渔场等企事业单位是否属于农村的范围？对这些命题的回答却是较为棘手的问题。

首先，我国当前立法没有对“农村”进行严格界定。在“北大法宝”等法律数据库上进行检索后不难发现，当前只有两部法律在标题中直接使用了“农村”这一词语，分别是《农村土地承包法》《农村土地承包经营纠纷调解仲裁法》。然而，这两部立法并未规定什么是农村，只有《农村土地承包法》对“农村土地”进行了明确界定。① 与此相对应，作为唯一具有产业大法性质的《农业法》也没有规定什么是农村，只是对“农业”进行了规定。② 此外，与农村相关的其他立法，如《村民委员会组织法》，也没有关于农村的概念界定，这就给“农村”准确范围之界定带来了难度。

其次，从日常生活经验和官方的文件表述来看，对“农村”之界定存在不同标准。一个标准是依据土地性质进行界定，凡是土地属于农民集体所有或依法由农民集体使用的区域就是农村。另一个标准更为常见，就是以聚居者——农民的身份来进行界定，即农业户口人员聚居的地方就是农村。然而，仔细审视，这两个标准都存在与当前中国西部地区国情不相符的情况。就前者而言，随着城市的高速发展，当前不少大中城市都存在所谓的“城中村”，即土地尚属集体所有，但周围完全被城市包围，居住于此的人除了部分户籍为农业户口的人外，更多的是来自外地的租户。更为重要的是，这些人都不从事农业生产，如果将这块区域视为“农村”并纳入本课题的研究范围显然是不合理、不科学的。就后者而言，则情况更为复杂。现行有效的《户口登记条例》颁行于1958年1月9日，其将我国公民区分为农业户口与非农业户

---

① 《农村土地承包法》第2条规定：“本法所称农村土地，是指农民集体所有和国家所有依法由农民集体使用的耕地、林地、草地，以及其他依法用于农业的土地。”一些地方也有类似的规定，如《山东省实施〈中华人民共和国农村土地承包办法〉办法》第6条规定：“符合下列条件之一的农村常住人员为农村集体经济组织成员：1. 本村出生且户口未迁出的；2. 与本村村民结婚且户口迁入本村的；3. 本村村民依法办理领养手续且户口已迁入本村的子女；4. 其他将户口迁入本村，并经本集体经济组织成员的村民会议2/3以上成员或者2/3以上村民代表的同意，接纳为本集体经济组织成员的。”

② 《农村土地承包法》第2条规定：“本法所称农业，是指种植业、林业、畜牧业和渔业等产业，包括与其直接相关的产前、产中、产后服务。”

口并延续至今。事实上，改革开放以来，实践层面中户口对公民身份界定的意义与价值已大大降低，不仅大量农业户口的人员进城就业、定居，而且也有大量非农业户口人员“下乡入村”创业、居住。更重要的是，户籍制度改革正如火如荼地进行，中央及地方出台的众多政策、规定已逐步淡化乃至取消了这种区分。例如，2014 年 7 月 24 日颁布的《国务院关于进一步推进户籍制度改革的意见》就明确提出，要“建立城乡统一的户口登记制度。取消农业户口与非农业户口性质区分和由此衍生的蓝印户口等户口类型，统一登记为居民户口，体现户籍制度的人口登记管理功能。建立与统一城乡户口登记制度相适应的教育、卫生计生、就业、社保、住房、土地及人口统计制度”。因此，以户口或户籍区分为基础的农村与城市边界已逐渐模糊，不具有操作性。

最后，从本课题研究的必要性与可行性出发，本书需要对“农村”进行相对合理之界定。当前，中共中央、国务院的官方文件及相关学术成果一般将农村、农业、农民简称为“三农”。我们认为，这三个既相互区别，又有紧密联系之概念可以成为理解与诠释“农村”的钥匙。一方面，农民是农村广袤区域的主要居住者与农村各类事务的参与者，离开了农民，农村之存在就没有意义和价值；另一方面，农业是农村经济的主要载体与基本支柱，没有农业，农村与城市的区别将不复存在。因此，结合前述《现代汉语词典》之解释，本书将“农村”界定为“农业户籍人口聚居与管理，以农业经济为主体的地方”。依据这一概念，广大西部地区的城市郊区或城乡接合部，如果符合农民聚集而居与农业经济占主导地位这两个特点，则属于农村之范围，发生于此的群体性纠纷也是本课题研究之对象。相反，西部地区数量众多的国有农场、牧场、林场、渔场等企事业单位，尽管以农业为主体，但居住于此的民众一般都是城市户口，且身份均为企业员工或事业单位职工，因而不能称其为农村，发生于此的群体性纠纷也不属于本课题之研究内容。

三、群体性纠纷

从词源意义上分析，群体性纠纷由“群体性”加“纠纷”两个词语构成。《现代汉语词典》将“群体”解释为“泛指本质上有共同点的个体组成的整体”。[①] 由此出发，“群体性”则意味着具有整体性质的或具备集体特征的事物。首先，群体是由两人或两人以上的个体构成的，只有一个人不能叫群体。当然，个体之间应该具有相当的联系和互动，并形成相对稳定的结构。例如，农民基于相同的生产和生活方式，以及相对集中的居住地域，可以形成群体。其次，作为群体应该有基本相同的利益诉求和相似的利益表达方式，而不是各自为政。因为每一群体都是镶嵌在一定的社会环境和政治场域之中的，因此，群体成员之间会基于相同的意识和角色定位作出相似的反应。[②]

“纠纷”从字面意义解释即“争执的事情”，[③] 它通常又被称为冲突、争议或争执。在法治实践过程中，纠纷的本质为利益冲突，是不同主体在利益分配、获取中产生冲突时发生的对抗行为，包括紧张、敌意、竞争、暴力冲突以及目标和价值上的分歧等表现形式。[④] 仅就字面意义上解释，群体性纠纷泛指具有整体性、集体性的争议或冲突。目前，对群体性纠纷之界定在国内学界并不常见，本书比较认同徐昕的观点，即“群体性纠纷是指具有共同的价值利益要求、共同的地位或生活准则的群体或群体之间因权利或利益受到侵害而引发的具有较大社会影响的冲突活动”[⑤]。在本书中，我们也在这个意义上使用“群体性纠纷”一词。然而，该界定还有以下问题需进一步明确。

一是群体性纠纷中当事人的人数有多少？从理论上分析，纠纷当事人为利益冲突的两方或多方。多方当事人之间的纠纷显然比当事人只有双方的纠纷更加复杂、更难处置，但在本质上两者并无区别，分析后者的思路与方法同样适用于分析前者。仅就存在双方当事人的纠纷而言，可能出现“一对一”“一对多”“多对多”三种情形。很显然，“一对一”的纠纷不是本书研

---

① 中国社会科学院语言研究所词典编辑室：《现代汉语词典》，商务印书馆1996年版，第1054页。

② 陈晋胜：《群体性事件研究报告》，群众出版社2004年版，第9～10页。

③ 中国社会科学院语言研究所词典编辑室：《现代汉语词典》，商务印书馆1996年版，第674页。

④ 徐昕：“迈向社会和谐的纠纷解决”，见徐昕主编：《纠纷解决与社会和谐》，法律出版社2006年版，第66页。

⑤ 徐昕：“迈向社会和谐的纠纷解决”，见徐昕主编：《纠纷解决与社会和谐》，法律出版社2006年版，第146页。

究的对象，只有“一对多”“多对多”两种类型才属于群体性纠纷的范畴。申言之，至少一方当事人的人数是“多人”才可能构成本书所界定的群体性纠纷。此外，还需要对多人中的“多”做更精确的框限。有论著指出，依据我国有关民事诉讼法的司法解释之规定，群体性纠纷中一方人数应在 10 人以上。[①] 有学者在解释“群体性事件”时指出，群体性事件的参与人数必须达到一定的规模，根据我国《信访条例》第 18 条之规定，[②] “5 人以上应是一个最低标准”。[③] 我们认为，《最高人民法院关于适用〈中华人民共和国民事诉讼法〉的解释》第 75 条是对代表人诉讼中“人数众多”的解释，《信访条例》第 18 条是对多人信访时应推举的代表人人数的限制，两者并未直接规定何为群体性纠纷中的“多人”。由此，对“多人”的理解只能遵从常识理性与生活法则。而社会生活中，“多人”一般理解为 3 人及 3 人以上，这从“多边”“多边形”等专门术语中可以得到印证。[④] 因此，本书中的群体性纠纷是指一方或双方或多方当事人人数在 3 人及 3 人以上的纠纷。

二是群体性纠纷与群体性事件等类似词语有无区分？在政治学、社会学、管理学等学科领域中，与“群体性纠纷”相类似的表述很多，如群体性事件、群体性治安事件、社会纠纷、集群行为、集体运动、社会运动、有组织抗争。本书没有对以上词语进行一一界定并精确诠释。理由主要在于：一方面本书篇幅有限，不应过多纠缠于概念的探讨；另一方面，就本书研究目的而言，过于精准的区分显得没有必要。因为正如本书前文所指出的那样，我们的目的并不在于完整描绘出当前我国西部地区农村群体性纠纷及其解决机制的全部谱系，而是着眼于以小见大，通过统计数据分析与典型案例研究来描述现象、揭示问题，进而提出改进思路。在以上词语指涉对象具有高度重合性的情况下，不同学科基于不同立场使用都是合理可行的。但即便如此，

---

① 薛永慧：《群体纠纷与群体诉讼研究》，知识产权出版社 2009 年版，第 4 页。

② 《信访条例》第 18 条规定：“信访人采用走访形式提出信访事项的，应当到有关机关设立或者指定的接待场所提出。多人采用走访形式提出共同的信访事项的，应当推选代表，代表人数不得超过 5 人。”

③ 于建峥：《抗争性政治：中国社会政治学基本问题》，人民出版社 2010 年版，第 44 页。

④ 中国社会科学院语言研究所词典编辑室：《现代汉语词典》，商务印书馆 1996 年版，第 322 页。

在此还是要对本书使用“群体性纠纷”而非更为常见的“群体性事件”一词进行说明。

从官方层面上看，有关群体性事件的定义最早见于2004年中共中央办公厅制定的《关于积极预防和妥善处置群体性事件的工作意见》，依据该文件，群体性事件首先应该界定为人民内部矛盾，这是群体性事件的本质。人民内部矛盾势必会引发一定的冲突，具体表现为当群众自认为其自身利益受到侵害时，通过非制度化的方式，例如，非法聚集、围堵等方式，来表达自身的意愿和利益诉求。这一界定强调了群体性事件的诱因、非法性及表现形式。[①]在法学领域之外，许多学者对“群体性事件”的界定大体与该文件的规定相同或类似。与之相对，国内学界对群体性纠纷的界定则不常见，仅有的一些研究成果也存在较大差异。如徐昕认为，群体性纠纷是群体性事件的表现形式之一，只是在规模上、后果上和社会影响上更大、更严重。[②] 而汤维建则认为，群体性纠纷是指在诉讼过程中纠纷主体某一方或多方有多人以上的特殊性社会纠纷；或者说，一方或多方在人数众多的情况下，相互之间坚持对某个法律价值物的公然对抗。[③] 两相对比，显然，徐昕持一种广义的立场，而汤维建则主要从诉讼法，特别是民事诉讼的角度来进行界定，是一种狭义的理解。这两种观点与前述有关群体性事件的概念相比，最大的区别在于缺少了价值判断的因素，没有直接将其与危害社会性质或非法性画等号。[④] 在我们看来，将群体性纠纷看作群体性事件中冲突最激烈的一部分过于绝对，因为并非所有的群体性纠纷都会引发这样的后果；而仅从诉讼法学角度理解群体性纠纷又显得过于狭隘，视野不够开阔。课题组认为，“群体性纠纷”和“群体性事件”的基本含义大体相同，指涉对象基本重合，仅是使用的场

---

① 涂小雨：“群体性事件善后处置要把握的几个原则”，载 http://blog.gmw.cn/u/37220/archives/2009/57395.html。

② 徐昕：“迈向社会和谐的纠纷解决”，见徐昕主编：《纠纷解决与社会和谐》，法律出版社2006年版，第146页。

③ 汤维建等：《群体性纠纷诉讼解决机制论》，北京大学出版社2008年版，第7页。

④ 事实上，课题组在该问题上赞成这样一种观点，即纠纷对于社会而言是一种中性的存在，不能在纠纷与病态之间画等号，当然也不能在纠纷与进步之间画等号，纠纷本身并不必然意味着“善”，同时也不意味着“恶”。参见何兵：《现代社会的纠纷解决》，法律出版社2003年版，第5页。

合有所区别。前者主要在法学，特别是诉讼法学领域中使用，后者则更多应用于社会学、政治学、管理学等学科领域。由于本书作者主要从法学研究角度探讨如何解决人数众多的这类社会冲突，故使用“群体性纠纷”而非“群体性事件”就显得更为顺理成章。然而，我们在调研活动中的走访座谈显示，实践中“群体性事件”的表述更易为民众所理解和接受。一些官方文件乃至学术成果也更多地使用该术语，故本书在调查问卷中将两个词语并列使用，在引用官方文件及学术成果时也尊重原文的表述，但这并不意味着课题组将两者区分开来对待。

四、纠纷解决机制

社会科学中的机制常常“泛指一个工作系统的组织或部分之间相互作用的过程和方式”。[①] 法学学者关于纠纷解决机制的理解多强调纠纷解决机制的综合性、系统性。如范愉认为，纠纷解决机制是指一个社会为解决纠纷而建立的由规则、制度、程序和机构（组织）及活动构成的系统；齐树洁认为纠纷解决机制是各种纠纷解决方式、制度的综合或体系。综合学界已有观点，我们认为，纠纷解决机制，是指国家立法明确规定或认可的用以化解社会冲突、消弭社会矛盾的各种方式方法（程序）的总称。就此而言，纠纷解决机制至少具有以下特点：一是纠纷解决机制应为国家立法所规定或认可。“规定”意味着有明确的法律渊源，有较为详尽和完备的条文设定，比如诉讼、仲裁、行政复议；“认可”表明立法对其予以承认、认同，但缺乏详细的条文规定，比如民间流行的私了、和解。二是纠纷解决机制最终应归结于各种方式方法。不少学者将涉及纠纷解决的规则、制度等界定为纠纷解决机制，我们认为不太妥当，因为规则、制度是调整纠纷解决机制的载体而非纠纷解决机制本身，作为“机制”而言，必定是能够产生化解纠纷效果的方式方法。比如，我们说通过公益诉讼能够化解群体性纠纷，此时的纠纷解决机制是作为诉讼之一的公益诉讼，而公益诉讼制度本身不是纠纷解决机制，而是

---

① 中国社会科学院语言研究所词典编辑室：《现代汉语词典》，商务印书馆1996年版，第322页。

立法关于公益诉讼的方式方法的规定。三是纠纷解决机制是各种纠纷解决方式方法的总称。当今各国，无论是实施什么社会制度，或者流行何种意识形态，也不管经济发展水平如何，都不可避免地存在各式各样的社会冲突，与此相对应也必然有着多种多样的纠纷解决方式，这些方式方法都应统摄于纠纷解决机制之中，共同发挥着化解纠纷的作用。我国也不例外，对纠纷解决机制之界定也应着眼于各种方式方法的总称。

群体性纠纷解决机制，按照是否有法院介入，可以作广义和狭义之分。所谓狭义的群体性纠纷解决机制，主要指国家通过诉讼立法界定的，由法院通过正式程序解决群体性纠纷的各种方式方法，例如民事诉讼中的代表人诉讼、集团诉讼、行政诉讼中的公益诉讼等。广义的群体性纠纷解决机制还包括各种由法院以外的主体解决纠纷的方式方法，主要表现为和解、协商、调解、仲裁、自决、信访等方式。此种纠纷解决机制的形成一方面有利于弥补诉讼纠纷解决机制之不足，具有很大的灵活性和针对性；另一方面也反映出冲突各方在选择纠纷解决方式时的倾向性和多元性。本书主要在广义上使用群体性纠纷解决机制一词。

纠纷解决机制的运行其实是通过各个基本要素的相互作用来完成的。美国学者戈尔丁将纠纷解决机制的基本结构分为五个方面：一是，纠纷解决者，即为中立的第三者，可以是多人；二是，具体的纠纷者；三是，具体纠纷；四是，某种对纠纷的审理，把每方当事人的立场展现给第三者；五是，这样取得的材料必须由第三者用于实现纠纷的解决。① 参考以上思路，可以将农村群体性纠纷解决机制的构成要素分为以下四种：解决主体、解决对象、解决依据和解决程序。

（一）解决主体

解决主体是指在纠纷化解过程中发挥主导作用的个人、单位或机构。一般来讲，解决主体既包含纠纷的双方或多方当事人，也包括主持纠纷解决的第三方。尽管部分农村群体纠纷可通过双方协商实现和解，使得纠纷消弭；

① ［美］马丁·P. 戈尔丁：《法律哲学》，齐海滨译，三联书店 1987 年版，第 212 页。

然而，大多数的农村群体性纠纷的利益纷争非常复杂，特别是存在重大利益冲突时，纠纷的对抗性非常明显，通过自行协商实现和解或者通过妥协让步化解纠纷非常困难。此时，农村群体性纠纷解决常常会借助中立第三方的居间作用来解决，比如诉诸法院、向仲裁机构请求仲裁、请求行政机关进行裁决、进行信访。具体的解决主体因纠纷解决方式的不同而有所差异，例如，通过诉讼方式解决群体性纠纷的主体是法院；通过仲裁方式解决群体性纠纷的主体是仲裁机构；通过行政裁决解决群体性纠纷的主体是行政机关。需要注意的是，为了确保群体性纠纷解决在实体上的公正和公平，纠纷解决主体一般应当处于中立立场，其核心是与引起纠纷的特定事项不应存在直接利害关系。

（二）解决对象

解决对象是指各种纠纷解决方式作用的事物。对农村群体性纠纷解决机制而言，其解决对象毫无疑问就是发生于广大农村地区的群体性纠纷，而该纠纷又是通过当事方发生争议的实体权利和现实利益体现出来的。从某种意义上说，争议的实体权利和现实利益塑造了纠纷解决机制的品格与特征。譬如，位于四川省宜宾市宜宾县和自贡市富顺县交界之处的向尧、羊石两村，因四川省人民政府区划调整不当造成两村处于“无政府状态”长达 16 年，最终引发了 2001 年两村 5000 名村民向成都市中级人民法院联名递交行政诉状，状告四川省人民政府的群体性纠纷，本案中，诉讼机制的解决对象即为四川省人民政府行政行为的合法性争议。

（三）解决依据

对解决依据之理解应当着眼于实体依据与程序依据这两个方面。首先，解决依据是指化解农村群体性纠纷的实体标准。实体标准使群体性纠纷之解决具有可预见性和可重复性，确保解决结果的公正性与可接受性。无论是从历史还是从现实看，纠纷解决依据都具有多样性。不同的纠纷解决方式有着不同的衡量标准，比如，一般民间调解的依据主要是道德伦理，乡村调解中家法族规可能占有重要地位，民事仲裁中行业惯例与交易习惯则发挥了重要作用。对于诉讼而言，现行有效的法律法规则成为最重要的实体标准。其次，解决依据还指调整纠纷解决过程的程序标准。程序标准主要调整纠纷解决主体在纠纷解决过程中的行为方式，规范各方参与人的参与行为，确保群体性纠纷之解决过程具有正当性。与实体依据一样，程序依据同样具有多样性和复杂性，不同的纠纷解决方式有着不同的程序标准。但总体而言，“自然正义”中蕴含的两个基本观念：任何人不得做自己案件的法官以及确保听取当事人双方的有效陈述应当为所有的纠纷解决机制所遵循。

（四）解决程序

解决程序指解决农村群体性纠纷时应遵循的方式、方法、时序、步骤等的总称。换言之，纠纷解决机制发挥作用是通过纠纷解决程序来实现的，程序为纠纷解决主体、纠纷解决参与人提供了行为的场域与空间。一般而言，非制度性的纠纷解决机制如双方协商、民间调解、私力救济在程序设置与运作上没有固定的模式或法定的要求，更多是一些习以为常的做法；而制度性的纠纷解决机制的程序则由法律法规明确加以规定，有着严格的要求。例如，通过民事诉讼方式解决群体性纠纷时，法律规定要经过起诉与受理、审理与判决、执行等诉讼阶段，其间每一阶段都有着方式、方法、时序、步骤的不同要求，所有的司法机关工作人员及诉讼参与人都应当遵循与执行。

第二节 西部地区农村群体性纠纷的概况

检视国内公开发表的学术成果，甚少直接涉及群体性纠纷数量的统计数据与实证资料，但是，不少论文、著作中都有关于群体性事件数量的内容。如前已述，鉴于本书将群体性事件与群体性纠纷作为同义语对待，故这方面的数据可以视为群体性纠纷的数据。早期的研究成果显示，1993～1999 年全国发生的群体性事件分别为 8700 起、10 000 起、11 000 起、12 000 起、17 000起、25 000起、32 000起，2000 年 1～9 月就突破30 000起。[①] 中国社会

① 李忠信：“世纪初中国的经济发展与社会稳定”，载《中国政治》2001 年第 12 期。

科学院发布的《2005 年社会蓝皮书报告》表明，1993～2003 年，中国社会群体性事件数量已由 1 万起增加到 6 万起，参与人数也由约 73 万增加到约 307 万，其中百人以上的由 1400 起增加到 7000 多起，增长 4 倍。同时，群体性事件产生的社会危害性也日渐突现，如冲击党政机关的事件逐年上升，2000 年有 2700 起，2003 年发生了 3700 起，其中堵公路、卧轨、拦火车的事件就达 3100 起。[①] 学者胡鞍钢曾根据政府公开资料统计，1994 年后，全国群体性事件数量呈现出不断增多的趋势，1995 年和 1996 年增长速度在 10% 左右，但 1997 年后迅速加快，1997～2004 年的年均增长速度高达 25.5%。[②] 2009 年 3 月，中国社会科学院法学研究所发布的《法治蓝皮书：中国法治发展报告 No.7（2009）》指出：2008 年全国发生的群体性事件规模之大、影响之广"前所未有"；[③] 2014 年 2 月，该所发布的《2014 年中国法治发展报告》则显示，2000 年 1 月 1 日至 2013 年 9 月 30 日，发生在中国境内 100 人以上的群体性事件共有 871 件，其中 2000 年、2001 年、2002 年三年分别只有 2 件、1 件、1 件，但 2011 年、2012 年、2013 年前九月却分别有 171 件、209 件、86 件，数量呈几何基数增加。[④] 这些数据充分反映了近十多年来全国群体性事件快速增长的态势。

然而，不难发现，以上我们转引的数据一方面不限于我国西部地区，另一方面也不仅发生在农村地区。因此，在缺乏准确数据支撑的情况下，我们只能初步推断，伴随着全国范围内群体性事件不断攀升的趋势，西部地区农村群体性纠纷的发生频率也越来越高，数量也越来越大。这一论断通过以下两点得到了初步印证：一是部分论著中记载的第二手资料与学者们的分析。例如，在四川省泸州市，农民群体性事件在 20 世纪 90 年代呈现不断上升态势。1994 年比上一年增加 71.7%，而在整个"八五"期间，"农民闹事占总

① 曹孔超："群体性事件研究——以公安机关预防处置为视角"，山东大学 2006 年硕士学位论文。

② 毛寿龙等："化解群体性事件的根本方法是民主"，参见 http://www.comment-cn.net/data/2009/0105/article_32011.html。

③ "六大原因诱发群体性事件"，参见《南方都市报》2009 年 3 月 3 日，第 B10 版。

④ "社科院统计 14 年间群体性事件：广东居首"，参见 http://www.szhgh.com/Article/news/society/2014-02-26/45472.html。

数的58%”。[①] 温铁军曾经指出：从全国的情况看，“过去城市的群体性治安事件是大于农村的，1999年农村接近城市，到去年（2000年）和今年（2001年），农村超过了城市”。[②]“法制网舆情监测中心”2012年12月27日发布的《2012年群体性事件研究报告》显示，2012年度全国范围内的典型群体性事件中，城镇居民参与的超过一半，达到51.1%，农民参与的有46.7%，两者比例已非常接近。[③] 二是课题组在调研中所获取的第一手资料。通过问卷调查与走访座谈，我们发现，绝大多数受访村民及党委政府工作人员都认为，近些年来，其所在地区群体性纠纷呈现不断增多的态势。以上情况表明，采取有效方式预防、化解发生在西部地区的群体性纠纷在当前不仅十分必要，而且极为紧迫。

第三节　西部地区农村群体性纠纷的特点

如前已述，近年来我国农村群体性纠纷有了较大幅度的增长，已成为影响我国农村稳定发展的重要障碍之一，进而成为和谐社会之构建的重要制约因素。在此背景下，如何正确认识、预防和处置农村基层的群体性纠纷，就成为农村面临和解决的重大课题，也是建设社会主义新农村的题中之义。然而，要妥善化解这些群体性纠纷，就必须了解与把握其特征，唯如此，才能有针对性地完善现有的纠纷解决机制。

在我们看来，西部地区农村群体性纠纷既具备一般群体性纠纷的特点，又有其特殊性与独特性，这主要体现在以下几个方面：

---

① 钟昌耀：“泸州市十年群体性治安事件剖析”，载《四川省公安管理干部学院学报》1996年第2期。

② 转引自宋维强：《社会转型期中国农民群体性事件研究》，华中师范大学出版社2009年版，第60页。

③ 法制网舆情监测中心：《2012年群体性事件研究报告》，参见http://www.legaldaily.com.cn/The_analysis_of_public_opinion/content/2012-12/27/content_4092138.htm。

一、突发性与长期性兼具

农村群体性纠纷通常是具有共同利益需求或价值取向的个体（不排除仅基于一种朴素的信念和情感支持的参与者），试图通过集体行动的方式表达各种诉求或意愿，其具有突发性与长期性兼具的特点。一方面，仅从群体性纠纷的爆发看，具有很强的突发性，其常常是某一单纯的个案或事例成为导火索，在各种内外因素的作用下迅速发酵并演变为规模庞大的事件。例如，2008年发生在甘肃的陇南“11·17群体性事件”，就是由于陇南市武都区东江镇30多名拆迁户因陇南市行政中心搬迁后可能导致他们的住房、土地以及今后生活方面的问题集体到市委上访引发的，最后导致数十人受伤，价值数百万元的财产受损。① 另一方面，就群体性纠纷的酝酿、发展至爆发看，其往往经历了较长时间，是农村某一方面矛盾长期积累的产物。正如有论者指出的那样，当社会深层矛盾积累至临界状态，处于情绪“崩溃边缘”的利益主体甚至是旁观者将一哄而起，群体性事件也随之一触即发，引发社会冲突。② 因此，农村群体性纠纷的彻底解决并不能仅依靠事后的压制，关键在于做好事前的情绪疏导、利益协调、矛盾排查、风险评估及预警等工作，这导致群体性纠纷的预防和控制显得十分困难，成为困扰各级党委、政府的一大顽症。

突发性与长期性兼具的特点表明，我国农村地区群体性的解决既要着眼当下的应急性治理，同时又必须在治本层面采用系统全面的措施，努力消减群体性纠纷产生的体制和机制因素。

二、组织性与自发性并立

当前，我国农村群体性纠纷之发生、演变，呈现出了一定的组织性，同时也带有很强的自发性色彩。一方面，研究表明，大多数已发生的群体性纠

① “陇南‘11·17’群体性事件处置情况通报”，参见 http://gansu.gscn.com.cn/system/2008/11/24/000175215.shtml。

② 中共四川省委维稳办：《人民内部矛盾发展态势及成因简析》，载《四川政法》2009年2月刊。

纷往往都有骨干核心力量的牵引和指挥，其对事件之发生及走向起着重要的作用。在一些地方，甚至出现了一些以法抗争的农民组织。例如，于建嵘的调研显示，在湖南省H县，减负上访代表自发在本乡镇建立了跨村的政治性组织，并初步实现了全县的联合，已经正式提出了在全县范围内重建农民协会的要求。[①] 肖唐镖等人研究的G县军转干部上访案例中，专门性的“上访委员会”在企业军转干部们长达七年的集体上访中发挥了极其重要的作用，表现出浓重的“强组织活动”特点。[②] 另一方面，在一些群体性纠纷中，并没有明显的组织者或策划人，往往由个别事例或人员偶然引起，呈现较为明显的自发性。对这类群体性纠纷而言，个体因维护自身利益进行抗争或维权，引发连锁反应或者得到类似群体中不特定多数人的响应，进而引发较大规模的冲突。例如，2004年10月18日，发生在重庆市的“万州事件”就是如此。[③] 一般说来，组织性越强的群体性纠纷，往往意味着群体内部形成了较为严密的组织体系，更易于通过周密策划和统一行动实现影响的最大化，因而处理时间长、难度也相对越大；而在自主性强的群体性纠纷中参与人只形成较为松散的联盟，其利益诉求各不相同，参与的深度也有区别，因此可以采取诸如“各个突破”的策略加以解决，处理难度相对较小。

突发性与长期性兼具的特点意味着，针对不同情形的农村群体性纠纷，在纠纷解决机制的设计上，应当有繁有简、详略得当，确保有限的资源投入获取最优的效果，在确保公平的基础上实现效率的最大化。

三、暴力性与非暴力性共生

暴力与非暴力是相对而言的，前者体现出在实现目标过程中手段的强烈性与破坏性，后者则意味着手段的温和性与低强度。有论者依据群体性事件

---

① 于建嵘：“农民有组织抗争及其政治风险——湖南省H县调查”，载《战略与管理》2003年第3期。

② 肖唐镖、陈达：“民众表达行动的演进及其政策意义——以G县企业军转干部连续七年的上访事件为例”，载《北京行政学院学报》2012年第5期。

③ 2004年10月18日，重庆万州一名冒充局长的男子当街暴打挑夫，引起公愤，民众包围区政府要求严惩凶手，其间有滋事分子打烂政府大门玻璃，焚毁警车，更有人趁机抢掠。参见文玉伯：“万州突发万人骚动事件”，载《凤凰周刊》2004年第31期。

中民众表达方式的激烈程度，将其区分为非暴力表达、低度暴力抗议和暴力抗争三种类型。[①] 在我们看来，在所谓的低度暴力抗议和暴力抗争中都带有明显的暴力性特征，可以归于一类。当前，在许多农村群体性纠纷发生、演变过程中都出现了对人财物造成不同程度损害的行为，暴力性色彩浓厚。这些行为包括堵塞交通、扣押人员、围堵纠缠、冲击党政机关、打砸抢烧、毁损财物、自杀胁迫，个别情况下甚至出现持械对峙的局面。例如，有数据显示，近年来全国冲击党政机关的群体性事件逐年上升，2000 年有 2700 起。2003 年发生了 3700 起，其中堵公路、卧轨、拦火车的事件就达 3100 起。[②] 就媒体披露的许多个案来看，暴力色彩非常浓厚，如 2004 年四川“汉源事件”[③]、2007 年四川大竹“1·17 事件”,[④] 2008 年贵州瓮安“6·28 事件”等就是如此。另一方面，基于当前我国基本国情与农民群体惯于忍让、敬畏权力的整体心理，相当数量的群体性纠纷在发生和演变过程中并没有出现明显的暴力色彩，而是伴随着较为柔和的抗争方式，这主要表现为集体上访、游行示威、集会静坐、罢工罢课罢市，以及打横幅、喊口号等。不过，需要特别说明的是，群体性纠纷中的暴力性与非暴力性并非截然区分，两者往往在同一事件中并存。肖唐镖对 1189 起群体性事件的分析显示，在多选的情况下，在 60.7% 的事件中存在非暴力方式，在 50.5% 的事件中存在低暴力抗争，而有暴力过激手段的事件占比为 42.0%。进一步分析表明，如果按“就高不就低”的原则，单纯采取非暴力表达的事件下降至 34.3%，低度暴力抗

---

① 肖唐镖：“群体性事件中的暴力何以发生——对 1189 起群体性事件的初步分析”，载《江苏行政学院学报》2014 年第 1 期。

② 曹孔超：“群体性事件研究——以公安机关预防处置为视角”，山东大学 2006 年硕士学位论文。

③ 2004 年 10 月，四川省汉源县发生数万民众参与的维权事件。当地居民力抗权力资本化，为维护自己的家园和土地曾多方寻求途径解决，但均未得到公正对待，最终迫不得已群起抗争。欧阳斌：“四川汉源数万民众护地维权调查”，载《凤凰周刊》2004 年第 32 期。

④ 2006 年 12 月 30 日，在四川省达州市大竹县莱仕德酒店工作仅一个月的 16 岁少女杨代莉被奸杀，随即马上有谣言称三位省里的高官，也是酒店老板的朋友，强求杨代莉陪酒，而后对其轮奸并进行野蛮摧残。2007 年 1 月 17 日下午，大竹县莱仕德酒店门前聚集了 2000 多人，滋事者放火烧毁了该酒店。参见“四川大竹群体事件追记：传言未澄清公众走向失控”，载 http://news.sina.com.cn/c/l/2007-02-04/094812224361.shtml。

议事件占 23.6%，而暴力抗争型的事件占比依然是 42.0%。[①]

暴力性与非暴力性共生的特点凸显出当前农村群体性纠纷的复杂程度，在相当意义上表征着我国农村治理体系和治理能力现代化的程度，进而成为衡量构建和谐社会与建设法治国家的重要标尺。

四、多元性与多样化突出

当前，农村群体性纠纷的多元性与多样化首先表现为引发因素的多重性。这些因素既有历史遗留原因，又有现实原因；既有因土地、山林、水利、矿产权属和边界纠纷，又有因治安纠纷及交通、生产、医疗等非正常死亡事故引发的群体性事件；既有因重点工程建设、征地拆迁、客运票价引发的群体性事件，又有因国家工作人员工作方法简单粗暴、农民负担过重和村级财务不清引发的群体性事件，而且许多群体性事件背后还掺杂着家族、村落、宗教积怨等因素。[②] 这些诱致因素，有的在城市同样存在并引发群体性纠纷，但更多的只存在于农村，有些还是西部地区农村所特有的，例如因民族、宗教问题引发的群体性纠纷就是如此。其次，农村群体性纠纷因涉及领域的广泛而导致法律关系复杂化、事件类型多样化。以四川为例，2008 年以来发生的农村群体性事件几乎涉及各个领域，其涉及面扩大，组织化程度趋高，跨区域串联不断增多，“骨干”作用逐渐增强，表现出较强的凝聚力和组织性。[③] 不难发现，当前农村群体性事件的多元化实质上是转型期农村社会利益主体多元化、利益需求多层次的集中体现。这种多元化特征表明，农村群体性纠纷之化解，既要依托立法设定的常规性纠纷解决机制，又要考虑农村地区交通落后、信息闭塞、农民文化程度不高等特殊情况，有针对性地进行制度构建，唯如此才能收到对症下药之功效。

多元性与多样化突出的特点是我国当前农村地区前工业化、工业化、后

---

① 肖唐镖：“群体性事件中的暴力何以发生——对 1189 起群体性事件的初步分析”，载《江苏行政学院学报》2014 年第 1 期。

② 蒋剑彬：“谈经济落后地区农村群体性事件的预防和处置——以湖南永州市为例”，载《湖南科技学院学报》2009 年第 12 期。

③ 中共四川省委维稳办：“人民内部矛盾发展态势及成因简析”，载《四川政法》2009 年 2 月刊。

工业化各种因素叠加的产物，因此，应当在综合考量不同类型群体性纠纷产生根源的基础上，对症下药、有的放矢，实现纠纷的有效化解。

五、负向性与正向性同在

农村群体性纠纷属于社会冲突之一种。关于社会冲突的功能，长期以来在西方学术界讨论颇多，成果丰硕。就主要观点而言，主要有两大类：一类强调社会冲突的破坏作用，认为社会冲突是一种“社会病态”，例如，“马克思认为，冲突最终会变成革命性的和暴力性的，导致体系的结构性变迁”。[①]帕森斯也认为，社会冲突是人类社会的“特有病态”。[②]另一类则更多关注社会冲突的整合作用，突出其“社会安全阀”功能，例如，科塞就“没有跟随马克思或达伦多夫，强调冲突的破坏性后果。相反，科塞通过强调对社会系统的整合性与适应性功能来修正达伦多夫的分析。这样，通过批判功能主义忽视冲突和批评冲突理论过分强调冲突后果，科塞确立了自己的理论贡献”。[③]在此，我们无意用较大篇幅对社会冲突的功能进行深入分析并提出理论观点，因为这一宏大的理论命题远非本书所能负担的使命。课题组认为，从客观角度审视，借鉴前述社会学有关社会冲突功能的分析，农村群体性纠纷兼具负向性与正向性两方面功能。一方面，由于农村群体性纠纷参与人员多、情况复杂，在从众心理影响下，极易失控而发生极端的暴力行为，酿成重大事件，对国家正常的社会秩序产生破坏，造成较大的社会危害和不良影响，因此，其负向性特征明显。另一方面，“安全具有一张两面神似的面容，一种合理的稳定生活状态是必要的，否则杂乱无序会使社会四分五裂；然而稳定生活必须为调整留出空间。在个人生活和社会生活中，一味强调安全，只会导致停滞，最终还会导致衰败”，[④]而群体性纠纷本身就是社会自我修

---

① ［美］乔纳森·H. 特纳：《社会学理论的结构》（上卷），邱泽奇、张茂元译，华夏出版社 2001 年版，第 168 页。

② ［美］L. 科塞：《社会冲突的功能》，孙立平译，华夏出版社 1989 年版，第 9 页。

③ ［美］乔纳森·H. 特纳：《社会学理论的结构》（上卷），邱泽奇、张茂元译，华夏出版社 2001 年版，第 178 页。

④ ［美］博登海默：《法理学、法律哲学与法律方法》，邓正来译，中国政法大学出版社 2004 年版，第 321 页。

复、自我调整的一种表现形式，潜藏着社会变革的基因与要素，不能简单当作不稳定事件对待。特别是考虑到在转型期的中国，“目前发生的群体性事件中，有80%的群众反映的问题是合理的”。[①] 作为一种自力救济机制，群聚群访等行为能够引发各级党委政府之重视，进而促进问题之解决与诉求之满足，实现社会的自我修复与自我整合，避免因矛盾之积累引发更为严重的社会结构变迁。从这个意义上审视，农村群体性纠纷具有积极的正向性价值。

负向性与正向性同在的特点提醒我们，应当以辩证唯物主义与历史唯物主义的眼光审视我国群体性纠纷之客观价值，在强调纠纷有效化解的同时，还应注重因势利导、化害为利，实现民众合理需求之满足，促进社会的整体和谐稳定。

第四节　西部地区农村群体性纠纷的类型

依据不同标准可以对农村群体性纠纷进行不同区分。例如，有论者依据群体性纠纷中的暴力性因素，将其区分为非暴力表达、低度暴力抗议和暴力抗争三种类型；[②] 而社会心理学则依据心理学标准将其区分为表意群众性事件与行动群众性事件；[③] 于建嵘则依据参与者的身份特征及所指向的目的、事件发生机制、发展逻辑及行为后果等因素，将群体性突发事件分为维权抗争事件、社会纠纷、有组织犯罪和社会泄愤事件；[④] 我国台湾地区学者吕世明则依据群体性事件的内容和组织方面的特点，将其区分为政治性群体性事件、社会性群体性事件、涉外性群体性事件、预谋性群体性事件、偶发性群体性事件；[⑤] 汤维建则依据日本学者千叶正士对纠纷的

---

① 李忠信：“世纪初中国的经济发展与社会稳定”，载《江苏公安专科学校学报》2001年第4期。

② 肖唐镖：“群体性事件中的暴力何以发生——对1189起群体性事件的初步分析”，载《江苏行政学院学报》2014年第1期。

③ 周晓红：《现代心理学》，江苏人民出版社1991年版，第437页。

④ 于建嵘：《抗争性政治：中国政治社会学基本问题》，人民出版社2010年版，第45页。

⑤ 吕世明：“警察对群体性事件的应有认识”，载《世界警察参考资料》1998年第6期。

分类，将群体性纠纷划分为群体性对争、群体性争议、群体性竞争、群体性混争、群体性冲突。[①] 此外，最为常见的分类是依据群体性纠纷的争议对象，将其区分为环境类群体性纠纷、征地拆迁类群体性纠纷、土地矿产资源类群体性纠纷、集资金融类群体性纠纷、民族宗教类群体性纠纷等，我们在进行实地调研过程中，即使用了这类划分，相关调研情况在本书第四章中有详细介绍。

在本章中，我们主要借鉴了李国波关于群体性事件的分类标准，[②] 依据群体性纠纷的产生动因将其区分为利益驱动式、抗争维权式以及情绪宣泄式等三种，[③] 每种的特点及表现形式如下。

一、利益驱动式

此类群体性纠纷是指在当代中国社会转型时期，由于社会利益主体分化与利益分配不均衡而引发的不同社会利益群体之间的激烈冲突。当下，我国正处于社会转型的关键时期，各种社会矛盾尤为凸显。其中，主要的社会矛盾都发生在调配有限的社会资源的领域中，各种群体利益分配不均而必然地导致激烈的竞争和严重的冲突，而此类纠纷在我国广大农村地区的发展过程中体现得更加明显和典型。

正如有论者指出的那样，在中国农村社会发展过程中，长期存在的隐性利益失衡和当代中国社会转型中出现的显性利益失衡所引发的剧烈矛盾，是农村群体性事件产生的最为基础性的根源。[④] 从历史发展和长远利益的角度来看，在我国改革开放过程中，国家选择了以一系列的特殊政策为措施，通过长期限制乃至剥夺广大农民的利益为代价，确保工业化和现代化目标之实现，并在短时间内使得国家经济得到了迅猛腾飞。这种价值选择为国家发展

---

① 汤维建等：《群体性纠纷诉讼解决机制论》，北京大学出版社2008年版，第15~18页。

② 李国波：《农村群体性事件法律研究》，中山大学出版社2010年版，第30~34页。

③ 李国波在《农村群体性事件法律研究》一书中将群体性事件分成了利益驱动式、抗争维权式、权力争夺式以及情绪宣泄式四种。然而，若仔细审视，不难发现权力争夺式的群体性事件，或因利益争夺而引发，或因干群矛盾而产生，完全可以为利益驱动式群体性事件与抗争维权式群体性事件所取代，不具有独立存在的意义，故本书中没有将其作为一类单独介绍。

④ 刘炳君："农村群体性事件成瘾的法社会学求证"，载《政法论丛》2005年第4期。

起到了巨大的推动作用是毋庸置疑的，但同时，我们也不得不正视，在快速发展的过程中，农村、农业及农民因此背上了沉重的经济包袱。例如，城乡经济差距与工农差距的拉大使得工业化成果未能合理、公平地惠及广大农民群体，而这个丰硕成果又是在牺牲农民利益前提下攫取的，这就不可避免地将长期的利益失衡由隐性转为显性，成为威胁社会稳定发展的必然因素，更是农村群体性纠纷的主要症结所在。实践中，数量众多的群体性纠纷，有的因环境侵权而引发，有的因集资、借款等民间金融而产生，还有的起源于土地矿产资源等的收益分配，这些都可归入利益驱动式群体性纠纷。

概括而言，正是我国农村在长期发展过程中隐性利益的不均以及转型期显性利益的失衡，造成了我国农村群体性矛盾激化、群体性事件激增。因此，采取行而有效的治本措施，协调农村各种利益关系，是减少乃至杜绝农村群体性纠纷进一步增多的根本对策和要求。

二、抗争维权式

如上所述，经济的突飞猛进不可避免地会引发一些复杂的利益冲突和群体矛盾，但当下群体性事件数量的激增，也在很大程度上归结于广大农民与基层党委政府、司法机关及其工作人员的冲突，即俗称的干群矛盾的激化。这种激化的表现是多方面的：比如，基层党委政府及其工作人员违法行政、不当使用权力导致农民利益受损，进而引发纠纷，最为典型的是因征地拆迁及安置补偿引发的群体性事件；再比如，有的地方在出台改革措施时，对农民利益考虑不够，又缺乏有效的事后补救措施，进而引发纠纷；还有一种表现就是以前在实践中普遍存在，现在因农业税取消、计划生育政策放宽而逐步减少的因乱收费、乱摊派而引发的群体性纠纷。当农民的合法利益不断地受到上述政治因素侵害和威胁时，大规模的群体性事件往往就箭在弦上、一触即发。

关于这类群体性事件，于建嵘曾有过深入研究，并将其具体分为农民的“依法抗争”、工人的“以理维权”及市民的“理性维权”，并认为这类群体性事件约占全国群体性突发事件的80%以上。[①] 在我们看来，于建嵘对抗争维权的理解过于宽泛，在某种意义上已经超出了干群矛盾的范畴。抗争维权式的群体性纠纷产生于国家公权力行为对农民合法利益之侵害，这导致广大农民由于具有共同的诉求而成为利益共同体，更加易于结盟并达成一致。而农民群体中的权威人士正是利用这一点，鼓动农民借助诉讼、信访、媒体等方式与政府机关进行抗争，以维护利益共同体的普遍利益。由于此类抗争影响范围广、持续时间长、矛盾因素复杂、参与群体多样，造成其难以解决，且往往久拖不决。

三、情绪宣泄式

当前农村群体性事件的参与主体呈现出“无直接利害关系”参与者增多的特点。这些参与者自身与事件无关，却出于发泄情绪的目的，将其在改革发展及生产生活中所遭受的不公正待遇，或者将权益受到侵害等怨愤，借助已经发生的纠纷进行宣泄，借机表达不满。一些治安事件、民事纠纷、刑事案件都可能促使这些无直接利益的人迅速结合，使事态规模不断扩大，造成大规模的、复杂的群体性事件。比如，2008 年 6 月 28 日下午至 29 日凌晨，瓮安县部分群众因对一名女中学生死因鉴定结果不满，聚集到政府部门，引发了“瓮安事件”。该事件中的参与者大多数都与事件的起因——女学生之死没有直接利害关系，纯粹因为要发泄对政府之不满而参与其中。在这类事件中，由于相当一部分参与者缺乏客观动机驱动，其行动的无目的性往往决定了其更容易为一些别有用心的组织者所操纵、利用，造成更为恶劣的社会影响，无疑加大了事件处置的难度。

从理论上分析，这类群体性纠纷的发生没有明显的征兆，因而缺乏有效的预警与防范机制。要减少这类纠纷，只能着眼于我国政治、经济、社会等方方面面的不断改革，在建设物质文明的同时，进一步加快精神文明的建设步伐，增强民众民主意识。做好基层农民的维权工作，建立更为广泛的权力诉求机制，减少酿成影响社会安定的祸患因素，降低无直接利害关系人员参

---

① 于建嵘：《抗争性政治：中国政治社会学基本问题》，人民出版社 2010 年版，第 45 页。

与群体性纠纷的风险。

最后，关于群体性纠纷之分类，还需要特别说明的是，以上分类只具有相对意义，在实践中并未呈现泾渭分明的样态。特别是考虑到当前农村群体性纠纷起因的复杂性与多样性，往往一起群体性纠纷兼具利益驱动、维权抗争与情绪宣泄等多种特征，此时综合考量与统筹应对就显得特别重要。

第五节　西部地区农村群体性纠纷的产生原因

农村群体性纠纷的频繁发生往往不是偶然的，而是各种社会问题长期积累的结果。各种历史和现实的因素纠缠在一起，涉及国家宏观、中观、微观的各个方面。要解决这些纠纷问题，我们还需从根源上入手，详细归纳分析，进而有针对性地予以化解。限于篇幅，本节仅对西部地区农村群体性纠纷产生的政治、经济、社会以及文化原因略加阐述。

一、经济原因

马克思曾说过："人们奋斗所争取的一切，都与他们的利益有关。"[①] 由经济原因导致的农村群体性纠纷是当下最普遍最典型的原因。[②] 此处所说的经济原因是指改革开放以来，我国基本经济制度转变与经济不断发展所带来的一系列变化。当前我国正处于经济转型和社会矛盾凸显期，在强调经济建设的同时，在一定程度上忽视了农村社会的协调发展，致使农村经济严重滞后。各种经济问题日益突出，往往成为引发群体性纠纷的重要原因。这主要表现在以下几个方面：

（一）权属纠纷

我国农村地区，尤其是西部农村地区蕴藏着丰富的自然资源，包括土地、水利、森林、矿产等，成为农民最主要的生产资料和经济来源。然而，由于

---

① 《马克思恩格斯选集》（第1卷），人民出版社1995年版，第82页。

② 涂玲："农村群体性事件处置的法治方式探析"，载《党史文苑》2007年第12期。

部分自然资源产权不明确，部分人群法律意识淡薄，[①] 造成因权属纠纷引发的群体性事件频发，突出表现在基层政府与农民群体，以及农民群体之间的冲突。据统计，由此类原因引发的群体性事件占29%。例如，2006年11月10日，湖南省瀛洲市零陵区富家桥镇发生的一起因潇湘河道采砂引发的群众斗殴事件就是非常典型的代表。[②]

（二）补偿纠纷

主要表现为在重点工程建设、土地征用、房屋拆迁等方面引发的补偿标准过低、补偿安置不及时、补偿方式单一等纠纷。近年来，由于城市化进程的加快与国家基础设施建设的加强，大量各类企业转迁至城市周边地区乃至农村，对农村土地的占有量增加。在这一过程中，农民对土地征收的补偿和土地附属物（房屋、树木、庄稼等）的赔偿意见很大，这成为农村突发群体性事件增长最快的原因。[③] 据学者统计，这类原因引发的群体性事件在全部群体性事件中的占比约为17%。例如，在河北省定州市发生的“6·11事件”中，定州绳油村村民认为政府对该村400亩土地的征用程序违法、补偿款过低，因而阻止有关方面在这块被征用为电厂灰场的土地上施工。后矛盾升级，2005年6月11日，村民搭建在上述土地上的窝棚受到300多名全副武装人员袭击，村民中6人被打死，100多人受伤，引发全国范围内的关注。[④]

（三）污染纠纷

这种纠纷主要受制于以下两方面因素的影响：一方面，广大农村，特别是西部地区农村，经济较为落后、贫困人口多、基础设施建设滞后，地方政府及村民面临着较为严峻的发展问题。因而，在地方政府的默许甚至有意推动下，各种依托当地资源形成的小火电厂、小造纸厂、小砖厂、小冶炼厂、小煤厂等在近些年不断涌现，这些污染严重的企业在解决就业、增加农民收

① 贺佃奎：“农村群体冲突的现状与和谐农村建设机制研究——对广东部分地区的调查”，载《云南行政学院学报》2008年第5期。

② 蒋剑斌：“谈经济落后地区农村群体性事件的预防和处置——以湖南瀛洲市为例”，载《湖南科技学院学报》2009年第12期。

③ 刘振江：“河南农村突发性群体事件的成因与对策”，载《河南社会科学》2008年第4期。

④ 韩福东：“河北定州绳油村遭袭真相”，载《凤凰周刊》2005年第19期。

入、缓解地方政府压力的同时，留下了严重的环境隐患，导致了不少因环境污染引发的群体性纠纷。另一方面，当下，不少地方党委政府为发展当地经济，全力进行招商引资并给予了土地、税收、人员招聘等各方的优惠政策。在城市环保监管日趋严格及东部沿海地区产业转型升级不断加快的背景下，不少污染较严重的企业先后落户于广大西部地区农村，其在生产经营过程中因排污对广大村民人身、财产造成损害，进而引发群体性纠纷。例如，2009年8月，因陕西东岭集团铅锌冶炼公司长期排污导致周围村庄大量儿童血铅中毒且一直未得到妥善解决，陕西凤翔县孙家南头村、马道口村村民群聚维权，形成了“凤翔血铅事件”。[①]

除了以上三类纠纷外，实践中农村较为常见的邻里纠纷、家事纠纷等大多都可归结于经济原因。

二、政治原因

政治是各种权力主体与利益集团为维护自身权益而实施的各种行为及组成的特定关系的总称。在我国，各种政治因素影响和制约着社会发展，其对群体性事件产生、演变的作用主要表现在以下几个方面。

（一）权力配置失衡引发纠纷

从理论上分析，国家进行公权力配置时，应当做到整体与部分的有效平衡。我国尚处于社会主义初级阶段，在制度不够健全的情况下，许多农村地区尚处于权力的边缘地带，不能对出现的纠纷进行及时有效的介入与解决，久而久之长期积聚未决的矛盾会在临界点爆发，形成群体性纠纷或群体性事件，产生严重的社会影响。随着社会之发展，民主法治观念逐渐深入人心，更加剧了纠纷产生的可能性与冲突的激烈程度。尤其是在我国部分农村地区，法治介入艰难、非法行政的行为、司法救济短缺现象严重，[②] 所有这些政治因素都可能诱发或加剧群体性事件的进程。

---

① “陕西凤翔血铅事件11人被处分　政府被令深刻检查”，参见 http://news.sohu.com/20091222/n269108692.shtml。

② 涂玲：“农村群体性事件处置的法治方式探析”，载《党史文苑》2007年第12期。

（二）权力滥用引发纠纷

在行政管理体制上，直接面向农村的基层乡镇政权处于权力体系的末梢，属于中央控制力最为薄弱、自由裁量权最大的环节。正是这种“天高皇帝远”的情况导致部分基层政府及其工作人员滥用职权，违法行政的情形较为普遍。此外，部分基层政府还惯用行政手段出台一系列明显不合理乃至违法的政策、措施，诸如超范围征税、收取没有依据的过路费、违法征收征用土地房产等，强制村民服从管理，并不惜采用暴力手段强制执行，严重侵害了村民的合法权益和集体利益，进而引发大规模的群体性纠纷。

（三）个别官员与黑恶势力勾结引发纠纷

目前，黑恶势力侵入农村基层政权，并与乡镇工作人员或村“两委”人员勾结的现象屡见不鲜。一方面，黑恶势力的违法犯罪行为需要得到基层政府及其工作人员的默许、庇护才能更稳妥有效地实施；另一方面，一些地方乡镇政府基于坐收渔翁之利的心态，引狼入室，以求得到黑恶势力的利益分红作为创收途径。这不仅仅阻碍了中央政策的贯彻执行，更助长了歪风邪气的滋生蔓延，严重损害了党和政府的形象，破坏党群关系及干群关系，是群体性纠纷的重要诱因之一。

三、社会原因

就社会原因而言，一方面，经济发展与社会管理存在相辅相成的关系，农村经济落后必然导致相关管理体制机制的不健全，进而成为引发群体性纠纷的重要诱因；另一方面，基层党委政府及其工作人员化解矛盾的能力欠缺，在实践中普遍存在处置问题过软或者过硬的倾向，要么听之任之，任其发展，要么坚决打压，不惜违法使用强制手段，又或者一味息事宁人，无原则性地妥协。农村社会管理中存在的以上问题都导致对群体性纠纷的预警、防范、处置等机制失灵，最终造成不可挽回的社会影响。从整体上分析，农村群体性纠纷产生的社会原因主要表现在以下三个方面。

（一）权益协调机制不健全

转型时期经济发展必然伴随着社会利益的重新分配和社会资源的重新调

整。但由于缺乏健全的协调机制，导致社会利益分配不均，城乡差距拉大，进而由此引发的矛盾、冲突日趋激烈。比如，国家没有对公共利益和私人利益的边界进行合理界定，导致实践中政府以“公共利益”之名对农民土地、房屋进行征收征用的情况频发，使农民合法权益处在随时可能被行政违法行为侵害的境况。再比如，对于大量污染性企业的排污行为，行政机关基于地方经济发展的考量，没有给予必要的重视，导致政府、企业、村民之间的利益失衡，进而引发群体性纠纷。

（二）利益表达机制不健全

“农民利益表达机制指农民群众通过合法正当的途径方法，把自己的态度、想法、情绪、意见向社会、向政府表达，以对自身的政治、经济、文化等权益进行实现和维护的政治机制”。[①] 当合法的利益表达机制不健全或受阻的时候，寻求非法方式引发关注或向政府及对方当事人施压就成为自然的选择了。正如本书后文阐述的那样，从制度文本的角度分析，当前我国农民群体的利益表达机制存在这样或那样的问题；而在实践中，仅有的一些利益表达机制如信访、申诉、诉讼等也存在诸如效率低下、成本过高等障碍。这样的客观现实，导致一些细小的纠纷往往不断演变，最终发展为社会影响大、危害后果严重的群体性事件。

（三）纠纷调处机制不健全

转型期的社会现实导致农村各类矛盾与纠纷不断增多，然而我国相应的纠纷解决机制建设却较为滞后，这导致农民的依法维权往往成为纸上谈兵，其维权行为只得依赖制度外的途径开展和进行。以上内容，在本书第四章、第五章中将有详细分析论述，在此就不赘述了。

四、文化原因

引发农村群体性事件的一个不可忽视的因素是农村落后的文化传统，[②]

---

① 麻雪峰：“健全农民利益表达机制需‘双轮驱动’”，载《中国改革报》2007年8月3日，第4版。

② 涂玲：“农村群体性事件处置的法治方式探析”，载《党史文苑》2007年第12期。

主要体现在以下四个方面。

（一）因教育落后导致的法律意识淡薄

经济发展水平在一定程度上决定着文化教育的质量。我国农村地区，特别是西部农村地区经济的发展长期受到压制，教育水平也相对落后，加之法制宣传的有限及精神文明建设的不足，致使广大农民的法律意识与法治理念较为欠缺。他们往往不懂得如何有效运用法律手段进行维权抗争。当其合法权益受到侵害的时候，他们更倾向于选择围堵、上访、聚众闹事等不合法的表达方式，并以此作为对党委政府及对方当事人施压的筹码。一旦行之有效，会引发示范效应，成为以后群体性事件效法的对象，并演化成为一种行为习惯，其所带来的负面性社会影响可想而知。

（二）长期封建文化传统的影响

受几千年传统文化的影响，我国广大农村地区还遗留着深厚的封建残余文化，与此相对的民主法治意识却相当匮乏。这一方面极大地阻碍了我国农村地区的法治化进程，影响了各类群体性纠纷的依法解决；从另一个方面讲，在发生传统意义上的群体性纠纷的情况下，受封建历史传统的影响，农民依旧沿袭小农经济状态下的自然规范和行为准则。[①] 在个体利益受到侵害的情况下，要么在宗法族规中寻求解决之道，要么在“法不责众”的惯性心理的驱使下，按照“小闹小解决、大闹大解决”的思路鼓动与裹挟大量民众参与，导致大规模的群体性纠纷，对社会的稳定造成严重威胁。

（三）传统宗族矛盾的演变异化

在广大西部农村地区，传统的宗族现象依然盛行，一些宗族势力逐渐演变异化成为把持村政的权力主体。这种现象对国家权威造成了恶劣的影响，对法制进程形成了极大的阻碍。近年来，一些宗族派系在农村争权争利的现象屡见不鲜，愈演愈烈，且出现了以暴力替代法律、以族规顶替法规的荒谬情形。更有甚者，为了争权，在村民自治选举过程中采用贿赂选举、非法拉票、暴力恐吓等手段，以巩固并增强本宗族势力，使得农民群体内部民怨沸

① 李国波：《我国农村群体性事件法律问题研究》，复旦大学2008年硕士学位论文。

腾、矛盾群生，极易导致群体性纠纷的产生。

（四）历史与现实原因导致的村落纠纷

在历史演进与现实生活中，村落纠纷还集中体现在不同村落之间因相邻地界的土地、山林、水源、矿产等自然资源的权属、使用等问题引发的集体冲突，以及因长期私人恩怨、家族纠纷等导致的历史矛盾。在某个意外因素作用下，以上冲突与矛盾极易形成恶劣的群体性突发事件。这一点，不少学者从社会学、人类学、管理学等不同角度进行过深入描述分析，笔者在以往的论著中也已详细介绍，[①] 在此就不赘述了。

第六节　完善西部地区农村群体性纠纷解决机制的必要性

在这个问题上，我们需要明确两个基本立场：

一是我国现存的群体性纠纷解决机制已基本成型，并在实践运作中发挥了重要的作用。

一方面，现存纠纷解决机制大体实现了对绝大多数群体性纠纷的化解和消弭。改革开放 30 多年来，我国社会各方面获得了长足发展，经济一直高速增长、各项改革事业稳步推进、人民生活水平日益改善，这都需要一个稳定的社会环境。很显然，这些离不开对包括群体性纠纷在内的社会纠纷的有效化解。尽管我国处于转型时期，国内社会纠纷不断增多、种类日趋复杂，但社会并没有因此陷入无序和失范状态，这表明绝大多数纠纷都得到了比较妥当的解决，我国现存纠纷解决机制发挥了应有的减压阀和平衡器的作用。否则，我们需要的就不仅是一次改革，而是一场翻天覆地的革命。另一方面，面对社会条件的变迁，各种纠纷解决机制也在发生变化，以应对实践的挑战。马克思、恩格斯曾经指出：“一切划时代的体系的真正的内容都是由于产生

---

① 吴卫军、樊兵等：《现状与走向：和谐社会视野中的纠纷解决机制》，中国检察出版社 2006 年版，第 202 ~249 页。

这些体系的那个时期的需要而形成起来的。”① 作为国家实现社会治理的重要手段，纠纷解决机制的作用不可替代。社会环境发生了变化，纠纷的数量和种类也在变化，与之相对应的纠纷解决机制也在改变。以仲裁为例，20 世纪 80 年代的仲裁机构主要依附于行政机关，作为行政机关解决纠纷、干预经济生活的一种方式出现。随着计划经济模式的逐渐消亡，这种行政化色彩浓厚且在许多方面违背仲裁制度根本性质的做法已不能适应社会发展的需要，于是便有了 1994 年《仲裁法》的出台，有了仲裁制度归于一统并与行政机关脱钩的局面。因此，以动态而非静止的眼光审视，现存群体性纠纷解决机制通过自身的与时俱进，大体适应了社会发展的需要。

二是我国群体性纠纷解决机制尚存在诸多问题，改革完善的必要性日益凸显。关于我国群体性纠纷解决机制的现状及缺憾，我们在第三章中有详细分析，在此不做过多阐述。在我们看来，随着社会发展与转型的日益深入，完善现有群体性纠纷解决机制已迫在眉睫。

首先，这是全面推进依法治国的必然选择。继“依法治国、建设社会主义法治国家”入宪后，党的十八届四中全会又提出了全面推进依法治国的目标、原则与举措。当前，在广大农村地区，各种“热点”“难点”问题日益增多，群体性纠纷频发，这既影响了社会发展，又影响到农村地区的稳定。没有农村的稳定就没有国家的稳定。完善健全的群体性纠纷解决机制，对于维护农村稳定，推进农村经济发展和社会进步具有重大而深远的意义。而群体性纠纷解决机制既是立法规定的产物，又是司法、执法的组成部分，同时又成为守法的重要组成部分。因此，只有健全农村群体性纠纷机制，才能实现有法可依、有法必依，才能及时有效充分地解决农村群体性纠纷，才能实现依法治农、依法护农、依法兴农的预期目标。

其次，这是构建和谐社会的现实需要。党的十六大报告将社会更加和谐作为全面建设小康社会的目标之一，首次把和谐社会的概念写进党的纲领性文件。此后不久，党的十六届四中全会又把不断构建社会主义和谐社会作为

---

① 中共中央马克思恩格斯列宁斯大林著作编译局：《马克思恩格斯全集》（第 3 卷），人民出版社 1960 年版，第 544 页。

提高党的执政能力的重要内容。2005 年 2 月 19 日，在中共中央举办的省部级主要领导干部提高构建社会主义和谐社会能力专题研讨班开班仪式上，时任中共中央总书记胡锦涛指出："我们要建设的社会主义和谐社会，应该是民主法治、公平正义、诚信友爱、充满活力、安定有序、人与自然和谐相处的社会。"① 而纠纷的产生必然会打破原有的平衡状态，造成社会秩序的紊乱，最终与和谐社会背道而驰。因此，和谐社会的构建离不开纠纷的有效化解，只有建立了完善的纠纷解决体系才能从根本上保障和谐社会的实现，纠纷有效解决的程度以及纠纷解决体系的完备与否成为衡量和谐社会的重要标尺和评判准则。博登海默曾经指出："如果一个纠纷未得到根本解决，那么，社会机体上就可能产生溃烂的伤口；如果纠纷是以不适当的和不公正的方式解决的，那么，社会机体上就会留下一个创伤，而且这种创伤的增多，又有可能严重危及对令人满意的社会秩序的维护。"② 一般的纠纷尚且如此，农村群体性纠纷因其自身具有的一系列特点对社会可能造成的影响就更大。因此，没有完善的群体性纠纷解决机制，也就没有社会的和谐与发展，必须重视群体性纠纷解决机制的建设问题，实现对群体性纠纷的有效化解。

---

① 《胡锦涛总书记关于构建社会主义和谐社会的有关论述》，参见 http://theory.people.com.cn/GB/40557/42475/3263993.html。

② ［美］博登海默：《法理学——法哲学及其方法》，邓正来译，华夏出版社 1987 年版，第 489 ~490 页。

第三章 我国西部地区农村群体性纠纷解决机制的立法分析

如前已述，随着我国经济的加快发展和城市化进程的不断推进，社会利益重新分配引发的矛盾不断加剧，导致西部地区农村各类群体性纠纷日益增多。本章中，我们拟对我国有关农村群体性纠纷解决机制的立法规定进行简要分析和宏观评述，以为后文的实证研究、立法展望做必要的铺陈。需要说明的是，从制度文本层面审视，作为单一制国家，我国在纠纷解决机制方面没有专门针对西部地区的立法，本章所有内容都来源于适用于全国范围的法律法规。

第一节 非诉纠纷解决机制之立法规定

非诉纠纷解决机制是对诉讼以外的各种纠纷解决方式、程序或制度的总称，目前世界各国一般采用英文 Alternative Dispute Resolution（ADR）来表述这一概念。该概念源于美国，原来是指20世纪中期逐步发展起来的各种诉讼外纠纷解决方式，现已引申为对世界各国普遍存在的、民事诉讼制度以外的非诉讼纠纷解决程序或机制的总称。[①] 西部地区农村群体性纠纷是我国转型时期社会冲突的重要表现形式，是农民利益矛盾的一种集中反映。从理论上分析，基于中国特殊国情，农村群体性纠纷在很多时候适用诉讼机制不能从

① 范愉、李浩：《纠纷解决——理论、制度与技能》，清华大学出版社2010年版，第28页。

根本上解决，甚至可能适得其反。非诉解决机制的兴起，为农村群体性纠纷的解决提供了新的选择与更多可能。在我国，非诉解决机制的范围非常广泛，最为常见的形式有仲裁、信访、行政裁决、行政复议、信访等。

一、民商事仲裁

民商事仲裁是指在民商事活动中，发生争议的双方当事人根据其在争议发生前或发生后达成的协议，自愿地将该争议提交中立的第三方，由该第三方审理并作出具有法律拘束力的裁决的一种争议解决方式。有学者评价“仲裁在过去大体上被认为是一种和平制度，其目的主要不是确保法律规则，而是维持注定要在一起生活的当事人之间的协调”①。

我国现代意义上的仲裁，可以追溯到1912年国民政府颁行的《商事公断处章程》以及次年颁订的《商事公断处办事细则》。② 新中国成立后，仲裁法颁布之前，我国实行的是涉外仲裁与国内仲裁完全不同的双轨体制。涉外仲裁机构主要有中国国际经济贸易仲裁委员会和专门处理海事海商争议的中国海事仲裁委员会。③ 1994年8月31日，第八届全国人民代表大会常务委员会第九次会议通过的《中华人民共和国仲裁法》（以下简称《仲裁法》）第2条规定：“平等主体的公民、法人和其他组织之间发生的合同纠纷和其他财产权益纠纷，可以仲裁。”可见我国《仲裁法》并未对参与到仲裁中的双方当事人的身份、人数进行限定，这为农村群体性纠纷采用仲裁方式解决打开了方便之门。依据《仲裁法》第5条及第9条④之规定，仲裁裁决具有法律效力及强制执行力，这也成为我国民商事仲裁机构得以普遍设立并日益发挥重要作用的基点。

---

① Rene David：Arbitration in International Trade，Kluwer（1985），p. 29.

② 曾建国：《国际商事仲裁法通论》，百家出版社1995年版。

③ 龚政、吴文星：“民商事仲裁运行机制对仲裁公信力的影响”，载《法制博览》2015年第1期。

④ 《仲裁法》第5条规定：“当事人达成仲裁协议，一方向人民法院起诉的，人民法院不予受理，但仲裁协议无效的除外。”第9条规定：“仲裁实行一裁终局的制度。裁决作出后，当事人就同一纠纷再申请仲裁或者向人民法院起诉的，仲裁委员会或者人民法院不予受理。裁决被人民法院依法裁定撤销或者不予执行的，当事人就该纠纷可以根据双方重新达成的仲裁协议申请仲裁，也可以向人民法院起诉。”

民商事仲裁既不像诉讼那样以公权力为依托，借助法院这一国家专门机构、通过严格的诉讼程序，作出代表国家权威的具有强制执行效力的裁决，也不像调解、和解那样具有更大的民间性和随意性，而是介于两者之间的一种纠纷解决机制。具体而言，仲裁具有以下几个特点。

一是当事人意思自治。民商事仲裁作为一种纠纷解决方式必须以当事人的合意为基础，当事人可以自主选择仲裁的机构、仲裁员、仲裁庭的组成方式、仲裁规则及仲裁举行的地点等。恰如学者顾培东所言，“正是由于冲突主体的意志在仲裁中得到尊重，因此与诉讼相比，仲裁的特殊意义在于它对冲突主体的对抗情绪具有某种缓解的作用。一个经验性的例证是：冲突主体求助于仲裁与诉诸审判的心理，以及冲突主体置身仲裁与参加审判活动的心理不完全相同。敌对、紧张、攻击性的情感在仲裁中较少出现。仲裁程序的发生、延续及效果直接与冲突主体平缓的情感和心态有关”。① 可见，选择仲裁方式作为解决争议的方式，可以充分体现当事人意志，利于有效、及时地化解争端。

二是程序的灵活性。民商事仲裁的程序，给予了当事人充分的选择权，对于诸多仲裁程序皆可自由商定，甚至可以协商不开庭而仅由仲裁庭依据书面文书、证据进行裁决。仲裁程序的灵活性使作为冲突主体的仲裁当事人有更大的余地与空间处置纠纷、化解矛盾。

三是裁决的中立性、专业性。仲裁过程中，当事人往往选择那些德高望重的学者或者精通争议事项的专家担任仲裁员。一方面，这些人具有居间性，利于公正、准确地解决纠纷；另一方面，专家裁判也弥补了法院缺乏处理专业性质争议能力之不足，确保裁决结果得到双方认同。

四是裁决具有便捷性。当事人可以根据需要，选择更便捷处理纠纷的仲裁机构；与此同时，仲裁实行一裁终局制，与诉讼的两审终审制相比，无疑效率更高，更能满足当事人对纠纷解决时间快捷、经济支出低廉的需要。

尽管仲裁有如上优势，但农村群体性纠纷发生后却很少被采用。《仲裁法》规定，“平等主体的公民、法人和其他组织之间发生的合同纠纷和其他财产权益纠纷，可以仲裁”，实质是将合同、侵权等原因引起的农村群体性

① 顾培东：《社会冲突与诉讼机制》，法律出版社2004年版，第36~37页。

纠纷均纳入民商事仲裁的受案范围。与此同时，仲裁以双方当事人达成仲裁协议作为程序启动的前提条件。实践中，因广大农村村民对仲裁制度缺乏应有的了解，加之仲裁协议的前置性要求，导致农村群体性纠纷发生后，民商事仲裁极少成为民众化解纠纷的首选方式，我们的实证调研也充分说明了这一点。因此，实践中，亟须加大对农民关于民商事仲裁制度的宣传与普及力度，使其成为解决农村群体性纠纷的重要方式并有效发挥作用。

二、农村土地承包纠纷仲裁

农村土地承包纠纷仲裁是为了解决因农村土地承包经营过程中产生的纠纷而设立的制度。随着我国农村经济社会发展和改革的逐步推进，因农村土地承包合同、农村土地承包经营权流转等引发的纠纷日益增多。农村土地承包纠纷仲裁制度作为一项中国特色的纠纷解决制度，是现代仲裁制度引入我国农村纠纷解决的产物。

《仲裁法》第 77 条之规定①为我国农村土地承包纠纷仲裁制度的确立埋下了伏笔。2003 年 3 月 1 日施行的《农村土地承包法》明确了调解、仲裁和诉讼的农村土地承包纠纷解决机制之框架，确立了农村土地承包纠纷可适用诉讼与非诉讼方式加以解决，也标志着农村土地承包经营权及其流转权首次获得专门的法律保障。2009 年 6 月 27 日，第十一届全国人民代表大会常务委员会第九次会议通过了《中华人民共和国农村土地承包纠纷调解仲裁法》（以下简称《土地仲裁法》），并于 2010 年 1 月 1 日起试行。至此，我国农村土地承包经营纠纷仲裁制度作为一种特殊类型的仲裁制度正式确立。

依据《土地仲裁法》第 2 条之规定②，发生在农村的因土地承包、土地

---

① 《仲裁法》第 77 条之规定："劳动争议和农业集体经济组织内部的农业承包合同纠纷的仲裁，另行规定。"

② 《土地仲裁法》第 2 条规定："农村土地承包经营纠纷包括：（一）因订立、履行、变更、解除和终止农村土地承包合同发生的纠纷；（二）因农村土地承包经营权转包、出租、互换、转让、入股等流转发生的纠纷；（三）因收回、调整承包地发生的纠纷；（四）因确认农村土地承包经营权发生的纠纷；（五）因侵害农村土地承包经营权发生的纠纷；（六）法律、法规规定的其他农村土地承包经营纠纷。因征收集体所有的土地及其补偿发生的纠纷，不属于农村土地承包仲裁委员会的受理范围，可以通过行政复议或者诉讼等方式解决。"

承包经营权流转引发的争议都可适用此类仲裁制度加以解决。我国之所以在立法层面确立了不同于普通民商事仲裁的土地承包纠纷仲裁制度，其主要原因在于，土地经营权纠纷兼具财产性与人身性，这与单纯的财产权纠纷相比更为复杂和特殊。因此，这类仲裁制度除了有自己特殊的受案范围外，其处理程序也具有不同于普通民商事仲裁的显著特征：

一是实行一裁两审制度。依据《土地仲裁法》第 48 条之规定，[①] 农村土地承包纠纷发生后，当事人可以申请农村土地承包纠纷仲裁机构进行审理并作出裁决，当事人如果对仲裁不服，可以在法定期间向人民法院起诉，人民法院经过两审终审，最终解决纠纷。这与普通民商事仲裁的“一裁终局”制不同，仲裁机构针对农村土地承包纠纷作出的仲裁决定，不产生终局效力，当事人仍保有诉权，当事人不服可以向人民法院起诉或再申请仲裁。

二是仲裁与诉讼之间不是排斥关系。依据《土地仲裁法》第 4 条的规定，[②] 因农村土地承包经营权发生的纠纷，双方当事人可以向农村土地承包纠纷仲裁机构申请仲裁，也可以直接向人民法院起诉，即诉讼与仲裁之间是一种选择关系，农村土地承包仲裁与诉讼解决方式不存在前置或后置程序等问题，当事人既可以选择“先裁再诉”，也可以选择直接起诉，两者并不相互排斥。

三是仲裁程序并不以双方合意达成仲裁协议为前提。根据《土地仲裁法》及相关司法解释之规定，因农村土地承包权引发的纠纷，当事人双方签署了书面仲裁协议的，应当向农村土地承包纠纷仲裁机构申请仲裁，人民法院不予受理；但当事人双方未达成书面仲裁协议，任何一方当事人可以直接向人民法院起诉，也可以先向仲裁机构申请仲裁，对仲裁裁决不服再提起诉讼。这与普通民商事仲裁当事人“意思自治原则”不同，即农村土地承包纠纷任何一方当事人可单独启动仲裁程序。

可以说，《土地仲裁法》的出台，是充分结合我国农村地区的实际，考

① 《土地仲裁法》第 48 条规定：“当事人不服仲裁裁决的，可以自收到裁决书之日起三十日内向人民法院起诉。逾期不起诉的，裁决书即发生法律效力。”

② 《土地仲裁法》第 4 条规定：“当事人和解、调解不成或者不愿和解、调解的，可以向农村土地承包仲裁委员会申请仲裁，也可以直接向人民法院起诉。”

虑到土地作为当前我国农村最重要的生产、生活资料，因土地承包、出租、流转等原因引发了大量有关土地承包权方面争议的实际而出台的法律。相较于民商事仲裁，“一裁两审”的规定，明确诉讼与仲裁的选择关系等规定，也是为了便于实践中鼓励更多农民通过仲裁的方式解决争议，但民众极少采用仲裁这一纠纷解决方式。例如，本书课题组的实证调研显示，面对发生在农村的群体性纠纷，90%以上的村民会选择信访或集会、游行、示威作为争议解决的方式，仅有0.53%的民众会选择仲裁。广大民众对农村土地承包纠纷调解仲裁制度的不了解，造成了实践中该制度几乎被虚置，这应当引起我们的高度重视。

三、行政裁决

行政裁决是指“依法由行政机关依照法律授权，对当事人之间发生的、与行政管理活动密切相关的、与合同无关的民事纠纷进行审查，并作出裁决的行政行为”。[①] 目前，行政裁决这一行为并没有在我国法律中进行明确、独立的规定，有关行政裁决的内容多来自《土地管理法》《森林法》《草原法》《环境保护法》等单行立法之规定。实践中行政裁决常常出现在自然资源和环境、知识产权等领域，散见于法律、行政法规和部门规章等不同层级的立法中。

叶必丰等对截至2011年的88件有关行政裁决的法律、法规、规章进行解读，发现其中的多数都属于实施性的法律法规，只有16件属于创设性规定，大致分为7类。在16件创设性规定中，权属纠纷类4项，占总数的25%；损害赔偿纠纷2项，占总数的12.58%；知识产权纠纷类6项，占总数的37.5%；民间纠纷、征地补偿纠纷、拆迁补偿纠纷和电力交易纠纷类各1项，都占总数的6.3%。除环境损害赔偿类和民间纠纷类裁决系选择性裁决外，其他行政裁决均系诉讼前置必经程序。[②] 从已有立法规定看，现行行政

---

① 姜明安：《行政法与行政诉讼法》，高等教育出版社1999年版。

② 叶必丰，徐键，虞青松：“行政裁决：地方政府的制度推力”，载《上海交通大学学报（哲学社会科学版）》2012年第2期。

裁决制度具有以下几个明显的特征。

一是行政裁决的主体是立法授权的行政机关。行政裁决的主体必须是那些对特定行政管理事项有管理职权的行政机关，同时需要立法的明确授权，并非任何机关都可以成为行政裁决的主体。例如，《中华人民共和国专利法》第 57 条规定："取得实施强制许可的单位或者个人应当付给专利权人合理的使用费，或者依照中华人民共和国参加的有关国际条约的规定处理使用费问题。付给使用费的，其数额由双方协商；双方不能达成协议的，由国务院专利行政部门裁决。"这一规定，明确了国务院专利行政管理部门是专利强制许可使用费的裁决主体。再如，《土地管理法实施条例》第 13 条规定："土地所有权和使用权争议，由当事人协商解决：协商不成的，由人民政府处理。全民所有制单位之间、集体所有制单位之间、全民所有制和集体所有制单位之间的土地所有权和使用权争议，由县级以上人民政府处理。个人之间、个人与全民所有制单位和集体所有制单位之间的土地使用权争议，由乡级人民政府或者县级人民政府处理。"人民政府对土地权属争议所作的处理，就是行政裁决。由此可见，乡级人民政府或者县级人民政府则是被授权裁决土地权属争议的有权主体。

二是行政裁决范围限于与行政管理权密切联系的民事纠纷。当事人之间发生了与行政管理活动密切相关的民事纠纷是行政裁决的前提，即只有在民事纠纷与行政管理权密切相关的情况下，行政机关才有权对该类纠纷进行裁决，以实现行政管理的目的。例如，《征用土地公告办法》中规定，征用土地应当公告批准征地机关、批准文号、征用土地的用途、范围、面积以及征地补偿标准、农业人员安置办法和办理征地补偿的期限等事项，但能够申请行政机关裁决的，只限于"补偿标准"。

三是行政裁决的程序性规定不统一。由于我国缺乏统一的《行政裁决法》，因此行政裁决程序的内容散见于有关单行立法中，这导致其各不相同，影响了行政裁决制度的合法性与权威性。例如，《土地管理法》《国有土地上房屋征收与补偿条例》等立法对于征地补偿的程序未作出明确规定，国土资源部《关于加快推进征地补偿安置争议协调裁决制度的通知》要求，"在程序设定上，首先必须贯彻协调前置、重在协调的原则，即当事人应当先向拟定征地补偿安置方案的市、县人民政府的上一级人民政府申请协调。未经协调的案件，不能进行裁决。裁决机关受理裁决案件后，也要先行组织协调。经协调达不成一致意见的，依法作出裁决决定。”可见，协调是征地行政裁决程序的前置要求，未经协调不得裁决。与此同时，《专利法》《商标法》等法律及主管部门的文件中却没有规定必须实行“协调前置”。

当事人之间发生的与行政管理活动密切相关的民事纠纷属于行政裁决的范围，这意味着西部地区农村普遍存在的征地拆迁纠纷、环境污染侵权纠纷等可通过行政裁决加以化解。但从实际情况看，该类纠纷解决机制的功效几乎未得到有效展现，西部地区农村群体性纠纷化解中鲜见行政裁决的身影，这应当引起我们的广泛重视。

四、行政复议

行政复议是指公民、法人或者其他组织认为行政机关的具体行政行为侵犯了其合法权益，依法向具有复议权的机关申请，由复议机关依照法定程序对引起争议的具体行政行为的合法性和适当性进行审查并作出裁决的法律制度。[①] 行政复议具有纠正违法或不当行政行为、监督行政机关依法行政及保障当事人合法权益等功能，是行政机关内部自我纠错的一种监督机制，因其具有程序快捷、成本低廉、专业性强等优势被广泛应用在行政争议的处理和解决中。

从起源上看，1950 年财政部发布的《财政部设立财政检查机构办法》规定：“被检查的部门，对检查机构的措施认为不当时，得具备理由，向其上级检查机构申请复核处理。”这是新中国成立后对行政复议制度规定的雏形。1990 年 12 月 24 日，《行政复议条例》的颁布标志着我国行政复议制度的正式建立，使我国行政复议工作走上了法制化轨道。1999 年 4 月 29 日，第九届全国人民代表大会常务委员会第九次会议通过《中华人民共和国行政复议法》（以下简称《行政复议法》），这标志着我国行政复议制度进入了逐步完善的阶段。与其他纠纷解决方式相比，行政复议具有如下特点。

---

① 方世荣、石佑启：《行政法与行政诉讼法》，北京大学出版社 2005 年版，第 10 页。

一是复议方式的内部性。行政复议是一种行政机关内部上下级的层级监督活动，属于行政权的内部监督。[①] 行政复议侧重行政机关的“自律”，是通过行政系统内部的审查和裁决对既往行政行为进行自我纠错。与行政诉讼采用司法程序从外部审查行政行为合法性相比，行政复议的内部性特征明显。

二是复议范围的广泛性。《行政复议法》第6条列举了11项可以申请行政复议的具体行政行为。概言之，包括行政机关作出的行政强制措施，行政机关对有关证书作出的变更、终止、撤销行为，行政机关作出的对自然资源的确认行为，行政机关侵犯行政相对人合法经营自主权的行为，行政机关变更或者废止农村承包合同侵犯其合法权益的行为等；第7条规定公民、法人或者其他组织认为行政机关具体行政行为所依据的行政规范性文件不合法，在对具体行政行为申请行政复议时，可以一并向行政复议机关提出对该规定的审查申请。由此可见，行政复议的范围十分广泛。

三是复议审查的全面性。行政复议的审查标准包括合法性审查和合理性审查，既适用于具体行政行为的审查，也适用于对部分抽象行政行为的审查。而行政诉讼中，除特殊情况外，一般只对行政行为的合法性进行审查，相比较而言，行政复议对行政相对人的保护范围更宽、更有利于监督行政机关依法行政与合理行政。

四是复议程序的高效性。《行政复议法》第20条规定：“行政复议原则上采用书面审查的办法，但是申请人提出要求或者行政复议机关负责法制工作的机构认为有必要时，可以向有关组织和人员调查情况，听取申请人、被申请人和第三人的意见。”行政复议兼具行政程序与司法程序的优势，既能保持行政程序的简便、快捷的特点，又吸收了司法相对中立的特点，有利于行政争议的高效化解。

五是复议结果的专业性。行政复议由上级机关或部门进行，而上级机关或部门基于职责分工，对所审查的行政行为拥有其他机关所不具备的专业优势，能够更好、更深入地开展审查工作，这是相对于司法审查的优势所在。

---

① 赵丽媛：《我国行政复议制度的缺陷和完善对策》，吉林财经大学2013年硕士学位论文，第3页。

据统计，2013 年全国各级行政机关审结的 10.6 万件行政复议案件中，55.84% 的案件都作出了维持原行为的决定，15.58% 的案件由当事人自愿撤回申请，7.64% 的案件驳回了当事人的申请，改变或撤销原行政行为的案件占比不到 10%。实践中，因征地拆迁行为、土地确权决定等引发的农村群体性纠纷时有发生，但由于行政复议决定维持率和驳回率偏高，超过申请复议案件的 2/3，容易导致民众对行政复议的公正性产生怀疑，从而选择其他救济方式维护自身合法权益。因此，在《行政复议法》实施之后的几年时间里，行政复议案件的申请数量曾有过一定程度的上升，但随后却呈现大幅度下降的趋势，甚至在一些地方出现了一年内无复议案件的情况。[①] 这从客观上显示，行政复议在化解因行政行为引发的纠纷方面显得较为尴尬和无力。

五、信访

"信访"是当代中国各级党政机关、人民团体和企事业单位在处理人民来信来访工作的实践中逐渐形成的词汇。2005 年 1 月 5 日，国务院第七十六次常务会议修改通过后的《信访条例》规定，信访"是指公民、法人或者其他组织采用书信、电子邮件、传真、电话、走访等形式，向各级人民政府、县级以上人民政府工作部门反映情况，提出建议、意见或者投诉请求，依法由有关行政机关处理的活动"。信访是一种极具中国特色的纠纷解决方式，是为了保持各级人民政府同人民群众的密切联系，保障信访人的合法权益，维护信访秩序而制定的法规，在实践中发挥了重要作用。与其他纠纷解决机制相比，信访具有如下几个突出特点。

一是信访范围的广泛性。依据《信访条例》第 14 条之规定，[②] 所有行使

① 沙金："论中国行政复议制度的司法化改革"，载《河北法学》2015 年第 8 期。

② 《信访条例》第 14 条规定："信访人对下列组织、人员的职务行为反映情况，提出建议、意见，或者不服下列组织、人员的职务行为，可以向有关行政机关提出信访事项：（一）行政机关及其工作人员；（二）法律、法规授权的具有管理公共事务职能的组织及其工作人员；（三）提供公共服务的企业、事业单位及其工作人员；（四）社会团体或者其他企业、事业单位中由国家行政机关任命、派出的人员；（五）村民委员会、居民委员会及其成员。对依法应当通过诉讼、仲裁、行政复议等法定途径解决的投诉请求，信访人应当依照有关法律、行政法规规定的程序向有关机关提出。"

行政管理职能的单位、个人的行为都可以成为信访的对象，而第 15 条、第 49 条更是将立法机关、司法机关、社会团体、企业事业单位也纳入了受理信访的范围。因此，信访范围可谓无所不包、无所不能，既有行政事项，也有立法事项，还有司法事项，甚至社会团体、企事业单位的事务都属于信访的范围。

二是信访处理不具有强制执行力。《信访条例》第 29 条规定，对于建议、意见类的信访，政府有关部门应当进行研究并积极采纳；第 32 条规定，对于诉求类的信访，相关行政机关应当依法进行调查核实，并作出予以支持，对信访人做好解释工作，不予支持等处理决定，并书面答复信访人。由此可见，信访是一种内部督办机制，其处理决定不具有强制的法律效力。

三是信访行为的规范化程度不高。《信访条例》主要对信访机关处理信访事宜进行了规定，但总体而言，较为粗疏，原则性、可操作性较差。最为重要的是，《信访条例》对信访者权利和义务之规定缺乏系统规定，只是散见于该条例的相关条文之中，显得零散、模糊。比如就实践中常见的群体性信访而言，《信访条例》第 18 条仅规定，“多人采用走访形式提出共同的信访事项的，应当推选代表，代表人数不得超过 5 人”。但对于如何推举，推举不成如何处理，信访代表的权利义务有哪些，《信访条例》并未作出明确规定，导致实践中众多群体性信访事件难以得到有效处置。

四是信访解决纠纷具有协助性。依据《信访条例》第 6 条之规定，[①] 各级政府的信访机构承担着对信访事宜的受理、交办、转送、承办、协助处理等职能。从理论上分析，这些职能并非直接针对各类社会纠纷与矛盾，而是通过协助相关政府机构进行处理，进而达到化解冲突的目的，从这个意义上说，信访的纠纷解决功能具有间接性与协助性。

---

① 《信访条例》第 6 条规定：“县级以上人民政府信访工作机构是本级人民政府负责信访工作的行政机构，履行职责包括：受理、交办、转送信访人提出的信访事项；承办上级和本级人民政府交由处理的信访事项；协调处理重要信访事项；督促检查信访事项的处理；研究、分析信访情况，开展调查研究，及时向本级人民政府提出完善政策和改进工作的建议；对本级人民政府其他工作部门和下级人民政府信访工作机构的信访工作进行指导。”

在我国广大农村，引发群体性纠纷的所有因素，如村组财务管理混乱、基层选举不规范、房屋征收与补偿不合法、环境污染侵权事宜，都可纳入政府信访的受案范围。我们的实证调研也表明，农村村民对信访的认知程度也相当高，往往成为纠纷发生后最先选择的处理方式。不仅如此，信访在司法领域的适用也具有普遍性，比如最高人民法院研究室司法统计办公室公布数据显示：2003～2007 年，全国法院申诉复查案件总量 82.5 万件，来信来访总量达到 1876.4 万件（人）。[①] 中央政法委书记孟建柱在 2016 年 1 月中央政法工作会议上提到，2015 年全国信访总量下降 7.4%，进京上访下降 6.5%，非正常上访下降 38.2%。可见，近些年来，我国上访比例逐年下降，信访秩序趋于好转，但必须清醒地认识到，我国仍处于社会矛盾多发期，信访问题作为社会矛盾的综合反映，相较于其他纠纷解决方式，上访案件总数仍然非常庞大。就法院系统而言，信访数量虽然逐年减少，但仍处于居高不下的状态。

六、人民调解

人民调解是指在人民调解委员会的主持下，依据国家法律、法规、规章、政策和社会公德，在查清事实基础上，对纠纷当事人采用说服教育、规劝疏导的方法，促使纠纷各方互谅互让、平等协商，自愿达成协议，消除纠纷的一项纠纷解决活动。

新中国成立后相当长一段时间内，由于三大诉讼法的缺失，加之长期以来我国沿袭已久的非诉传统，调解在化解社会矛盾、维护社会稳定中扮演了非常重要的角色。2002 年 9 月，司法部出台《人民调解工作若干规定》，对人民调解制度作出了较为系统、全面的规定；与此同时，最高法院也出台了《关于审理涉及人民调解协议民事案件的若干规定》，对调解协议在诉讼程序的效力进行规范，对人民调解工作起到了积极的促进作用。2010 年 8 月 28 日，第十一届全国人民代表大会常务委员会第十六次会议通过了《中华人民

① “最高法：近五年来申诉信访案件情况统计分析报告”，载《第一财经日报》2008 年 6 月 16 日。

共和国人民调解法》(以下简称《人民调解法》),第一次以法律形式确立人民调解的法律地位。此后,人民调解在实践中得到迅猛发展,成为预防与化解包括群体性纠纷在内的社会矛盾的重要方式。例如,司法部公布的数据统计显示,2011 年全国调解矛盾纠纷数比 2010 年增加了 51.7 万件,2012 年前三季度比去年同期增加了 57.5 万件。[①] 相对于其他纠纷解决方式而言,人民调解具有以下特点。

一是人民调解的自愿性。人民调解作为一项具有中国特色的法律制度,以当事人自愿为首要前提。依据《人民调解法》第 2 条、第 3 条之规定,[②] 人民调解委员会主要通过说服、疏导等方法开展工作,同时必须遵循自愿、不违法、尊重当事人权利等原则。“说服”“疏导”“促使”这些词汇的运用,体现了人民调解的民间性与非官方性的本质定位,对人民调解员的行为具有重要的规范和引导作用,也有利于农村群体性纠纷的有效化解。正是本着自愿性的原则,使人民调解在涉及土地承包、村务管理、征地拆迁、企业改制重组破产等方面的群体性、复杂性、易激化矛盾纠纷的处理中体现了独到的优势。

二是人民调解的广泛性。首先,受案范围具有广泛性。依据《人民调解法》第 1 条之规定,[③] 人民调解委员会调解的对象是“民间纠纷”,在范围上具有广泛性,除少数刑事案件、行政案件外,几乎所有发生于公民、法人、其他组织之间的纠纷属于人民调解的范围。其次,调解机构具有广泛性。依

---

① 福建省人民调解信息网:“司法部基层司关于进一步加强人民调解数据统计和报送工作的通知”,参见 http://www.fjrmtj.gov.cn/archive/article/article-12121309242625063434-1.html,访问日期:2012 年 11 月 6 日。

② 《人民调解法》第 2 条规定:“本法所称人民调解,是指人民调解委员会通过说服、疏导等方法,促使当事人在平等协商基础上自愿达成调解协议,解决民间纠纷的活动。”第三条规定:“人民调解委员会调解民间纠纷,应当遵循下列原则:(一)在当事人自愿、平等的基础上进行调解;(二)不违背法律、法规和国家政策;(三)尊重当事人的权利,不得因调解而阻止当事人依法通过仲裁、行政、司法等途径维护自己的权利。”

③ 《人民调解法》第 1 条规定:“为了完善人民调解制度,规范人民调解活动,及时解决民间纠纷,维护社会和谐稳定,根据宪法,制定本法。”

据《人民调解法》第 8 条之规定,[①] 人民调解委员会设在村民委员会、居民委员会以及企业事业单位内部，广泛存在于社会生活之中。据统计，2014 年全国有 81 万个人民调解组织，近 400 万名人民调解员，排查各类矛盾纠纷 293.7 万余件，化解纠纷 933 万件，防止因民间纠纷转化为刑事案件 4.6 万余件，防止群体性上访 6.8 万余件，防止群体性械斗 1.5 万余件。[②] 这些数据，也证明基层社会组织具有草根性和广泛覆盖面，可以深入到每个社区、自然村、村民小组，当纠纷发生时，调解机构可第一时间介入，避免纠纷的升级和激化。最后，调解员具有广泛性。依据《人民调解法》第 14 条之规定,[③] 人民调解员没有严格的条件限制，绝大多数成年公民都可担任调解员。实践中，调解员本身往往是德高望重和热心公益的社区成员、地方精英或基层组织的领导，以适应那些乡土性、群众性的基层调解之需要，便于纠纷的迅速化解。

三是调解结果的非强制性。依据《人民调解法》第 31 条、第 32 条之规定,[④] 人民调解委员会制作的调解协议具有法律效力，但对于不自动履行调解协议的，对方当事人只能通过向法院起诉的方式寻求救济。因此，调解协议不具有强制性是人民调解的一个显著特点。

四是调解程序的灵活性。《人民调解法》对人民调解的具体程序没有明确规定，只是在第 22 条中规定："人民调解员根据纠纷的不同情况，可以采取多种方式调解民间纠纷，充分听取当事人的陈述，讲解有关法律、法规和国家政策，耐心疏导，在当事人平等协商、互谅互让的基础上提出纠纷解决方案，帮助当事人自愿达成调解协议。"可见，人民调解员可以根据纠纷的

---

① 《人民调解法》第 8 条规定："村民委员会、居民委员会设立人民调解委员会。企业事业单位根据需要设立人民调解委员会。人民调解委员会由委员三至九人组成，设主任一人，必要时，可以设副主任若干人。人民调解委员会应当有妇女成员，多民族居住的地区应当有人数较少民族的成员。"

② 人民网："去年全国人民调解组织化解纠纷 933 万件"，参见 http://legal.people.com.cn/n/2015/0305/c188502-26644245.html，访问时间：2015 年 3 月 5 日。

③ 《人民调解法》第 14 条规定："人民调解员应当由公道正派、热心人民调解工作，并具有一定文化水平、政策水平和法律知识的成年公民担任。"

④ 《人民调解法》第 31 条规定："经人民调解委员会调解达成的调解协议，具有法律约束力，当事人应当按照约定履行。人民调解委员会应当对调解协议的履行情况进行监督，督促当事人履行约定的义务。"第 32 条规定："经人民调解委员会调解达成调解协议后，当事人之间就调解协议的履行或者调解协议的内容发生争议的，一方当事人可以向人民法院提起诉讼。"

具体情况展开调解，在程序进行上具有较大的自主性与灵活性。

中国传统社会是一个以农业为主的自给自足的自然经济社会，土地是民众的命根子，人们世世代代被牢牢地束缚在土地上，基本上是一个“熟人的社会，没有陌生人的社会”。[①] 长期以来，在广大农村存在“非诉”的传统，通过家规族法、宗法伦理，由族长出面解决纠纷是植根于中国农民骨子里的文化基因。因此，人民调解具有悠久的历史，是极具中国特色的纠纷解决机制，被誉为“东方一枝花”，在实践中也取得了良好的效果。20 世纪 90 年代中期，由于片面追求纠纷解决的司法化，这一制度被忽视；进入 21 世纪初，人民调解制度得到复苏。实践中，对于因邻里纠纷、家庭矛盾等引发的群体性纠纷，人民调解具有其他制度所无法取代的独特功效。

第二节　诉讼纠纷解决机制之立法规定

诉讼是典型的规范性纠纷解决方式，是公力救济取代私力救济的结果，它是对于纠纷解决方式的革命性创造。诉讼的出现使纠纷的解决能在和平、公正的环境下进行，由公权力机关作为主导，通过专业化的诉讼程序，使纠纷解决的结果更加确定及有效执行。

一、民事诉讼

民事诉讼是指人民法院在当事人和全体诉讼参与人的参加下，依法审理和解决民事纠纷的活动，以及由这些活动所发生的诉讼关系。新修订的《民事诉讼法》没有明文规定群体性纠纷的专门解决程序，仅在第 51 条、第 53 条规定了可以适用于群体性纠纷的代表人诉讼制度。[②]

---

① 费孝通：《乡土中国》，北京大学出版社 1998 年版，第 9 页。

② 《民事诉讼法》第 52 条规定：“当事人一方或者双方为二人以上，其诉讼标的是共同的，或者诉讼标的是同一种类，人民法院认为可以合并审理并经当事人同意的，为共同诉讼。”第 53 条规定：“当事人一方人数众多的共同诉讼，可以由当事人推选代表人进行诉讼。代表人的诉讼行为对其所代表的当事人发生效力，但代表人变更、放弃诉讼请求或者承认对方当事人的诉讼请求，进行和解，必须经被代表的当事人同意。”

代表人诉讼制度是在美、德、日等国家的群体诉讼纠纷解决机制的基础上，结合我国大规模群体事件不断爆发的社会实际创设的制度，其建立的最初目的就在于尽可能一次性地彻底解决纠纷，实现诉讼资源的低成本，节约司法资源，有效实现相同案件相同处理，维护司法的一致性和权威性。① 这一制度具有以下特点：

一是当事人一方人数众多。农村群体性纠纷常发生在侵权领域，受害人众多，分布区域广泛。例如，“紫金矿业溃坝事件”就是如此，2010 年 9 月 21 日，受台风“凡亚比”带来的罕见特大暴雨影响，茂名市信宜紫金矿业有限公司银岩锡矿高旗岭尾矿库发生溃坝事件，共造成 22 人死亡。据茂名市、信宜市房产局房屋鉴定所核定，房屋全倒户 523 户、受损户 815 户。受溃坝影响，下游流域范围内交通、水利等公共基础设施以及农田、农作物等严重损毁。② 根据最高人民法院司法解释之规定，人数众多的最低限制为 10 人，也就是说，代表人诉讼中一方当事人超过 10 人即可启动代表人诉讼。这一事件中，因溃坝事件受损的农民有一千多户，他们可以推选 2 ~ 5 人作为代表发起诉讼，进而实现维护所有受害人的合法权益的目的。

二是当事人诉讼利益的趋同性。正是因为当事人受到了共同的侵害，存在一致的权利诉求，所以才能提起代表人诉讼。“紫金矿业溃坝事件”中，受侵害的一千多户农民，虽然都属于茂名市，但沿流域受灾农户可能互不相识，波及区域也十分广泛，正是因为他们诉求趋同，才可能由推选出的代表人来维护共同权益。同时，代表人也是从受害农户中产生的，本身是案件的当事人，因此代表人也有强烈的意愿作为代表行使诉讼权利。

三是判决效力对全体当事人具有约束性。代表人诉讼中的裁判对因同一标的或同一种类诉讼标的而引发纠纷的相关当事人都具有法律效力，这样可以使更多利害关系人参加到诉讼中去。诉讼代表人选定后，诉讼中处分相关实体权利义务的重大事项仍必须经过被代表人的一致同意。代表人一人的诉

---

① 李洁：“论我国代表人诉讼制度”，河南大学 2014 年硕士学位论文。

② 百度百科：“紫金矿业溃坝事件”，参见 http://baike. baidu. com/link?url = cxpxc9gqZADlJUPnnifFBu - 3O4Dl5ipcKd67RrQq6IKPM43_06GV - PqQ3ktVf0LvICKGC6queOzU - _R_HRRSkK，访问日期：2015 年 11 月 1 日。

讼行为除涉及变更、放弃诉讼请求或者承认对方当事人的诉讼请求外，对其所代表的所有当事人都发生效力。

民事诉讼是与广大民众联系最为紧密的一种诉讼类型，早在 1983 年，四川省安岳县人民法院就审理了元坎乡、努力乡 1569 户稻种经营户与安岳县种子公司水稻稻种购销合同纠纷案，开创了我国大陆代表人诉讼的先例。以后几年间，全国各地法院陆续审理了一些群体性诉讼案件。[①] 但是现实中，代表人诉讼制度暴露出很多缺陷，例如，权利登记程序限制了代表人诉讼功能的发挥，代表人的产生方式和权限范围也影响了代表人诉讼的效率。农村群体性纠纷的复杂性、特殊性使这一制度没有实现其制度设定的预期。

此外，值得一提的是，新《民事诉讼法》第 55 条创设了公益诉讼制度，[②] 由于农村群体性纠纷往往涉及环境污染、消费者权益保护等事项，因而民事公益诉讼的创设必将有利于维护村民的公共利益，有效化解各类农村群体性纠纷。

二、行政诉讼

行政诉讼是人民法院应公民、法人或者其他组织的请求，通过审查行政行为合法性的方式，解决特定范围内行政争议的活动。行政诉讼的主体是法院，即法院是通过审判方式解决行政争议的唯一机关。行政诉讼的内容是审查行政行为的合法性，其纠纷解决对象是特定范围内行政争议，行政诉讼的原告恒定为作为行政管理相对方的公民、法人或者其他组织，行政诉讼的被告是行政机关和法律、法规授权的组织。

2014 年 11 月 1 日，第十二届全国人民代表大会常务委员会第十一次会议表决通过了修订后的《中华人民共和国行政诉讼法》（以下简称《行政诉讼法》），这是该法自 1989 年颁行后的首次修改，修改后的新法已于 2015 年 5 月 1 日起施行。与《民事诉讼法》相类似，新《行政诉讼法》也没有明文

---

① 江伟：《民事诉讼法学原理》，中国人民大学出版社 1999 年版，第 443 页。

② 《民事诉讼法》第 55 条规定："对污染环境、侵害众多消费者合法权益等损害社会公共利益的行为，法律规定的机关和有关组织可以向人民法院提起诉讼。"

规定群体性纠纷的专门解决程序，而是通过代表人诉讼的方式解决群体性纠纷，其第 27 条、第 28 条对此作出了明确规定。[①] 由于《行政诉讼法》脱胎于《民事诉讼法》，加之依据《行政诉讼法》第 101 条关于行政诉讼适用《民事诉讼法》之规定，[②] 行政诉讼中的代表人诉讼与民事诉讼中的代表人诉讼制度内容和特点基本一致，本书在此就不赘述。

在广大农村，因行政机关行使行政权力与群众发生的争议屡见不鲜。以云南“孟连事件”为例，该县勐马镇胶农因橡胶林产权归属问题与当地橡胶公司发生争执和冲突。2009 年 7 月 19 日，勐阿村 5 位胶农被警察强行带走，数百名村民手持器械，与警察发生激烈冲突，警察被困 11 个小时，2 名群众死亡，41 名民警和 19 名群众受伤，9 辆执行任务的车辆不同程度损毁。[③] 村民的聚众持械围堵行为，是对警察强行带走胶农的行政行为不满的直接反应。实践中，此类事件一旦发生，民众往往都不会将警察机关执法行为是否得当诉诸法院进行裁判，而会将聚众抗议、暴力对抗等非诉手段作为维权的首选。“大闹大解决、小闹小解决、不闹不解决”的思维惯性根深蒂固，导致行政诉讼在农村群体性纠纷解决中发挥的作用极其有限，这与民众对行政诉讼法的认知有关，也与诉讼作为群体性纠纷解决方式存在程序复杂、耗时较长、成本较高等特点密切相关。

三、刑事诉讼

刑事诉讼法是指国家制定或认可的调整刑事诉讼活动的法律规范的总称。它调整的对象是公、检、法机关在当事人和其他诉讼参与人的参加下，揭露、证实、惩罚犯罪的活动。刑事诉讼法是刑法得以实施的程序规范，具有保障

---

① 《行政诉讼法》第 27 条规定：“当事人一方或者双方为二人以上，因同一具体行政行为发生的行政案件，或者因同样的具体行政行为发生的行政案件、人民法院认为可以合并审理并经当事人同意的，为共同诉讼”。第 28 条规定：“当事人一方人数众多的共同诉讼，可以由当事人推选代表人进行诉讼。代表人的诉讼行为对其所代表的当事人发生效力，但代表人变更、放弃诉讼请求或者承认对方当事人的诉讼请求，应当经被代表的当事人同意。”

② 《行政诉讼法》第 101 条规定：“人民法院审理行政案件，关于期间、送达、财产保全、开庭审理、调解、中止诉讼、终结诉讼、简易程序、执行等，以及人民检察院对行政案件受理、审理、裁判、执行的监督，本法没有规定的，适用《中华人民共和国民事诉讼法》的相关规定。”

③ 张侨珊：《群体性行政纠纷的行政救济制度研究》，中央民族大学 2010 年硕士学位论文。

人权与打击犯罪的双重目的。

刑事诉讼是社会救济的最后一道防线。广大农村，一旦爆发群体性纠纷，往往会伴随着“煽动群众暴力抗拒国家法律、行政法规实施”“聚众扰乱社会秩序”“聚众冲击国家机关”“聚众扰乱公共场所秩序、交通秩序”“聚众斗殴”“非法集会、游行、示威”“聚众冲击军事禁区”等情况的发生，这些行为达到一定程度就会演变为犯罪，受到刑事诉讼法的调整与制约。实践中，农村群体性纠纷一旦处理不当，事件升级就会造成对社会治安或国家、集体、个人财产权利或其他权利的严重影响。因此，通过侦查机关的立案侦查、检察机关的起诉、法院的审判及执行机关的执行，能够实现对犯罪行为之追究，确保无辜之人不受惩罚，维护社会正常秩序，进而发挥化解社会纠纷的功效。

因此，刑事诉讼本身并不通过判定权利义务的归属来解决农村群体性纠纷，而是借助对群体性纠纷中伴随的严重越轨行为进行严厉制裁体现其威吓、震慑功能，进而将群体性纠纷引发的负面影响控制在国家允许的范围之内，避免产生严重的后果。例如，群体性事件中出现打砸抢等行为后，公安机关通过立案、侦查程序，收集犯罪证据，抓获犯罪嫌疑人，避免社会陷入无序状态；法院通过审判程序，剥夺群体性纠纷中行为失范者的财产、自由，乃至生命，体现了国家对类似行为的严厉否定立场，能够在进行特殊预防的同时，起到普遍预防的作用。我国现行《刑事诉讼法》颁行于 1979 年，其间经过了 1996 年、2013 年两次较大幅度修改，基本能够适应当前社会发展需要，也是当前农村群体性纠纷解决体系中不可或缺的重要组成部分。

第三节　两类纠纷解决机制的立法缺憾

从整体上审视，我国现存农村群体性纠纷解决机制在实践运作中发挥了积极的作用，大体满足了化解农村群体性纠纷的需要。然而，也应看到，从系统角度出发，既存农村群体性纠纷解决机制发育尚不成熟，在诸多方面还有待改进，本节拟对此问题进行深入分析。

一、两类解纷机制的定位存在偏误

这主要表现在以下两个方面。

一是立法对非诉方式解决纠纷的机制重视不足。现行立法及制度设计对诉讼解决农村群体性纠纷给予了更多的关照，而对非诉纠纷解决方式重视不够。正如前文分析所展现的那样，立法对非诉纠纷解决方式作出规定，虽然数量很多，但层级较低，同时内容之间往往存在相互不一致甚至相互抵触的情况，在长期的实践中已经暴露出来不少问题，亟待解决。

在新中国成立后的相当长的时间内，受各种因素的影响，“像许多发展中国家一样，中国的司法结构长期处于政治系统的边缘。”[①] 与此相对应，诉讼在我国农村群体性纠纷解决机制中的地位被边缘化，而行政干预、人民调解等非诉方式则被广泛使用。改革开放后，随着社会环境的变迁以及立法的逐步完善，这一畸形发展的局面得以扭转，司法的功能和地位得到空前重视，这本身无可厚非。但是，在强调程序正义、司法权威的同时，受“司法万能”理念的影响，我国出现将司法神话化的“矫枉过正”的趋势。这样的直接后果是：法院的案件受理数不断上升，几乎不堪重负；与此相反，其他解纷方式的作用被弱化，在农村群体性纠纷解决机制中的地位变得几乎可有可无。例如，人民调解委员会在近些年就明显地被边缘化，其调解案件与诉讼案件的比例在20世纪80年代约为10:1（最高时达17:1），而至2001年已下降到1:1。[②]从前文对各种非诉纠纷解决方式的分析不难发现，尽管近几年针对农村群体性纠纷解决的相关法律规定已经逐步建立完善，但在程序设定、处理结果的效力等方面还存在很多不健全之处。这种结构严重失衡的状况显然是不合理的，同时也与各种解纷方式的应有地位不符。须知，诉讼解决纠纷具有正规性、程序性、对抗性，这些特点决定了并非任何纠纷适用诉讼解决都能收到最佳效果，只有根据纠纷的性质、特点选用最恰当的方式才符合

① 程竹汝：《司法改革与政治发展》，中国社会科学出版社2001年版，第47页。

② 范愉：“当代中国非诉讼纠纷解决机制的完善与发展”，载《学海》2003年第1期。

市场经济资源优化配置的理论。[①] 由此出发，根据农村群体性纠纷的特点，丰富和完善各类非诉解纷方式的法律规定，才能对群体性纠纷的有效化解起到至关重要的作用。

二是诉讼法中缺乏专门的立法规定。立法对诉讼高度重视，民事、行政、刑事三大诉讼法在出台后不断修订，其初衷是通过完善诉讼立法，提高诉讼解决纠纷的能力。但实践中，由于农村群体性纠纷的特殊性，司法解纷功能的发挥极为有限。这其中，既有司法体制的原因，也与诉讼立法缺乏专门规定、诉讼自身的固有缺陷密切相关。

首先，在司法体制方面，构建高效的农村群体性纠纷解决机制，必须考虑当前我国的司法环境和司法能力。司法能力是指，一国司法机关在政治构架中的权力深度和广度、社会生活中的影响力和权威度、与其他社会组织的力量对比关系、民众对司法的信任程度以及解决疑难问题的法律素质。司法能力在解决群体性纠纷中的决定性因素包括两个方面，对外是司法与其他组织的权力制衡关系，对内是法院及时妥善处理群体性纠纷的业务水平。[②] 长期以来，我国司法独立欠缺、司法不公和司法腐败的存在，致使司法权威失落成为常态。一方面，农村群体性纠纷案件往往涉及当地经济体制改革、经济建设和利益结构调整的大局，牵一发而动全身，法院在进行审理时往往进退两难、捉襟见肘。例如，在因农业承包、土地征收、资源侵占等原因引发的农村群体性纠纷中，政府一方行为的合法性常常受到质疑，法院如果严格依照法律办案，将极大影响地方政府的经济建设进程和政府政治形象；而如果不依法办事，则严重影响法院的公信力与权威度，导致纠纷的久拖不决甚至恶化。现实中，法院需要在政府利益与民众利益，法律效果与社会效果、政治效果中寻找最佳的平衡点，但常常出现顾此失彼的情况。久而久之，一旦发生群体性纠纷，诉讼就成为当事人退而求其次的选择了。另一方面，社会利益的多元化也导致了农村群体诉讼中的利益衡量困境。诉讼作出的判断必须是“非此即彼”，因此，通过诉讼形式实现定纷止争，司法就只能在众

① 吴卫军：《司法改革原理研究》，中国人民公安大学出版社 2003 年版，第 19 ~20 页。
② 汤维建：《群体性纠纷诉讼解决机制论》，人民大学出版社 2008 年版，第 237 页。

多利益之间进行明确的取舍，而不能完全依法办事。这样一来，群体诉讼的结果就与设立群体诉讼制度的初衷发生了某种程度的背离。在倡导社会公共利益多元化、反对社会公共利益单一模式的同时，又不可避免地“从终点回到了起点”，在事实上没有促进社会公共利益多元化的发展。①

其次，就诉讼立法自身的规定来看，我国三大诉讼法中都没有专门针对农村群体性纠纷的程序规定。尽管如前已述，《民事诉讼法》《行政诉讼法》中的代表人诉讼制度、公益诉讼制度能够在一定程度上化解群体性纠纷，但整体而言操作性、针对性不强，缺乏类似国外集团诉讼制度的专门规定，这在相当程度上影响了司法对农村群体性纠纷的化解功能，导致实践中行政权成为化解农村群体性纠纷的主导力量。

最后，诉讼本身的固有缺陷也成为阻碍其化解农村群体性纠纷的重要原因。例如，诉讼活动的成本高昂。以民事诉讼为例，当事人的诉讼成本涉及经济成本、时间成本、人力成本、机会成本、伦理成本、错误成本等，其中经济成本包括法院收费、代理费用、诉讼辅助费用，还可能涉及灰色费用、贿赂费用以及间接成本。国家投入的司法成本极为有限，许多地方的法院经费严重不足，有些法院还存在与当事人之间围绕资源获取的互动机制。概言之，转型中国诉诸司法救济的成本偏高，而农村群体性纠纷的当事人处于社会弱势地位，往往难以负担繁重的诉讼成本。在我国司法资源不足以应对一切社会矛盾，司法能力又不足以深度介入社会政策形成的情况下，诉讼成本高昂使其在现代社会越来越不能适应农村群体性纠纷解决的需要，面临着越来越严峻的挑战。

二、非诉解决机制的法治化程度不高

这主要表现在以下三方面。

一是缺乏专门立法保障。在我国的法治体系中，针对农村群体性纠纷，至今为止没有一部综合性法律系统地对非诉讼纠纷解决机制从制度层面加以

---

① 叶明：“公益诉讼的局限及其发展的困难——对建立新型经济诉讼的几点思考”，载《现代法学》2003 年第 3 期。

规定，各种解纷方式多散见于各类单行立法之中，显得零散、琐碎，缺乏整体性；与此同时，对一些特定种类的解纷方式也没有一部单行法进行全面规定。

以行政裁决为例，在制度设计上，行政裁决多作为诉讼的必经程序，是公民、法人或其他组织可供选择的纠纷解决机制之一。从实践看，行政裁决在农村集体土地征收补偿、房屋拆迁补偿等纠纷的化解中发挥了重要作用，但在自然资源归属、环境侵权纠纷领域，地方政府并未充分发挥出细化法律、行政法规和部门规章中行政裁决条款的作用，也没有制定专门的行政裁决性文件，导致行政裁决制度在农村群体性纠纷解决中发挥的作用极为有限。而在非诉讼纠纷解决机制发源地美国，1990 年颁布了《民事司法改革法》、1996 年颁布《联邦行政机构非诉讼解决纠纷法案》以及 1998 年颁布《替代性纠纷解决法》都是有关 ADR 的重要立法，对 ADR 的改革与推广作出了明确具体的规定，极大地促进了美国 ADR 的发展与运用。[①] 与之相比，我国在这方面的立法有待加强。

二是已有立法层级不高。如前已述，我国尚缺乏非诉纠纷解决机制的基本法，各类非诉纠纷解决方式都以单行法的方式存在，并且多为行政法规、规章和规范性文件的规定，立法层级较低、效力较弱、稳定性和统一性不强。以司法调解为例，最高人民法院审判委员会于 2003 年 7 月通过《关于使用简易程序审理民事案件的若干规定》，明确了人民法院在开庭审理时应当先进行调解，此外，各地高级人民法院和中级人民法院还制定了一些内部规定，来明确调解和诉讼的关系。然而，现行《民事诉讼法》规定，调解协议达成后，调解书送达前当事人可以反悔，这一规定实质上否定了法院在调解工作上的努力，这是由于立法层级不高导致的典型事例。再以信访为例，我国尚未制定专门的《信访法》，国务院颁布的《信访条例》作为规范信访的主要依据，着眼于规范信访机构的活动及对民众提供法律救济途径。但整体而言，基于行政法规的特性，《信访条例》不能也不应对立法机关、司法机关的信访行为进行规范，而这两类信访事宜在实践中却普遍存在。因此，在某种意

---

① 包睿华：《非诉讼纠纷解决机制探析》，新疆大学 2012 年硕士学位论文，第 13 页。

义上看，信访虽然在实践中运用普遍，但事实上“它是目前最无规范、离法律最远的救济方式”。①

在我们看来，针对农村群体性纠纷，可以考虑制定农村权益保护法，通过专门的章节和篇幅，将农村群体性纠纷非诉解决方式一并进行系统性、整合式规范。以美国《联邦仲裁法案》为例，1925年以来美国最高法院作出一系列决定，鼓励使用非诉方式来化解纠纷，ADR制度开始在美国发展并得到大规模推行。美国的ADR制度主要可以分为建议性ADR、推荐性ADR和决定性ADR三类。建议性ADR的裁决对当事人双方无法律约束力，当事人可以不接受；推荐性ADR裁决对双方也不直接具有约束力，但如果双方表示接受，该程序可转由法官作出具有法律约束力的判决；决定性ADR是诉讼程序的一部分，所做的裁决当事人必须履行，否则另一方可以申请强制执行。②《农村权益保护法》也可以考虑借鉴此方式，将民商事仲裁、行政裁决、行政复议、信访等非诉讼解纷方式进行分章规定，以利于农村群体性纠纷的有效化解。

三是各种机制存在明显缺憾。我国现存的各种非诉纠纷解决机制都在不同程度上存在着这样那样的缺憾或问题。以实践中解决农村群体性纠纷最常见的信访制度为例，现有的关于信访的法律、法规缺乏明确的操作性和救济性。这主要体现在两个方面：一是信访的功能定位模糊。作为一项具有中国特色的制度，信访制度设立的初衷是倾听人民呼声，处理人民意见、建议和申诉，以鼓励人民积极参与新的政权，克服“官僚主义”，即履行政治参与功能。③ 多年实践表明，信访制度的基本功能定位在联系群众、调解矛盾、民主监督和信息反馈。《信访条例》中不断强调信访部门权利救济功能而淡化信访原初的政治参与功能，然而，信访这种救济手段，在程序上是非司法的，对象上是行政主导的，信访部门并不具备解决法律问题或与法律相关问题的能力和地位。这导致在实践中，民众往往把信访看成了优于其他救济的一种手段，农村群体性纠纷当事人多头信访、重复信访，甚至引发越级上访，

---

① 倪星：“作为特殊行政救济的司法救济”，载《法学研究》2004年第3期。

② 王志华：《我国非诉讼纠纷解决机制完善的路径分析》，河南大学2010年硕士学位论文，第4页。

③ 王祥修：“关于我国信访功能定位的思考”，载《法制与经济（下旬）》2013年第2期。

使各种问题和矛盾向中央聚集，而中央不能适当、及时解决这些问题又导致信访权威的削弱，这也有悖于信访制度设立的初衷。二是信访的受理范围太过宽泛。有学者称信访“是一个大口袋，什么问题都往里面装”。[①] 一方面立法、行政、司法等各类国家机关均可受理救济类和非救济类信访事项。另一方面救济类信访横跨民事、刑事、行政等所有领域，几乎没有类型限制。[②] 实践中，由于信访受案范围太过宽泛，使信访处理行为与司法行为常常发生重叠，其他国家机关和党政领导迫于信访的压力，常会对司法审判造成干预，法院宁愿选择政治安全而牺牲掉法治精神。

再以《土地仲裁法》为例，农村土地承包经营纠纷仲裁制度存在严重的设计缺憾。

首先，受案范围具有有限性。《土地仲裁法》第 2 条第 2 款明确列举了 5 种情形适用该仲裁制度，同时将“因征收集体所有的土地及其补偿发生的纠纷”排除在受理范围。这体现了立法者受土地承包关系具有行政性特点的潜意识影响，将征收集体所有土地视为行政性行为，不免有将土地仲裁作为行政执法方式之嫌。

其次，裁决效力具有非终局性。《土地仲裁法》第 48 条规定：“当事人不服仲裁裁决的，可以自收到裁决书之日起三十日内向人民法院起诉。逾期不起诉的，裁决书即发生法律效力。”这与民商事仲裁实行“或裁或审，一裁终局”的制度明显不同，意味着土地纠纷仲裁裁决作出后，当事人就同一纠纷再向人民法院起诉的，人民法院应予受理。土地仲裁缺失了终局效力，致使该纠纷解决方式沦为了诉前程序的一部分。

最后，仲裁机构设置的行政化色彩浓厚。《土地仲裁法》第 12 条规定：“农村土地承包仲裁委员会，根据解决农村土地承包经营纠纷的实际需要设立；农村土地承包仲裁委员会在当地人民政府指导下设立。设立农村土地承包仲裁委员会的，其日常工作由当地农村土地承包管理部门承担”。显而易

---

① 杨小军：《信访法制化改革与完善研究》，《中国法学》2013 年第 5 期。

② 夏金莱：“法治视野下对信访受理范围的再思考”，载《暨南学报（哲学社会科学版）》2006 年第 6 期。

见，土地承包仲裁委员会在设立之初就具有强烈的政府指导性色彩，其行政化倾向不可避免。“仲裁机构集行政管理权与仲裁权于一身，既是国家行政机关又是仲裁机构，既具有行政权又有准司法权，其仲裁员或办事人员还是国家行政机关工作人员，影响仲裁的独立性、公正性”。[①] 农村土地承包经营纠纷作为一种平等主体间的民事法律关系，仲裁机构的行政化与此不符。同时仲裁解决土地承包经营纠纷的快捷、经济、专业和灵活等优势也难以发挥，导致对农村群体性纠纷的化解效果有限。

三、诉讼解决机制的针对性不强

现行诉讼立法中有关群体性纠纷解决之规定难以满足实践的需要。我国现有的纠纷解决机制一般既针对普通社会纠纷，也针对群体性纠纷，这本身无可厚非，但就群体性纠纷的适用而言，现有立法还存在诸多问题。

一是民事代表人诉讼制度的可操作性不强。这主要表现在以下几方面。

首先，有关代表人诉讼的规则过于简单。例如，在众多当事人推选代表人时，由于立法语焉不详可能引发诸多问题。由于诉讼代表人较之其他当事人要花费更多的时间和精力参加诉讼，而最终的诉讼收益却与其他人无异，这样代表人之产生往往存在互相推诿现象。一旦推举不出代表人，人数不确定的诉讼可由法官和当事人协商，协商不成的，则由法院在起诉的当事人中指定代表人。这种带有法官意志的强制性确定代表人，难免引发一些当事人的质疑。对于人数确定的案件而言，如果推举不出代表人，则群体诉讼将面临被拆分的境况，不利于纠纷的统一、及时化解。以上情况，在农村群体性纠纷中显得特别突出，因为当事人往往受文化水平、法律观念等方面的限制，无法协商推选出代表人；即使推选产生了诉讼代表人，也容易出现代表人与被代表的当事人之间互不信任、被代表人对代表人的履职能力有怀疑等尴尬情况，导致代表人诉讼的推进较为艰难。又如，依据现行立法，法院应直接认定未登记的权利人诉讼请求成立，即裁定适用已作出的裁判，但权利人的

---

① 史卫民：“农村土地承包纠纷仲裁制度探讨”，载《华南农业大学学报（社会科学版）》2009 年第 3 期。

诉讼请求很可能与原多数人诉讼请求存在差异，对于差异部分的请求应如何处理，法律未明确规定。

其次，立法对代表人诉讼的激励不足，导致“搭便车”现象普遍。现行民事诉讼法规定，对于人数不确定的代表人诉讼，要通过公告和登记方式来吸收更多的人参加诉讼。这部分人是典型的坐享其成，而首先起诉的那批人则需要办理立案时的各项事务，这些劳动和付出并未导致其获得比通过公告和登记程序参加诉讼的当事人更多的回报，无疑在一定程度上助长了民众“搭便车”的不良心理。再比如，诉讼代表人的权限仅相当于委托代理中的一般代理，变更、放弃诉讼请求或承认对方的诉讼请求，进行和解，须经被代表的当事人同意。这忽视了代表人的当事人身份，致使代表人在诉讼中处分实体权利极为困难，不利于群体性纠纷的有效化解。

最后，一些规定导致诉讼利益难以有效实现。现行立法将适用条件限定为以诉讼标的同一或属于同一种类为诉讼要件，这限制了代表人诉讼的进行。如因同一事实造成损害涉及人数众多时，若有人选择以合同关系起诉，有人选择以侵权关系起诉，便无法提起代表人诉讼。再如，基于维稳或其他因素考虑，司法机关内部实际存在有关农村群体性诉讼受理、审判方面的司法政策，这些“内部文件”大多未向社会公开，但在实际上却约束着各级法院的行为，这无疑影响了群体性纠纷的有效化解。又如，人数不确定的代表人诉讼，未参加登记的权利人在诉讼时效内提起诉讼的，法院裁定适用已作出的裁判，不得上诉。这一规定也与“二审终审制”相抵触。[①]

二是民事公益诉讼制度有待进一步完善。新修订的《民事诉讼法》将污染环境、侵害众多消费者合法权益等损害社会公共利益的行为纳入到公益范围，这能在一定程度上起到化解群体性纠纷的作用。有学者认为，只是原则上确认了对某些领域中侵害公共利益的行为可以由非直接关系的主体提起诉讼，通过诉讼维护公共利益。[②] 尽管如此，由于民事公益诉讼的适用范围、有权起诉主体、诉讼请求类型、具体程序事宜、诉讼费缴纳等问题尚缺乏明

① 李云：“我国代表人诉讼制度的局限性及其完善的构想”，载《理论探索》2004 年 2 月。
② 张卫平：“民事公益诉讼原则的制度化及实施研究”，载《清华法学》2013 年第 4 期。

确的规定，造成了实践中的操作困境，很难成为解决群体性纠纷的重要手段。例如，在昆明“牧业公司污染地下水事件”中，昆明三农农牧有限公司、昆明羊甫联合牧业有限公司在治理污染设施未竣工验收的情况下，将养殖废水渗入地下水系统，导致人畜饮水困难。行政机关对涉事企业罚款50万元，但其仍未停止排污行为。于是，在昆明市人民检察院的支持下，昆明市环保局作为原告提起民事诉讼。2011年1月，昆明市中级人民法院判决两企业立即停止污染侵害，向“昆明市环境公益诉讼救济专项资金”支付417.21万元及评估费13.252万元，用于治理被污染的水源。① 这起案例中，尽管昆明市环保局在昆明市检察院的支持下作为原告提起民事诉讼并获得了胜诉，但由于缺乏法律的明确规定，其程序的合法性与裁判结果的正当性事实上是值得怀疑的。值得注意的是，2014年4月24日，第十二届全国人民代表大会常务委员会第八次会议修订的《环境保护法》对此有了进一步规定，依据该法第58条之规定，② 具备条件的社会组织具有提起环境公益诉讼的主体资格，这在一定程度上完善了《民事诉讼法》的相关规定。此后，以环保组织为原告的民事公益诉讼制度在实践上有了较多的成功案例，例如，重庆绿色志愿者联合会诉湖北建始县磺厂坪矿业有限责任公司水污染责任纠纷案就是较为典型的一例。③

---

① 中国公益诉讼网：http://www.pil.org.cn，访问日期：2013年6月18日。

② 《环境保护法》第58条规定：“对污染环境、破坏生态，损害社会公共利益的行为，符合下列条件的社会组织可以向人民法院提起诉讼：（一）依法在设区的市级以上人民政府民政部门登记；（二）专门从事环境保护公益活动连续五年以上且无违法记录。符合前款规定的社会组织向人民法院提起诉讼，人民法院应当依法受理。提起诉讼的社会组织不得通过诉讼牟取经济利益。”

③ 2014年8月13日，毗邻千丈岩水库的湖北省恩施自治州建始县磺厂坪矿业有限责任公司将产生的废水、尾矿未经处理排入厂区附近有溶洞漏斗发育的自然洼地，事件造成重庆市巫山县、奉节县共4个乡镇约5万人饮用水受到影响，直接经济损失334.32万元。经过巫山县和湖北建始县相关部门紧急处理，8月18日，千丈岩水库水质基本恢复正常。2014年11月13日，重庆绿色志愿者联合会向万州区法院提起环境公益诉讼，请求判令被告湖北建始县磺厂坪矿业有限责任公司停止侵害、恢复生态并向公众道歉。重庆市人民检察院第二分院亦首次在辖区作为公益诉讼支持起诉人出庭发表支持起诉意见。2016年1月14日，万州区人民法院一审公开宣判，判令被告立即停止对巫山县千丈岩水库饮用水源的侵害，重新进行环境影响评价，未经批复和环境保护设施未经验收，不得生产；被告在判决生效后180日内对位于湖北省恩施州建始县业州镇郭家淌国有高岩子林场选矿厂洼地土壤制定修复方案进行生态修复；逾期不履行修复义务或修复不合格，由被告承担修复费用991 000元；被告在国家级媒体上赔礼道歉；被告支付鉴定费、律师费以及为诉讼产生的其他合理费用32万余元。

三是应尽快建立行政公益诉讼制度。实践中，一些地方行政机关的不作为或违法作为成为引发群体性纠纷，或导致群体性事件恶化的重要因素。因此，在涉及不特定多数人合法权益或公共利益保障问题上，行政公益诉讼与民事公益诉讼一样都扮演了重要的角色，同时也成为化解群体性纠纷的重要方式。我国现行《行政诉讼法》没有明确规定行政公益诉讼制度，但实践中对行政公益诉讼的需求日益增多。2015 年 7 月 1 日，全国人大常委会表决通过了《关于授权最高人民检察院在部分地区开展公益诉讼试点工作的决定》；7 月 2 日，最高人民检察院发布《检察机关提起公益诉讼改革试点方案》，明确提出在 13 省市区试点行政公益诉讼，案件范围确定为生态环境和资源保护、国有资产保护、国有土地使用权出让等领域负有监督管理职责的行政机关违法行使职权或不作为，造成国家和社会公共利益受到侵害的案件。全国人大的授权决定及最高检的试点方案之颁行，在一定程度上填补了行政公益诉讼制度缺失的空白，标志着我国行政公益诉讼开始起步。无论从行政诉讼制度科学化的角度审视，还是着眼于现实的客观需求，我国都应在试点的基础上，尽快修改立法，对行政公益诉讼制度作出明确而具体的规定。

四、两类解纷机制之间衔接不够

农村群体性纠纷之解决除了借助于司法机关外，还应通过政府干预、人民调解、信访等方式得到有效化解。但审视现有的制度设计后不难发现，两类群体性纠纷解决机制之间缺乏有机的协调。前述人民调解、行政调解、司法调解之间缺乏有效的衔接就是一例。再比如，如前已述，行政复议中复议机关可以对行政行为的合法性与合理性进行审查并作出复议决定，但行政诉讼中，除例外情况外，人民法院只能对行政行为的合法性进行审查，由此导致作为后置程序的行政诉讼与作为前置程序的行政复议之间存在着无法顺利对接的问题。还有就是信访中的涉法涉诉信访，[①] 问题也较为突出。据统计，2014 年全年，最高人民法院收到群众来信171 173件，办理网上申诉信访

---

① 涉法涉诉信访，指案件进入司法程序或司法程序已经终结的涉及公、检、法等司法机关的来信来访。

2695件（次），地方各级人民法院收到群众来信175 496件。① 从理论上分析，法院是各类争议的最终裁决主体，案件终审裁判后，当事人认为裁判解决有争议，可通过申诉、申请再审、申请再审抗诉等方式寻求救济，而实践中法院系统庞大的信访数量表明，当事人大多通过非正式的信访程序提出了异议，这不仅会导致司法权威的削弱，更会浪费有限的司法资源，影响社会的稳定和谐。可见，现行信访制度在设计上缺乏与诉讼制度的有机衔接。在我们看来，两类纠纷解决机制之间应当有机衔接、优势互补、良性互动，共同形成合力，只有这样，才能有效化解农村地区的群体性纠纷，真正实现立法初衷。

五、两类解纷机制与外部配套机制脱节

在我们看来，群体性纠纷之解决是一项系统工程，除了有位于链条中端的解决机制，还应当有一些前置或后续的机制、程序与之相配套，才能真正有效发挥作用。但现实中，对群体性纠纷的外部配套机制重视不够，削弱了各种纠纷解决机制防控农村群体性纠纷之能力，应当有针对性地加以完善。

在农村群体性纠纷解决机制的配套设计中，利益表达机制、纠纷预警机制、现场处置机制、政府信息公开机制及信息反馈机制显得尤为重要。

利益表达机制能够保证民众，特别是广大农民的诉求和意愿得以及时反映和倾诉，从而引起相关部门的重视并加以解决。一般来说，较通畅的理性化沟通渠道与较高程度的政治稳定之间有着深刻的内在联系。以社会中间组织为纽带的缓冲与消融机制，实际上就起到了社会安全阀的作用。在我国转型期，随着行政权力逐步从社会经济领域中退出，社会自治空间日益扩大，在国家与社会之间出现了大量的组织与功能空白。这为形成一条减轻与消除社会冲突的缓冲地带提供了现实条件，为社会缓冲机制发挥作用提供了现实的空间。② 当前我国立法体系中，尽管从宪法到各部门法，再到行政法规、地方性法规及部门规章、地方政府规章，都在不同程度上规定了各公权力主

---

① 《人民法院工作年度报告（2014）》（白皮书），参见最高人民法院网 http://www.chinacourt.org/article/detail/2015/03/id/1569540.shtml，访问日期：2015 年 3 月 18 日。

② 李一平："防范和处理突发性群体事件的对策思考"，载《中共杭州市委党校学报》2002 年第 2 期。

体要及时听取民众意见，但由于缺乏应有的程序规定与制裁机制，导致民众的意见或诉求不能有效进行表达，进而引发了一系列群体性纠纷，这在农村地区表现得尤为明显。因此，健全多元主体的利益表达机制是预防和化解农村群体性纠纷的重要前提。

“凡事预则立不预则废”。[①] 群体性纠纷虽具有突发性，但从其初现端倪到爆发，大都有一个较长时间的酝酿过程。纠纷预警机制着眼于群体性纠纷的萌芽状态，通过对“苗头”的预警，能够有效地进行疏导，减少或杜绝农村群体性纠纷之发生。因此，社会预警机制是防范和解决社会矛盾的基础，是社会稳定和发展的指示器，是科学决策的可靠手段。我国一系列单行立法规定了重大事件中的监测与预警机制，例如《突发事件法》《传染病防治法》。但总体而言，这些立法过于分散、琐碎，不能涵盖群体性纠纷的全部内容，特别是立法中缺乏预警机制与纠纷解决机制衔接的具体规定，导致难以有效发挥预警机制在群体性纠纷解决中的作用。例如，在四川“汉源事件”中，由于国务院批准瀑布沟水电站立项，按照规划，瀑布沟水电站建成后，汉源县14%的土地将被淹没，全县1/3的人口（10万人）必须离开迁移。这些农民每亩地年均产值8000多元，水电站建设必然要侵占农民耕地和现有住房，迁地安置补偿问题是农民关注的焦点，也是“汉源事件”发生的根本原因，但相关政府部门恰恰在这些方面缺乏应有的监测和预警，导致纠纷最终发生。

现场处置机制则是指纠纷发展、形成到一定阶段后，各有关部门在纠纷现场采取有效措施处置和应对纠纷，这一机制与纠纷解决机制存在一定的重合。从行政管理学的角度看，现场处置机制是处置群体性事件的核心环节，对防止纠纷扩大及矛盾激化具有重要的意义。[②] 我国《突发事件应对法》对群体性纠纷的现场处置有一系列规定，但同样缺乏与其他纠纷解决机制之间的衔接。此外，还需注意的是，现场处置机制中，绝大多数内容都涉及行政紧急权之运用，而我国现行立法更是缺乏这方面的具体规定。

---

① 出自《礼记·中庸》。

② 陈晋胜：《群体性事件研究报告》，群众出版社2004年版，第229页。

信息公开是现代国家公权力运行的基本逻辑和基础制度，其在群体性纠纷解决中同样具有十分重要的意义。为保障公民、法人和其他组织依法获取政府信息，提高政府工作的透明度，促进依法行政，充分发挥政府信息对民众生产、生活和经济社会活动的服务作用，2008 年 5 月 1 日施行的《中华人民共和国政府信息公开条例》（以下简称《信息公开条例》），将“行政机关在履行职责过程中制作或获取的，以一定形式记录、保存的信息”都纳入到信息公开范围之内，还明确列举了行政机关应当公开和重点公开的各项信息。这一立法对于确保行政机关在群体性纠纷解决中及时公开信息具有重要的积极意义。然而，应该看到，该条例立法层级不高，加之内容粗疏、操作性不强，已在一定程度上阻碍了农村群体性纠纷之有效化解。

信息反馈机制则立足于群体性纠纷在表面上得到解决后，对后续工作及相关信息进行跟踪，及时解决发现的问题，防止矛盾和纠纷的再次聚合。当前，包括《突发事件应对法》在内的各立法，对该问题都只是简单提及，既没有规定相应的程序做保障，也缺乏问责与制裁机制为后盾，导致实践中相关规定无法落到实处。

总之，群体性纠纷解决机制与相关配套机制之间缺乏有效衔接，存在脱节现象。尽管从实践看，在大多数农村群体性纠纷解决机制中都不乏行政机关、司法机关，乃至立法机关、党的各级组织共同发挥作用的身影，但往往这些习惯性做法既缺乏立法规定，又缺乏有效的程序保障，这样致使各种纠纷解决机制无法形成合力，进而共同完成对农村群体性纠纷的预防和化解。

第四章
我国西部地区农村群体性纠纷及其解决机制的统计分析

正如让·博丹曾经指出的那样：“国家要得到优良和明智的治理，其头号法则就必须是观察其状况，了解每个国家的力量和性质，明辨侵袭他们的那些疾病的原因。”① 本章的统计分析即围绕群体性纠纷及其解决机制运作状况而展开。如前已述，统计分析主要是指依据一定的标准，通过对直接或间接获取的实践数据进行定量分析，总结研究对象的内在规律，进而获取更多更丰富的信息。本章中，我们将在简要介绍调研设计、调研过程的基础上，通过对调查问卷、走访座谈获取的第一手材料进行整理、归纳，以图表形式再现西部地区农村群体性纠纷及其解决机制的真实状况，进而找到以下几个问题的初步答案：当前农村群体性纠纷的现状如何？这些群体性纠纷产生的主要原因是什么？群体性纠纷主要当事方是谁，解决的难度何在？群体性纠纷主要通过怎样的方式得以解决，哪些策略与技术发挥了关键性作用，地方政府与法院在其间分别扮演了怎样的角色？群体性纠纷的解决结果如何，参与各方是否满意？

---

① 转引自周保巍：“托克维尔为“法国病”开出的药方”，载《南方周末》2015 年 8 月 13 日，第 E29 版。

第一节 调研之设计

正如本书绪论中指出的一样，课题组在对西部地区农村群体性纠纷及其解决机制进行实证调研时，遇到了官方数据收集受阻、专门数据缺乏等困难。据此，课题组只能借助于通过问卷调查、走访座谈获取的第一手数据，并辅之以部分第二手材料展开分析。因此，调研设计是否科学成为课题研究能否正常开展的重要前提。

在开展调研前，课题组从以下几方面进行了必要的设计。

一是在空间维度上，我们将调研的地域范围限定为我国西部12省市自治区的农村地区，选取10~15个的行政村展开调研工作。一方面，从本课题的研究范围看，只有这些地点获取的调研数据才具有实用价值，能够契合课题的研究需要；另一方面，从调研的成本考量及研究的实际需要着眼，10~15个的行政村虽然样本数量不多，在我国西部12省市自治区中的占比很低，但这已是课题组能够顺利开展调研工作的极限了。更为重要的是，我们认为，从田野调查的角度审视，调研对象只要选择得当，具有代表性与典型性，10~15个的行政村已足以真实反映西部地区农村群体性纠纷及其解决机制的基本状况。

二是在时间维度上，我们将调研的年限范围框限于2008~2012年。之所以做这样的设定，主要原因在于，一方面本课题2009年立项，预计在2012年年底结项，调研活动主要集中在2012~2013年陆续进行，故相关数据收集时间最迟截止到2012年年底；另一方面，5个自然年度的材料已能较为充分地满足课题研究之需要，也便于课题组开展调研工作，故将起始时间确定为2008年是较为合适的。当然，需要说明的是，从研究的便利性、经济性与科学性出发，尽管课题组调研的第一手数据限定在2008~2012年，但课题组在进行对比分析时也会引用学者们在此时间段以外的第二手数据，且本书后面章节中进行定性分析的典型案例的时间跨度也并不限于2008~2012年。

三是在调研方法选择上，我们主要采取了问卷调查与走访座谈相结合的方式。问卷调查是指向调查对象发放特定内容的印制表格，通过对统计调查对象的填写情况来获取相关信息的一种方法。通过问卷调查的数据整理，课题组能够获取第一手信息资料并展开研究。为了更好地进行问卷调查，课题组设计了两套用于调查的问卷（见本书附录一），分别针对西部地区农村的村民（包括普通村民、村民小组长、村委会委员与村党支部委员等）与县（区）、乡（镇）两级党委、政府及其所属部门（主要包括公安局、司法局、民政局、法制办、信访办等单位）与基层法院、检察院的工作人员。之所以做这样的区分，主要原因在于：一方面，不同调查对象的价值取向、文化程度、生活阅历不同，对同一社会现象的关注角度及重点也有很大区别，这一点在农村村民与党委政府工作人员身上体现的特别明显，只有正视这些区别进而采用不同的问卷才能获取更有价值的信息；另一方面，从不同类型调查对象处获取的数据能够在一定程度上弥补样本不足的缺陷，有助于从不同视角揭示问题，进而印证调研假设。两套问卷的内容虽然有所不同，但都包括了当地农村群体性纠纷（事件）的数量、参与人数、类型、延续时间、处理结果等项目。

走访座谈是指通过与调查对象面对面的语言交流，进而获取相关信息的一种方法。其中走访主要采取一对一、多对一的形式进行，即一名或多名调查者与一名调查对象进行交流；座谈主要采取一对多、多对多的形式进行，即一名或多名调查者与多名调查对象在同一时间同时进行交流。走访座谈的目的是借助调查对象的连续陈述、描绘，更为直观了解调查对象的看法，获取更为丰富的事实细节，进而使调查的内容更为丰满、立体。但与标准化、程式化的问卷调查不同，走访座谈需要耗费较多的时间成本，同时对调查者调查素养与调查技能的要求也较高。因此，课题组在统筹谋划的基础上，从调研的便利性出发，选取了我国西部地区四川、陕西、云南三个省中的三个县为调研地点，对当地村民、乡镇干部以及县级党委、政府工作人员进行了走访座谈，获取了大量第一手资料。通过与问卷调查获取的数据相对照，课题组发现了潜藏于实践表象背后的一些新情况、新问题，大大充实了课题研究的内容。本章及后面章节中都会涉及这些内容。

第二节 调研之实施

一、调研的实施过程

本课题之调研主要由两部分组成。

一是课题组的实地调研。在印制调研问卷与拟定调研提纲后，根据课题组的人脉资源，结合课题研究之需要，我们于2012年7月和2013年2月、8月分别前往四川省成都市A县、陕西省安康市B县与云南省普洱市C县三个地方进行了为期三周的实地调研。之所以选择这三个地方，主要原因在于：A县位于四川省成都市郊区，位于国务院批准的国家统筹城乡综合配套改革试验区内，农村集体经济发达、农民普遍较为富裕、民主议政机制较为健全，其辖区农村能够代表西部地区农村社会治理的先进水平；B县位于陕西省安康市，是典型的农业大县，农村经济以传统的种植业为主，同时有大量农业人口外出务工，其辖区农村现状在西部地区具有典型性与代表性；C县为云南省粮食、蔗糖、木材、核桃、芒果重点产区，高山地形特点明显，少数民族人口众多，占总人口的比例约为46%，其中彝族人口占总人口的比例高达39.5%，其辖区农村具有西部地区多民族聚居的显著特点，能够体现广大西部地区农村的特色。此外，在课题写作过程中，课题组又根据需要，安排成员分别于2013年7月在四川省成都市A县、眉山市D区、德阳市E县、重庆市F区等地进行了为期10天左右的再次调研，进一步补充收集了相关资料。

二是所在高校法学本科专业学生的暑期社会实践。为了弥补课题组实地调研可能存在的采样不足、信息有限、覆盖面不够等缺憾，2013年暑假，课题组负责人在进行简单培训的基础上，组织所在学校法学本科专业二、三年级中家住西部地区农村的20余名学生，利用返乡社会实践的方式开展了进一步的资料收集工作。本次资料收集的内容主要包含三个方面：一是在所在家乡进行问卷调查，通过每人发放20～30份问卷并指导村民逐项填写的方式，扩大统计数据的样本库；二是收集发生在当地比较有影响的群体性纠纷，以便作为典型案例进行个案分析；三是根据课题组拟定的访谈提纲，在当地对农村村民、党委政府工作人员进行一定范围的走访座谈。从调研结果看，本次学生暑期社会实践取得了一定的效果，部分学生收集了较为详实的第一手数据或案例，其有效调研样本涵盖了四川、甘肃、青海、贵州、宁夏、重庆等西部四省一区一市，极大地丰富了课题组的资料库。但也有近一半的学生未能顺利完成资料收集工作，或者收集的资料较为残缺、陈旧，不具有研究价值。除了人脉关系不够、责任心不强等因素外，主要原因还在于从事调研的学生没能掌握正确的调研方法，同时也与当地村民、党委政府工作人员的不理解、不配合有很大的关系。

通过以上调研活动之实施，我们先后走访座谈了农村村民 100 余人，党委政府工作人员 50 余人，同时还收集了各地县、乡两级党委政府及所属部门出台的有关农村群体性纠纷（事件）应对与处置的红头文件 10 余份，掌握了较多的第一手调研资料。通过调研，课题组共计回收了村民填写的调查问卷 432 份（以下简称“问卷一”），党委政府工作人员（此处的党委政府工作人员应做广义理解，即包括了地方县乡两级党委、行政机关的工作人员，也包括了立法机关、司法机关的工作人员）填写的问卷 156 份（以下简称“问卷二”），其中，剔除内容残缺、填写无法辨识的不合格问卷外，问卷一的有效样本数为 380 份，问卷二的有效样本数为 145 份，样本合格率分别为 87.96%、92.95%。以上问卷内容构成了本章统计分析的基础。与此同时，通过调研活动，课题组还收集了内容较为详实的第一手案例 13 个，对案例的相关信息进行了汇总整理，这些案例构成了本书后面章节进行个案分析的基础。

二、调研对象之概况

在问卷内容恒定的情况下，调研对象的基本情况是一种客观变量，能在一定程度上反映不同人群对相同社会现象的态度、立场、观点与看法，对于分析现状、揭示原因具有重要的理论意义与现实价值。在本课题研究中，关于调研对象的基本情况，课题组在问卷一中主要设计了以下几方面内容：年龄、性别、政治面貌、文化程度及家庭年收入；在问卷二中主要设计了以下几方面内容：年龄、性别、政治面貌、文化程度、所在单位类型、个人行政级别。我们认为，以上内容应当能够基本反映调研对象的身份信息，课题研究中对相关信息的收集目的。

问卷一的统计情况见下表4－1。

表4－1：被调查村民的基本情况

	变量值	人数	占比（%）
年龄	18周岁以下	26	6.84
	19～45周岁	105	27.63
	46～60周岁	176	46.32
	61周岁以上	73	19.21
性别	男	209	55.00
	女	171	45.00
政治面貌	中共党员	57	15.00
	共青团员	20	5.26
	群众	297	78.16
	民主党派	6	1.58
文化程度	小学及以下	95	25.00
	初中	192	50.53
	高中、中专	86	22.63
	大学专科、本科	7	1.84
	研究生	0	0
家庭年收入	5000元以下	42	11.05
	5001～10000元	78	20.53
	10001～20000元	125	32.89
	20001～50000元	95	25.00
	50001元以上	40	10.53

问卷二的统计情况见下表4－2。

表4－2：被调查党委政府工作人员的基本情况

	变量值	人数	占比（%）
年龄	18周岁以下	0	0
	19～35周岁	53	36.55
	36～50周岁	65	44.83
	51～60周岁	27	18.62
性别	男	89	61.38
	女	56	38.62
政治面貌	中共党员	60	41.38
	共青团员	30	20.69
	群众	48	33.10
	民主党派	7	4.83
文化程度	小学及以下	1	0.69
	初中	8	5.52
	高中、中专	32	22.07
	大学专科、本科	93	64.14
	研究生	11	7.58
所在单位类型	乡镇党委政府	48	33.10
	县级党委政府	16	11.03
	县级党委政府所属部门	66	45.52
	立法机关	6	4.14
	法院、检察院	9	6.21
个人行政级别	科员	73	50.34
	副科级	37	25.52
	正科级	26	17.93
	副处级	8	5.52
	处级及以上	1	0.69

第三节 关于西部地区农村群体性纠纷的统计分析

群体性纠纷是纠纷解决机制指向的客体，也是本课题重点研究的内容。在本节中，我们将根据调查问卷的结果，着重从西部地区农村群体性纠纷的数量、类型、纠纷当事人三个方面对其进行深入分析。

一、群体性纠纷的数量

群体性纠纷的数量，是指在调查的区域范围内，特定时间段中已发生的群体性纠纷有多少。这一指标能够最为直观反映群体性纠纷的发生频率，是了解群体性纠纷状况的最基本数据之一。在问卷调查中，关于群体性纠纷的数量，课题组对所调研的农村村民询问了三个问题。第一个问题是："据您了解，近五年（2008～2012年）您所在的行政村发生的群体性纠纷（事件）的数量大概有多少？"可供选择的答案有四个：0件；1～5件；5～10件；10件以上。第二个问题是："据您了解，近五年（2008～2012年）您所在的行政村以外周边乡村发生的群体性纠纷（事件）的数量大概有多少？"可供选择的答案有四个：0件；1～5件；5～10件；10件以上。第三个问题是："据您了解，近五年（2008～2012年）您所在的行政村及周边乡村群体性纠纷（事件）发生的总体趋势是怎样的？"可供选择的答案有四个：越来越少；越来越多；维持不变；不清楚。

在回收的380份、145份有效问卷中，这三个问题回答的统计情况分别见以下两组表格：

表4－3：所在行政村的群体性纠纷数量（问卷一）

	0件	1～5件	5～10件	10件以上	合计
回答份数（份）	16	241	119	4	380
占比（%）	4.21	63.42	31.32	1.05	100

表 4-4：所在行政村以外的群体性纠纷数量（问卷一）

	0 件	1～5 件	5～10 件	10 件以上	合计
回答份数（份）	102	221	56	1	380
占比（%）	26.84	58.16	14.74	0.26	100

表 4-5：群体性纠纷的发生趋势（问卷一）

	越来越少	越来越多	维持不变	不清楚	合计
回答份数（份）	31	268	49	32	380
占比（%）	8.16	70.53	12.89	8.42	100

与此同时，面对党委政府工作人员，课题组的问卷调查中只涉及两个问题。一个问题是："据您了解，近五年（2008～2012 年）您所在的县级行政区划范围内，发生在农村的群体性纠纷（事件）的数量大概有多少?"可供选择的答案有五个：0 件；1～5 件；5～10 件；10～20 件；20 件以上。另一个问题是："据您了解，近五年（2008～2012 年）您所在的县级行政区划范围内群体性纠纷（事件）发生的总体趋势是怎样的?"可供选择的答案有四个：越来越少；越来越多；维持不变；不清楚。

在回收的 145 份有效问卷中，这两个问题回答的统计情况见下表。

表 4-6：所在县的农村群体性纠纷数量（问卷二）

	0 件	1～5 件	5～10 件	10～20 件	20 件以上	合计
回答份数（份）	0	15	40	82	8	145
占比（%）	0	10.34	27.59	56.55	5.52	100

表 4-7：群体性纠纷的发生趋势（问卷二）

	越来越少	越来越多	维持不变	不清楚	合计
回答份数（份）	11	121	8	5	145
占比（%）	7.59	83.45	5.52	3.44	100

对比分析表 4-3、表 4-4、表 4-5 与表 4-6、表 4-7，我们发现有以下几点值得关注。

一是两组调研对象的问卷调查结果都显示，在2008～2012年的五年间，各地农村群体性纠纷的发生频率呈现较高态势。表4－3中，只有4.21%的村民认为，五年间本村从未发生过群体性纠纷。表4－4中，有大约26.84%的村民认为，其所在的周边农村从未发生过群体性纠纷，而表4－6中，没有党委政府工作人员认为本县农村未发生过群体性事件。表4－3中认为，本村近五年发生1～5件、5～10件群体性纠纷的村民合计占比为94.74%，表4－4中认为临村近五年发生1～5件、5～10件群体性纠纷的村民合计占比为72.9%。根据这两组表格的统计数据，我们可以大致推算，在所调研的村民中，认为本村及邻村近五年来发生群体性纠纷在10件以上的人数占绝大多数。这表明，每年至少有2件群体性纠纷发生在所调研的村民周围。这一推测与表4－5的统计数据大体吻合，即超过一半以上的政府工作人员认为过去五年本县农村群体性纠纷的数量在10件以上，平均每年不低于2件。如前已述，调研对象分布的区域包括了我国西部大部分省级行政区划，因此，课题组认为我国广大西部地区农村群体性纠纷在2008～2012年间发生的频率较高。

二是表4－3、表4－4与表4－6的统计数据存在一定的偏离。这种偏离主要体现在，表4－3、表4－4中人数占比最高对应的群体性纠纷的件数为5～10件，而表4－6中人数占比最高对应的群体性纠纷的件数为10～20件。我们分析，之所以出现这样的偏离，其原因主要有三点：其一，表4－3、表4－4的统计口径为本村、邻村，而表4－6的统计口径为本县，区域越广，群体性纠纷的数量自然就越多；其二，党委政府工作人员所处的岗位性质决定其接触面更广、信息来源渠道更通畅，因而获得的信息也更多，普通村民因各种原因没有感知或听说的群体性纠纷更容易为党委政府工作人员所了解，故填写问卷时也更可能多填；其三，党委政府工作人员对群体性纠纷更敏感，其理解的群体性纠纷的范围更广，而与此相反，普通村民对群体性纠纷的感知程度更低，其理解的群体性纠纷的范围更狭窄。

三是农村群体性纠纷在近些年呈现不断增多的态势。如表4－5、表4－7中所示，有超过70.53%的受访村民及83.45%的受访党委政府工作人员都认为，所在地区群体性纠纷在2008～2012年中的发生趋势是越来越多，这充分显示了健全群体性纠纷解决机制的必要性与紧迫性。这一点在本书第二章中已有分析，在此就不赘述了。

二、群体性纠纷的类型

群体性纠纷的类型，是指依据一定标准对已发生的群体性纠纷所做的定性分析。在我们看来，群体性纠纷的种类不同，其产生原因有别，应对、处置的难度与方式方法也应存在较大差异。因此，考察农村群体性纠纷的类型，对于了解与分析不同群体性纠纷的内在规律，进而有针对性地提出解决方案具有重要的现实意义。在本书第二章中，我们主要依据群体性纠纷的表现形式将其区分为利益驱动式、抗争维权式、权力争夺式以及情绪宣泄式等四种。考虑到这一分类的学术意味较浓，不易为调查对象所区分，课题组在问卷调查中没有采用这一分类，而是依据群体性纠纷产生的直接动因，将其划分为征地拆迁类、环境侵权类、土地矿产资源类、集资金融类、民族宗教类及其他类型等六种。

在问卷调查中，关于群体性纠纷的类型，课题组对所调研的农村村民及政府机关工作人员询问了同样的一个问题："据您了解，近五年（2008～2012 年）您所在的行政村及周边乡村（县）发生的群体性纠纷（事件）中排在前三位的类型是哪些?"可供选择的答案有六个：征地拆迁类；环境侵权类；土地、矿产资源类；集资金融类；民族宗教类；其他类型。为了统计上的便利，我们将问卷中排在第一位的类型记为 3 分，以此类推，排在第二位、第三位的分别记为 2 分、1 分，最后看哪些类型得分高，哪些类型得分低，得分越高则表明该类型群体性纠纷发生的概率越大，反之得分越低则概率越低。

在分别回收的 380 份、145 份有效问卷中，这个问题回答的得分情况如下：

表 4－8：群体性纠纷类型的得分情况（问卷一）

	征地拆迁类	环境侵权类	土地矿产资源类	集资金融类	民族宗教类	其他类型
得分（分）	380	696	254	386	128	436

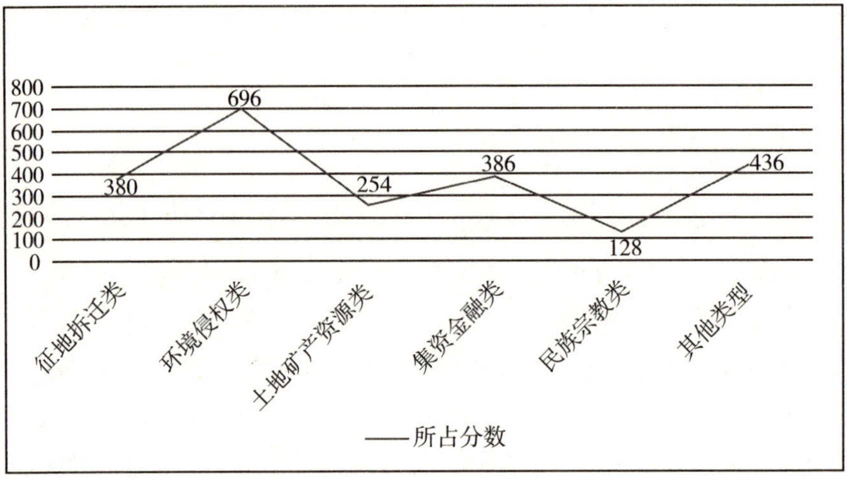

图 4-1：群体性纠纷类型得分情况的折线图（问卷一）

表 4-9：群体性纠纷类型的得分情况（问卷二）

	征地拆迁类	环境侵权类	土地矿产资源类	集资金融类	民族宗教类	其他类型
得分（分）	202	223	114	162	66	103

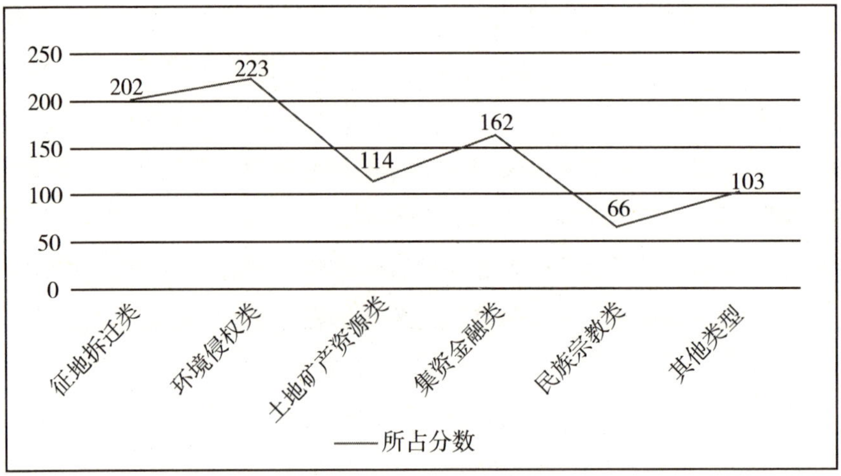

图 4-2：群体性纠纷类型得分情况的折线图（问卷二）

将表 4-8、表 4-9 的结果进行对比分析，不难得出以下几点结论：

一是环境侵权类纠纷在两表中的得分都最高，这表明 2008～2012 年的五年间，因环境侵权引发的群体性纠纷在调查的区域内发生最为频繁。这一点，与许多学者的研究结论存在一致性，例如，中华环保联合会副秘书长冯晓星早在2009年就指出："因环境问题引发的群体性事件正以每年30%的速度上升。"① 之所以如此，其原因主要有主观、客观两方面。客观上，正如本书第五章指出的那样，改革开放以来随着经济不断发展，大量小型污染性的乡镇企业、村办企业与手工作坊，如小煤矿、小造纸厂、小水泥厂、小冶炼厂、小砖厂等在西部地区农村不断涌现，造成了当地生态环境的不断恶化；与此同时，21世纪初以来，我国沿海地区经济的转型升级和结构调整导致大量污染性企业逐渐向西部地区转移，这更加剧了农村环境污染问题的严重性。主观上，在温饱逐步得到解决的前提下，农村村民对身体健康、生活环境与生存品质的要求越来越高，也更加重视居住地的环境质量，一旦遇到较为严重的空气污染、废水污染、废渣污染的事件时，通过群聚方式维权或寻求政府进行治理就成为常态。这在一定程度上印证了日本学者川岛武宜曾经指出的一种情况，"拥有近代的人格主体性的人，不仅意识到为了对抗侵害权利是问心无愧的正当行为，甚至感到只有主张权利和为权利而斗争才是肩负维护这种秩序的权利人为维护法律秩序所应尽的法律义务"。②

二是征地拆迁类与集资金融类群体性纠纷在西部地区农村的发生成为常态。在表4－8中，集资金融类纠纷与征地拆迁类之得分分别排在第三位、第四位，而表4－9中则分别排在第三位、第二位。尽管我们的调研样本有限，但据此管中窥豹不难发现，在农村经济形态与村民生存状态不断调整的背景下，以往常见于城市的金融类纠纷、土地征收纠纷在农村也呈多发态势。我们的走访座谈表明，集资金融类纠纷之频发与近年来农民私人存款逐渐增多、信息闭塞而投资渠道单一，且农民整体文化素质不高有着密切的关系。特别是绝大多数非法集资案、高息吸储诈骗案的主犯都是农村当地村民或村民公认的"能人"，基于熟人社会的特定生态环境，在高息、高利润的诱惑下，极易引发群体性事件。至于征地拆迁类纠纷这些年在农村频发的原因则显而

① 冯晓星："环境群体性事件频发公众如何理性维权"，载《环境保护》2009年第17期。

② ［日］川岛武宜：《现代化与法》，王志安等译，中国政法大学出版社1994年版，第56页。

易见，随着房地产业的火热及土地经济在各地之兴起，农村集体土地因其补偿低、手续简便日益成为一些地方政府与房地产开发商合谋的对象，各种因征地程序违规、补偿标准过低、强制搬迁违法、农民安置不到位引发的群体性纠纷在实践中屡见不鲜。我们的调查显示，越靠近城市的农村、经济越发达的农村，因征地拆迁引发的群体性纠纷越常见。例如，在我们调研的成都市A县，经单独统计，问卷一、问卷二中，因征地拆迁引发的群体性纠纷之得分已经超过了其他种类的纠纷，高居第一。

三是在西部地区农村中，传统型群体性纠纷还占有一定的比例。表4－8统计数据显示，在农民看来，调查问卷中罗列的五种群体性纠纷以外的其他类型的纠纷比较常见，仅次于环境侵权类纠纷；而表4－9中其他类型的纠纷得分也并非排名最后。为了进一步了解情况，我们对选择“其他类型纠纷”得分靠前的两个乡村进行了重点走访座谈。调研显示，除了少部分村民因对选项答案理解有误而错填外，大部分村民眼中的“其他类型”主要包括：因行政机关暴力执法引发的群体性纠纷，因水资源纠纷引发的群体性纠纷，因口角争执、打架斗殴、聚众赌博等治安事件、刑事案件引发的群体性纠纷，因分家析产、自杀等家庭内部矛盾引发的群体性纠纷，因邻里矛盾引发的群体性纠纷，因医疗纠纷、交通事故赔偿等引发的群体性纠纷等。这些相对于因集资、征收、环境侵权等社会变迁、经济发展原因引发的新型群体性纠纷而言，具有传统型与延续性。之所以如此，我们认为与广大西部地区农村现代化程度不高、熟人社会面子观念重等现状密切相关。因此，对农村群体性纠纷解决机制之系统认知与改革构建应当充分考虑这些国情，避免因偏于现代化的解纷手段而陷入“水土不服”的尴尬处境。

三、群体性纠纷的当事人

群体性纠纷的当事人，是指群体性纠纷中利益相对立的冲突各方。从理论上分析，除非极为特殊的情况（如单纯的情绪宣泄性事件），一般的群体性纠纷主要因利益冲突而引发，也因一方诉求得到满足或双方妥协让步达成一致意见而得到化解。因此，对群体性纠纷当事人进行描述与分析，能够使我们直观了解群体性纠纷与村民的关联度，以及村民对群体性纠纷的参与程度，进而从一个侧面评价群体性纠纷的解决难度。在本课题研究中，我们认为群体性纠纷的当事人主要涉及三项内容：一是被调查村民近五年参加群体性纠纷的情况；二是群体性纠纷的各方当事人是谁；三是群体性纠纷中各方当事人的人数有多少。针对这三项内容，我们在问卷调查中设计的问题一是："您在近五年（2008～2012年）参加过的群体性纠纷（时间）的次数是多少?"可供选择的答案有五个：0次；1次；2次；3～4次；5次及以上。这一问题针对被调查的村民而设计，因此只出现在问卷一中。问题二是："据您了解，近五年（2008～2012年）您所在的行政村及周边乡村（县）发生的群体性纠纷（事件）主要发生在以下哪两方之间?"可供选择的答案有三个：村民与地方党委政府之间；村民与企事业单位之间；村民与村民之间。问题三是："据您了解，近五年（2008～2012年）您所在的行政村及周边乡村（县）发生的群体性纠纷（事件）中一方参与人人数众多时，具体人数大概是多少?"供选择的答案有四个：不足10人；10～50人；51～100人；101人以上。

针对第一个问题，380份有效问卷的统计情况见下表：

表4－10：村民参与群体性纠纷的情况

	0次	1次	2次	3～4次	5次及以上	合计
问卷一（份）	26	125	195	24	10	380
占比（%）	6.84	32.89	51.32	6.32	2.63	100

从表4－10不难看出，只有6.84%的村民在近五年里没有参与过群体性纠纷，而超过90%的村民至少参与过1次。特别值得注意的是，参与过2次及2次以上群体性纠纷的村民合计占比竟高达60.27%。这充分说明，群体性纠纷在被调查的农村区域具有普遍性，绝大多数村民都不同程度地参与其中了，这在一定程度上表明当前农村社会矛盾呈现出涉及面广、影响大的特点。一方面凸显出纠纷解决的紧迫性与必要性，另一方面也显示出纠纷解决的难度在不断加大。在进一步的走访座谈中，我们了解到，相当一部分村民之所以参与群体性纠纷，并非其自身是纠纷的利害关系人，而是由于亲戚、朋友或邻居是当事人，在后者的鼓动、要约，乃至经济利益的诱惑下参与的。

我们认为，这种盲从性参与现象的普遍存在值得重视与认真应对。

针对问题二、问题三的回答情况见下表：

表 4－11：群体性纠纷的双方当事人

	村民与地方党委政府之间	村民与企事业单位之间	村民与村民之间	合计
问卷一（份）	144	206	30	380
占比（%）	37.89	54.21	7.90	100
问卷二（份）	59	67	19	145
占比（%）	40.69	46.21	13.10	100

表 4－12：群体性纠纷当事人的数量

	不足 10 人	10～50 人	51～100 人	101 人以上	合计
问卷一（份）	54	240	76	10	380
占比（%）	14.21	63.16	20.00	2.63	100
问卷二（份）	23	96	17	9	145
占比（%）	15.86	66.21	11.72	6.21	100

通过对表 4－11、表 4－12 之对比分析，不难发现在对这两个问题的回答上，问卷一、问卷二的回答具有很强的趋同性。

在群体性纠纷双方当事人的身份上，问卷调查的参与者，无论是农村村民，还是党委政府工作人员，都将“村民与企事业单位之间”排在首位，在全部问卷中的占比分别是 54.21%、46.21%，已超过或接近一半；其次是“村民与地方党委政府之间”，占比分别是 37.89%、40.69%；最后才是“村民与村民之间”，占比分别只有 7.90%、13.10%。以上数据，与学界已有研究成果存在着较大的近似性。2014 年 2 月，中国社会科学院法学研究所发布的《2014 年中国法治发展报告》显示，2000 年 1 月 1 日至 2013 年 9 月 30 日，发生在中国境内 100 人以上的全部 871 件群体性事件中，因平等主体间（包括公民与公民、公民与社会组织、社会组织与社会组织之间）的纠纷引发的有 476 件，占比为 54.6%，因公民等与政府机关及其工作人员之间的纠纷引发的有383件，占比为44.0%。[①] 如果根据纠纷双方当事人身份的亲疏远近，将群体性纠纷简单区分为外向型纠纷与内生型纠纷的话。毫无疑问，当前西部地区农村群体性纠纷主要表现为外向型纠纷，即村民与外部利益集团、外部当事人之间的纠纷，而发生在熟人社会之间的内生型纠纷则数量不多。这就从一个侧面提示我们，预防及处置农村群体性纠纷应当有外部第三方的强力干预，传统的村民自治、宗法调整在处理这一问题上不免力不从心。

此外，值得注意的是，发生于村民与地方党委政府之间的群体性纠纷占比虽然不是最高，但也不容小觑。在走访调研中，我们了解到，随着依法行政、依法治国理念的逐步深入，以及各级党委政府工作人员素质的不断提升，特别是2006年1月1日起，传统农业四税（农业税、屠宰税、牧业税、农林特产税）之取消，原来因乡镇党委政府催粮催款、执行计划生育政策、强制摊派、乱收费引发的群体性纠纷大大减少；与此同时，因政府征地拆迁、重大基础工程建设、撤点并校（指设在农村的中小学、教学点实行合并）[②] 等引发的群体性纠纷却呈不断上升趋势。由于缺乏准确数据之对比，我们无法对此予以详细描述。但无论如何，在许多地方，农村村民与地方党委政府及其职能部门之间存在紧张关系已是不争之事实，许多学者对此已有深入分析。[③] 这是在应对与处置群体性纠纷时应当予以特别关注的问题，因为如果作为公共产品提供者的公权力部门不断陷入类似的纠纷中，则意味着其合法性、正当性根基在不断削弱，可能引发更为严重的社会危机与社会动荡。

就群体性纠纷当事人的数量而言，问卷一与问卷二的统计表明，在绝大多数群体性纠纷中，人数众多一方的参与人都在50人以下，如表4－11、表4－12所示，50人以下的占比分别高达77.37%，82.07%。这表明，尽管近

---

① “社科院统计14年间群体性事件：广东居首”，载《新京报》2014年2月26日。

② 根据教育部公布的统计数据，从1997年到2010年的14年间，全国减少小学371 470所，其中农村小学减少302 099所，占全国小学总减少量的81.3%，参见《新京报》2012年5月21日报道。

③ 相关分析可参见于建嵘：“利益、权威和秩序：对村民对抗基层政府的群体性事件的分析”，载《中国农村观察》2000年第4期；郭于华：“‘弱者的武器’与‘隐蔽的文本’——研究农民反抗的底层视角”，载《读书》2002年第7期；应星：“草根动员与农民群体利益的表达机制”，载《社会学研究》2007年第2期。

些年农村群体性纠纷呈现频发态势，但由于参与人数并不庞大，只要积极应对、妥善处理，应当不难化解与消弭。与此同时，我们的走访座谈还显示，尽管参与当事人一方人数超过100人的群体性事件占比不高，但往往存在冲击党委政府、阻断交通、游行示威乃至极端情况下的打砸抢等行为，其影响面极广，危害后果也非常严重，往往成为引发地方治理危机与官员问责的重大事件。因此，无论从哪一角度审视，100人以上的群体性纠纷都是各地应对和处置的重点事件，也是各方分歧最大、博弈最激烈、解决难度最高的一类纠纷。

第四节　关于西部地区农村群体性纠纷解决机制的统计分析

群体性纠纷解决情况是纠纷解决机制运用的客观表现。如前已述，本书中的群体性纠纷解决机制是指各种正式制度或程序构成的综合性群体性纠纷解决系统，其构成要素包括了解决主体、解决客体、解决依据和解决程序四个方面，因而对群体性纠纷解决情况的分析也主要围绕这些要素展开。鉴于解决客体主要在本章前文中进行了统计分析，而解决依据在问卷调查中难以具体化，故本节主要依据问卷调查与走访座谈的资料，从群体性纠纷解决主体、解决程序以及解决结果等几个方面展开对纠纷解决情况的描述分析。

一、群体性纠纷解决机制的认知与适用

在问卷调查中，课题组将群体性纠纷解决机制分为诉讼与非诉讼两大类，围绕着这一区分，我们设计了三个问题。问题一为："您知道群体性纠纷（事件）发生后，各方可通过在法院诉讼的方式解决么？"可供选择的答案为：知道；不知道。问题二为："您了解的解决群体性纠纷（事件）的诉讼外的方式有哪些？（多选题）"可供选择的答案为：到政府部门信访；进行集会、游行、示威等；调解或和解；行政裁决或行政复议；仲裁（包括劳动仲裁、民商事仲裁、农村土地承包经营仲裁等）。问题三为："据您了解，当地群体性纠纷（事件）发生后，主要通过哪一方式进行解决？"可供选择的答

案为：到法院诉讼；非诉讼的方式；诉讼和非诉讼的方式相结合；不知道。从理论上分析，问题一与问题二是对村民及党委政府工作人员有关群体性纠纷解决机制基本知识的调查摸底，问题三才是对当地群体性纠纷机制运作状况的调研。课题组拟通过这三个问题，对群体性纠纷解决机制相关知识的普及程度及群体性纠纷解决机制运作概况有一初步了解。

在分别回收的380份、145份有效问卷中，问题一的回答统计情况见下表：

表4-13：对诉讼方式解决群体性纠纷的认识

	知道	不知道	合计
问卷一（份）	336	44	380
占比（%）	80.52	19.48	100
问卷二（份）	137	8	145
占比（%）	94.48	5.52	100

从表4-13不难看出，绝大多数接受调查的村民和党委政府工作人员都知晓，群体性纠纷发生后，诉讼是解决纠纷的方式之一。之所以如此，课题组认为，随着国家法治建设进程的加快，普法宣传工作已经涵盖全社会，无论是处于行政权行使一线的基层党委政府工作人员，还是位于偏远地区的西部乡村村民，其对法律以及法律运用的基本知识与基本观念都有了长足进步。只不过相对而言，政府工作人员因为工作需要，对纠纷解决机制的认知可能更深刻、更清晰一些，问题二的回答情况也进一步印证了这一点。

在分别回收的380份、145份有效问卷中，问题二的回答统计情况见下表：

表4-14：对非诉讼方式解决群体性纠纷的认识

	到政府部门信访	进行集会、游行、示威等	调解或和解	行政裁决或行政复议	仲裁	合计
问卷一（份）	360	357	37	25	2	781
占比（%）	94.74	93.95	9.74	6.58	0.53	205.54
问卷二（份）	145	145	131	90	84	595
占比（%）	100	100	90.34	62.07	57.93	410.34

审视表4-14，我们至少可以得出以下几点结论：一是农村村民与政府工作人员都清楚诉讼外的群体性纠纷解决方式不止一种。由于本题为多选，初步计算，农村村民平均每人知晓2.06种非诉群体性纠纷解决方式，而党委政府工作人员平均每人知晓的非诉解决方式为4.10种，后者比前者多出2.04种。二是在诉讼外纠纷解决方式中，农村村民与政府工作人员对信访以及集会、游行、示威这两种方式的认知度最高。其中，村民对两者的认知度分别达到了94.74%与93.95%。党委政府工作人员对两者的认知度都达到了100%。三是农村村民与党委政府工作人员对行政裁决或行政复议、仲裁这两种方式的认知度最低。其中，村民对两者的认知度分别只有6.58%与0.53%，党委政府工作人员对两者的认知度稍微高些，但也分别只有62.07%与59.93%。走访座谈的情况也进一步证实了这一现象。我们发现，接受访谈的村民中大多并不了解行政裁决、行政复议与仲裁的具体含义，也没有作为当事人参与过相关程序；而接受访谈的党委政府工作人员情况稍好些，许多人大体清楚行政裁决、行政复议与仲裁的区别。正如本书前文章节中指出的那样，在所有的诉讼外纠纷解决机制中，仲裁与行政复议的法治化程度最高，程序也最规范，然而，我们的调研数据却显示，在现实生活中，农村村民与党委政府工作人员对其解决群体性纠纷的认知度却最低。这一方面说明其在群体性纠纷解决过程中发挥的功能非常有限，没有得到各方的广泛认同；另一方面也在一定程度上印证了本书前文对群体性纠纷非诉解决机制缺陷的分析。

在分别回收的380份、145份有效问卷中，对于问题三的回答统计情况见下表：

表4-15：群体性纠纷解决机制的实际运用

	到法院诉讼	非诉讼的方式	诉讼和非诉讼的方式相结合	不知道	合计
问卷一（份）	0	341	25	14	380
占比（%）	0	89.74	6.68	3.67	100
问卷二（份）	0	131	14	0	145
占比（%）	0	90.34	9.66	0	100

依据表4－15，我们可以知道，在调研的对象中，无论是农村村民还是党委政府工作人员，都不认为诉讼是解决群体性纠纷的最主要方式。相反，有89.74%的村民及90.34%的政府工作人员都认为，现实生活中农村发生的群体性纠纷是通过非诉讼方式解决的；而选择“诉讼和非诉讼的方式相结合”这一选项的农村村民与党委政府工作人员也分别仅有6.68%和9.66%。进一步的走访座谈表明，即便是少量通过诉讼和非诉讼方式相结合进行处置的群体性纠纷，也是地方党委政府要求各方诉诸法院的结果，而几乎不存在一开始就提起诉讼的情况。因此，对这一问题的分析可以初步得出结论，非诉讼机制是当前化解农村群体性纠纷的最主要手段。

二、群体性纠纷解决中党委政府、法院的作用

群体性纠纷解决中党委政府、法院的作用，是指地方党委政府及法院在化解群体性纠纷过程中的影响力与地位。从理论上分析，在非诉与诉讼两类纠纷解决机制中，地方党委政府与地方法院分别扮演着最为重要的角色，其中地方党委政府主要指县乡两级党委政府及其所属工作部门；地方法院是指设置于县区的基层法院。由此，在研究群体性纠纷解决情况时，应当有针对性地分析党委政府与法院的作用，唯有这样，才能透过制度设定的表象，探寻各种纠纷解决机制在现实生活中的具体功效。围绕这一主题，我们设计了两个问题。问题一是：“据您了解，地方党委政府及其所属部门在当地群体性纠纷（事件）解决中的作用怎么样?”答案有六个：极大；大；较大；小；没有；不清楚。问题二是：“据您了解，地方法院在当地群体性纠纷（事件）解决中的作用怎么样?”答案也有六个：极大；大；较大；小；没有；不清楚。为了更加形象化地进行对比，我们将答案中的“极大、大、较大、小、没有”对应的分值分别确定为4分、3分、2分、1分、0分，由此得出了以下两组表格。

表4－16：群体性纠纷解决中党委政府的作用

	极大	大	较大	小	没有	不清楚	合计
问卷一（份）	301	46	21	2	0	10	380
占比（%）	79.21	12.10	5.53	0.53	0	2.63	100
得分（分）	1204	138	42	2	0	—	1386
问卷二（份）	138	5	2	0	0	0	145
占比（%）	95.17	3.45	1.38	0	0	0	100
得分（分）	552	15	4	0	0	—	571

表4－17：群体性纠纷解决中地方法院的作用

	极大	大	较大	小	没有	不清楚	合计
问卷一（份）	3	21	36	225	78	17	380
占比（%）	0.79	5.53	9.47	59.21	20.53	4.47	100
得分（分）	12	63	72	225	0	—	372
问卷二（份）	0	18	35	82	10	0	145
占比（%）	0	12.41	24.14	56.55	6.90	0	100
得分（分）	0	54	70	82	0	—	206

从表4－16、表4－17的对比中，我们可以看出：在农村村民及党委政府工作人员的感知中，地方党委政府在群体性纠纷解决中发挥的作用远远超过了地方法院。在表4－16中，认为地方党委政府在群体性纠纷解决中作用“极大”“大”的村民合计占到了91.31%，认为作用“小”或“没有”的仅占0.53%；与此对应，有98.52%的地方政府工作人员认为，地方党委政府在群体性纠纷解决中的作用“极大”或者“大”，选择作用“小”或“没有”的党委政府工作人员为0人。

表4－17中，仅有6.32%的农村村民认为地方法院在群体性纠纷解决中的作用“极大”或者“大”，合计89.74%的村民选择了作用“小”或“没有”；与此对应，也仅有12.41%的政府工作人员认为，地方法院在群体性纠纷解决中的作用“极大”或者“大”，有62.45%的人选择了作用“小”或“没有”。若用更直观的数字表示地方党委政府与地方法院在群体性纠纷解决中的作用，在调研对象不变的情况下，380名农村村民给地方党委政府、地

方法院打出的总分分别是1386分与372分，前者是后者的3.7倍；145名党委政府工作人员打出的总分分别是571分与206分，前者是后者的约2.8倍。

课题组认为，以上两个表格的调查问卷结果具有很强的正相关性，印证了长期以来人们的基本印象：地方党委政府在农村群体性纠纷解决中起着主导作用，而专司纠纷解决的法院则扮演着配角和助手的作用。之所以如此，最主要的原因在于，转型时期的群体性纠纷具有复杂性、系统性与敏感性，其化解从本质上涉及利益格局的重新分配与各种社会关系的全面整合。地方党委政府在政治架构的中心地位决定了其汇聚着最多的社会资源与管理手段，拥有最强的利益分配职能，进而也最能有效地化解各类群体性纠纷。与此相反，长久以来，受制于各方面的因素，“像许多发展中国家一样，中国的司法结构长期处于政治系统的边缘”，[①] 其占有和支配的资源少，对社会的影响小，面对一般纠纷尚显力不从心，在化解涉及面广、敏感度高、复杂性强的群体性纠纷时自然更显捉襟见肘。但无论如何，法院作为现代专司纠纷解决职能的机构，其在当前群体性纠纷解决过程中的尴尬处境不应是一种常态，更不能放任这一状况继续下去。正如本书前文指出的那样，在未来群体性纠纷的解决中，不断提升法院地位、充分发挥法院作用应是法治中国建设必须着力解决的重要课题之一。

此外，还需要说明的是，进一步走访座谈表明，地方党委政府在很多情况下并未直接出现在纠纷解决中，而是通过相关政府职能部门职权运用方式发挥作用，比如本书后文分析的S县环境群体性纠纷就是如此。至于其中的原因，一方面在于依法行政的需要，避免出现政府越俎代庖、违法行政；另一方面在于，职能部门出面能够确保纠纷解决的回旋余地较大，避免政府直接面对利益冲突双方时的尴尬情况出现，同时也能在出现问题时减轻政府及其相关领导的责任。

三、群体性纠纷的持续时间

群体性纠纷的持续时间，在此是指群体性纠纷从爆发到最终平息所经历

① 程竹汝：《司法改革与政治发展》，中国社会科学出版社2001年版，第28页。

的时间段。由于群体性纠纷自身具有的特殊性及解决难度，从理论上分析，其从爆发到最终解决或平息，一般都会经历较长的周期。为了验证这一假设，我们在问卷调查中专门设计了一个相关问题："您所知道的群体性纠纷（事件）从爆发到基本解决或平息，一般大概持续的时间为多长?"可供选择的答案有五个：一周以内；一个月以内；半年以内；半年以上；不清楚。需要说明的是，该问题在设计时，没有使用"最终解决"这种表述，理由主要在于，通过走访座谈，我们得知，受制于各种因素之影响，绝大多群体性纠纷都很难谈得上真正意义上的完全化解，只能是基本解决，或者用中性词表述就是"平息"，很难保证以后不会"烽烟再起"或"卷土重来"。

在分别回收的380份、145份有效问卷中，关于群体性纠纷解决时间的回答统计情况见以下图表：

表4－18：群体性纠纷的持续时间

	一周以内	一个月以内	半年以内	半年以上	不清楚	合计
问卷一（份）	65	210	34	41	30	380
占比（%）	17.11	55.26	8.95	10.79	7.89	100
问卷二（份）	35	65	29	11	5	145
占比（%）	24.14	44.83	20.00	7.59	3.44	100

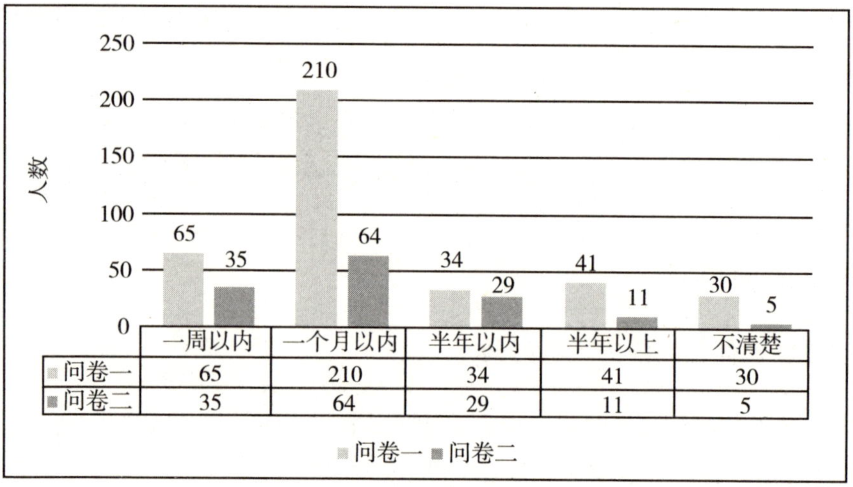

图4－3：群体性纠纷持续时间的柱状图

从表4－18及图4－3可以看出，关于群体性纠纷的持续时间，接受调研的村民选择在一周以内、一个月以内的合计占了72.37%，党委政府工作人员中合计有68.87%的人也选择了这两个时间段，仅有10.79%的村民及7.59%的政府工作人员选择了持续时间在半年以上的选项。由此，我们认为，农村群体性纠纷的解决时间并不像想象得那么长，至少和法院民事诉讼一审、二审合计最短的9个月时间（一审普通程序6个月加二审程序3个月）相比，一个月以内的时间算是很短的了。这一问卷调查情况与学界已有研究成果存在一定的出入，“法制网舆情监测中心”2012年12月27日发布的《2012年群体性事件研究报告》显示，在2012年度全国范围内的典型群体性事件中，75.6%的事件的持续时间为1天，而有高达95.6%的事件在7天内能够得到解决或平息，仅有4.4%的事件持续时间为7天至3个月，没有持续时间超过3个月的群体性事件。[①] 之所以出现这样的差别，我们认为主要原因可能在于后者的分析对象为“典型群体性事件”，而且主要是通过网络舆情进行收集与关注的，这与本课题研究的西部农村地区群体性纠纷存在地域范围与表现形式上的巨大差距，且两者在数据采集的方式方法上也有着较大区别。但两者的研究结论也在一定程度上具有共性特征——群体性纠纷（事件）的持续时间相对较短。

在多次走访座谈中，我们了解到，之所以如此，其主要原因在于：群体性纠纷波及面广、社会影响大，在网络极为发达的信息时代，很容易引发全国范围内的普遍关注，无论是出于政绩的需要，还是迫于内外压力，地方党委政府对此都极为重视，一旦发生，都会当作头等大事进行处置和应对，绝不允许任何拖延，因此一般都能在较短时间内得以化解或平息。结合网络披露及媒体报道的事例看，我们认为这一调研结果的可信度较高，在我国广大西部地区乃至全国范围内都具有普遍性。

此外，我们的走访座谈还发现了问卷调查难以显示的一个事实：绝大多数群体性纠纷从酝酿到萌芽，再到初露端倪，进而集中爆发，再到最后解决

① 法制网舆情监测中心：“2012年群体性事件研究报告”，参见http://www.legaldaily.com.cn/The_analysis_of_public_opinion/content/2012－12/27/content_4092138.htm。

或平息，这一过程持续的时间大多远远超过了半年，有的甚至长达数年之久。比如，后文介绍的S县环境群体性纠纷，从最初的居民向环保部门投诉到A企业最终搬迁历时长达四年；再比如，2014年10月发生在云南省的“晋宁事件”，其冲突从10月14日爆发，到22日基本平息，持续时间只有一周，但其发酵却延续了三年有余。[①] 在问卷调查中，许多村民及党委政府工作人员之所以选择一个月以内的答案，其原因在于，问卷以群体性纠纷的“爆发”而非“产生”作为题目，这就自然将群体性纠纷的萌芽或初露端倪时点排除在外了。在课题组看来，逻辑与经验都表明，群体性纠纷的发生初期才是解决代价最小、效果最好的最佳时机，我们更应重视这一阶段群体性纠纷的化解工作。

四、群体性纠纷的解决过程

群体性纠纷的解决过程，是指群体性纠纷之解决所经历的程序与阶段，主要着眼于各种纠纷解决行为的运转流程及其表现形式。从理论上分析，群体性纠纷解决过程指涉的范围很广，包含了纠纷中各方参与者如何互动，采取怎样的策略、方法、技术实现预期的目的，整个事件经历了哪些步骤与阶段，期间存在怎样的博弈与妥协等。在我们看来，对群体性纠纷解决过程进行问卷调查面临着很多无法克服的困难：一是不同的纠纷解决机制有不同的立法规定，各方参与者采取的方式方法与策略也存在很大区别，对其进行标准化的问题设计极为困难；二是不同类型纠纷面临的利益冲突差异很大，各方参与者的态度、立场及价值诉求也迥异，无法进行量化处理；三是纠纷解决过程是一个动态的流变程序，即便是同一类型纠纷采用同样的机制进行化解，由于参与者、时间、地点、价值诉求等主客观因素不同，也存在很大区别。由此，课题组进行问卷设计只能做一些简单化的技术处理，只能就我们

---

① 2014年10月14日，云南省昆明市晋宁县“晋城泛亚工业品商贸物流中心”的施工人员，与项目所在地的富有村村民发生严重的群体性冲突。事件共造成8人死亡（施工方6人，村民2人），18人受伤。同年10月22日，昆明市、晋宁县召开新闻发布会，公布了对事件的问责结果，事件至此基本得到平息。参见“云南晋宁冲突事件”，http://news.sina.com.cn/o/2014-10-24/140931039900.shtml。

最欲了解的事项进行提问。根据这一思路，我们设计出了三个具体问题。问题一是：“您认为发生在当地的群体性纠纷（事件）的解决难度如何?”对应的选项有六个：难度极大；难度大；难度一般；难度小；没有难度；不清楚。问题二是：“在您所了解的群体性纠纷（事件）解决过程中，地方党委政府最有效的策略主要有哪三种?（多选题）”，对应的选项有八个：听取各方代表陈述意见；拟订方案要求各方接受；组成工作组联村包户；直接对涉及企业或项目进行处理；及时发布信息；出动警力进行处置；要求法院受理或不受理相关案件；要求纪检监察、司法机关介入调查。问题三是：“您认为地方党委政府在解决群体性纠纷（事件）中最有待改进的方面是以下哪一项?”，对应的选项有七个：缺乏有效应急机制及预案；信息及时、全面公开不够；不当动用警力；不当干预司法；不适当的妥协让步；不合理的责任追究与问责；其他工作。

考虑到作为个体的村民对群体性纠纷解决过程的参与度有限，且在不发达西部地区村民们的文化程度普遍不高，对相关政策、法律的了解不够，对纠纷解决过程的评价较为困难。故课题组只在针对党委政府工作人员的问卷中设计了以上三个问题。在回收的145份有效问卷中，其回答情况见下图：

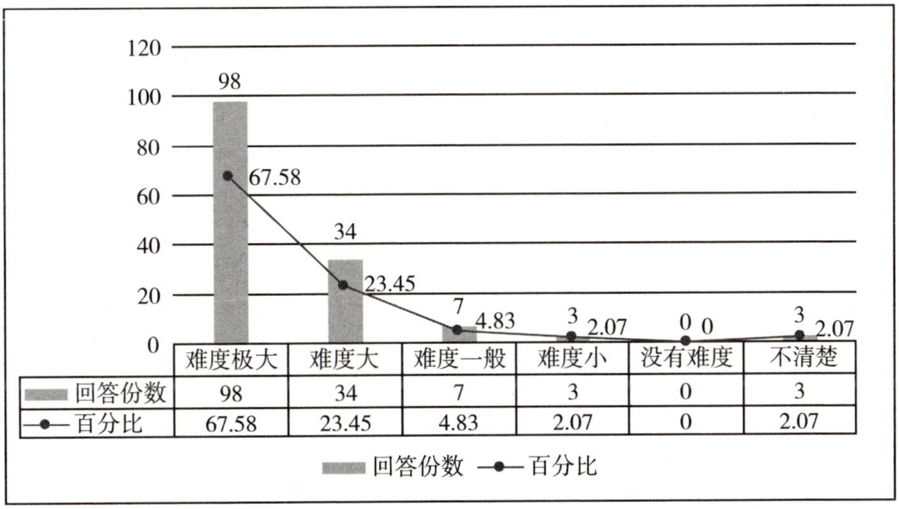

图 4－4：群体性纠纷的解决难度

表4－19：党委政府解决群体性纠纷的具体策略（多选）

	听取各方代表陈述意见	拟订方案要求各方接受	组成工作组联村包户	直接对涉及企业或项目进行处理	及时发布信息	出动警力进行处置	要求法院受理或不受理相关案件	要求纪检监察、司法机关介入调查	合计
回答份数（份）	45	40	83	96	102	27	20	22	435
占比（%）	31.03	27.59	57.24	66.21	70.34	18.62	13.79	15.18	300

表4－20：党委政府解决群体性纠纷存在的主要问题

	缺乏有效应急机制及预案	信息及时、全面公开不够	不当动用警力	不当干预司法	不适当的妥协让步	不合理的责任追究与问责	其他方面的工作	合计
回答份数（份）	3	45	38	11	30	12	6	145
占比（%）	2.07	31.03	26.21	7.59	20.69	8.27	4.14	100

通过对图4－4、表4－19、表4－20的统计分析，我们不难得出以下几点结论。

一是群体性纠纷普遍被认为解决难度大。在接受问卷调查的145名政府工作人员中，有67.58%的人选择了“难度极大”，23.45%的人选择了“难度大”，合计占比超过了90%；而认为解决难度小的仅占2.07%，没有人认为没有难度。该统计结果与我们事先的调查假设是一致的，其理由很简单：中国农民惯有的坚韧、忍让、吃苦、包容等禀赋决定了对于这一群体而言，如果不是出现了超出其忍耐极限或侵害其重大权益的事项，一般不会选择群聚的方式进行抗争维权；而一旦出现了发生在农村的群体性纠纷，则必然存在涉及面广、问题复杂、情绪对立严重等特点，由此解决起来难度自然就很大。

二是地方党委政府解决群体性纠纷的具体策略呈现出多样化的样态。表4－19中，供调研对象选择的多项答案系课题组通过分析比较、总结归纳出的代表性做法，我们的本意是探寻最为有效的群体性纠纷解决策略。但统计数据显示，尽管50%以上的调研对象都至少选择了“及时发布信息”“组成工作组联村包户”“直接对涉及企业或项目进行处理”中的一项，但其他几项策略的选择频率都超过了15%。这至少说明，随着群体性纠纷的日益增多，各地都面临着如何有效处置的共性问题，在不断应对与化解过程中，各地处置群体性纠纷的经验被不断复制、借鉴。中国共产党十八届三中全会通过的《中共中央关于全面深化改革若干重大问题的决定》指出，要“完善和发展中国特色社会主义制度，推进国家治理体系和治理能力现代化”，确保“到2020年，在重要领域和关键环节改革上取得决定性成果”，“形成系统完备、科学规范、运行有效的制度体系，使各方面制度更加成熟更加定型”。在我们看来，完善的群体性纠纷解决机制与成熟的群体性纠纷解决策略应当成为国家治理体系和治理能力现代化的重要组成部分。

三是应当特别重视群体性纠纷化解中的政府信息公开。群体性纠纷之化解是一个动态的过程，及时、全面的政府信息公开对于澄清事实、消除误解、缓解矛盾、加快处理进度等具有十分重要的意义。我国当前没有直接规范群体性纠纷解决中的政府信息公开的专门立法或特别规定。仅从理论上分析，尽管群体性纠纷或群体性事件与突发事件在内涵、外延上都有所区分，但不可否认，许多群体性纠纷与突发事件存在着密切的联系，突发事件中的社会安全事件与群体性纠纷存在交叉与竞合。因此，应对突发事件的措施与要求同样适用于群体性纠纷的处置。就信息公开而言，“突发事件中政府履行信息公开义务不仅是保障公民知情权、言论自由和依法行政的必然要求，也是建立政府与民众良性互动机制的重要前提，有着极为重要的意义”，[①] 这一点也适用于群体性纠纷的化解。在立法层面，《突发事件应对法》及《政府信息公开条例》对突发事件中的政府信息公开有明确的规定，国务院2005年4

---

① 吴卫军、邢元振：“我国突发事件中的政府信息公开：现状与变革”，载《西南科技大学学报（哲学社会科学版）》2011年第2期。

月、6月先后发布的《国家突发公共事件总体应急预案》及《国家大规模群体性事件应急预案》对此也提出了明确的要求。从图4-4可以看到，高达70.34%的政府工作人员将“及时发布信息”选择为地方党委政府化解群体性纠纷最有效的三种策略之一，在所有策略中的占比最高；但表4-20却显示，还有31.03%的调研对象认为地方党委政府在这方面做得不好，尚有待改进，其占比在所有选项中高居第一。因此，课题组认为，这一数据对比提示我们，在群体性纠纷化解中应特别重视政府信息的公开工作。

四是要重视警力的不当动用与不适当的妥协让步。在最为有待改进的工作方面，26.21%的调研对象选择了“不当动用警力”，20.62%的调研对象选择了“不适当的妥协让步”，占比分别高居第二位、第三位。从这两个选项的具体内容看，“动用警力”代表了地方党委政府的“强硬”立场，而“妥协让步”却揭示了地方党委政府的“柔软”身段。从理论角度分析，这两个极端在群体性纠纷化解中都不可取：前者可能激化矛盾、引发更激烈的对抗；后者可能助长不当欲求，进而形成“会哭的孩子有奶吃”的恶性循环。从我们走访座谈的情况看，尽管公安部对群体性事件中警力使用有明确的规范要求，但地方党委政府在实践中常常违法违规使用警力，这往往成为群体性事件升级的导火索，引发人数众多一方的强烈不满；与此同时，鉴于群体性纠纷构成了社会不稳定、不和谐的重要因素，也是影响地方党政领导人仕途的关键问题。为了迅速平息纠纷、减少对政绩的消极影响，许多地方党委政府也常常进行“不适当的妥协让步”，违反规定甚至违法迎合群体性纠纷一方当事人的过分诉求，这在征地拆迁类纠纷、环境侵权类纠纷中表现得特别明显。

五、群体性纠纷的解决结果

群体性纠纷的解决结果，是指经过处置与应对后的群体性纠纷的具体状况，这是评价群体性纠纷化解效果的重要指标。从理论上分析，不同的个体站在不同的角度，对群体性纠纷的解决结果会有不同的评价标准，因此，对该问题之回答具有很强的主观性。在问卷中，我们将其具体化为两个问题并分别对农村村民及党委政府工作人员进行了调查。问题一是：“您了解的群体性纠纷（事件）的最终结果如何?”对应的选项有六个：全部得到妥善解决；大部分得到妥善解决；一部分得到妥善解决；大都未得到妥善解决；全部未得到妥善解决；不清楚。问题二是：“您对曾经参与（参与处理）过的群体性纠纷（事件）的结果总体上评价如何?”对应的选项有六个：很满意；满意；一般满意；不满意；很不满意；不清楚。

在分别回收的380份、145份有效问卷中，关于群体性纠纷解决结果的统计情况见下表：

表4－21：群体性纠纷解决结果的基本情况

	全部得到妥善解决	大部分得到妥善解决	一部分得到妥善解决	大都未得到妥善解决	全部未得到妥善解决	不清楚	合计
问卷一（份）	4	110	162	66	20	18	380
占比（%）	1.05	28.95	42.63	17.37	5.26	4.74	100
问卷二（份）	5	68	52	14	4	2	145
占比（%）	3.45	46.89	35.86	9.66	2.76	1.38	100

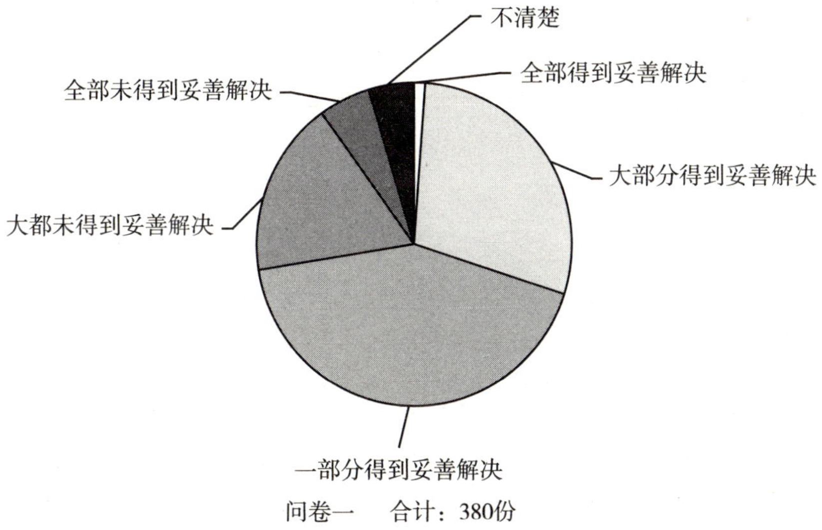

图4－5：群体性纠纷解决结果基本情况的饼状图（问卷一）

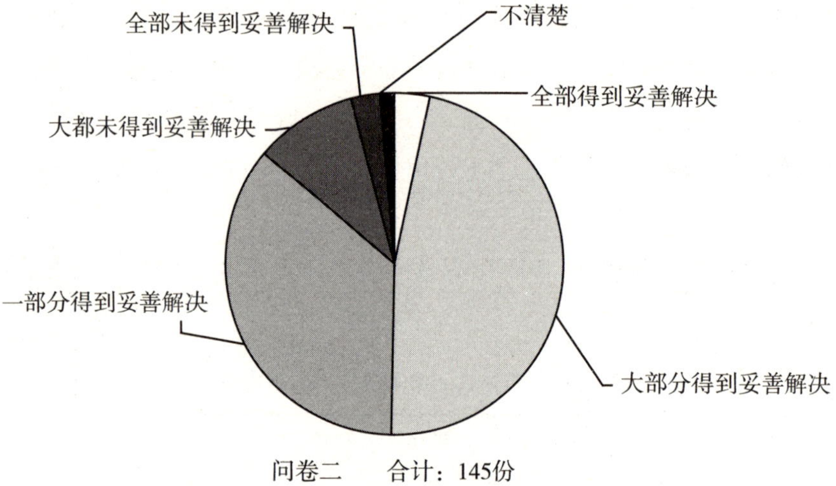

图4－6：群体性纠纷解决结果基本情况的饼状图（问卷二）

表4－22：群体性纠纷解决结果的满意度

	很满意	满意	一般满意	不满意	很不满意	不清楚	合计
问卷一（份）	2	68	140	94	71	5	380
占比（%）	0.53	17.89	36.84	24.74	18.68	1.32	100
问卷二（份）	6	82	32	20	2	3	145
占比（%）	4.14	56.55	22.07	13.79	1.38	2.07	100

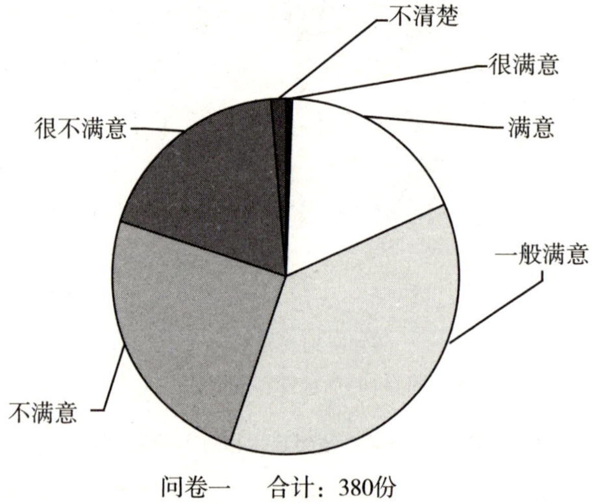

图4－7：群体性纠纷解决结果满意度的饼状图（问卷一）

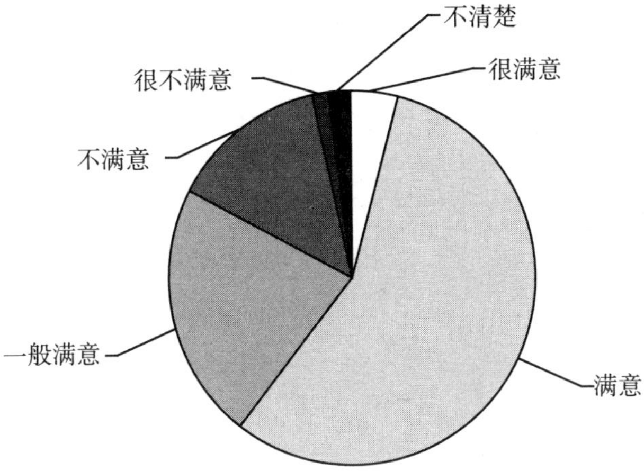

图4－8：群体性纠纷解决结果满意度的饼状图（问卷二）

就群体性纠纷的解决结果而言，通过对表4－21、表4－22的统计分析，我们至少可以得出以下几点初步结论。

一是群体性纠纷的平息情况并不令人满意。表4－21中，只有30%的村民认为，已经发生的群体性纠纷全部或大部分得到妥善解决，42.63%的村民认为群体性纠纷中的一部分得到妥善解决，认为群体性纠纷大都未得到妥善解决或甚至全部未得到妥善解决的村民合计占到了22.63%；对党委政府工作人员的问卷调查情况稍好，但也只有不到50.34%的村民认为群体性纠纷全部或大部分得到妥善解决。走访座谈中，我们发现，许多已经发生的群体性纠纷只是迫于内外压力而暂时平息，但并没有从根本上得到解决。例如，在云南省C县的走访中，我们了解到，当地在2009年发生了一起因矿产资源开采权归属不明引发的群体性纠纷，当地政府及矿产资源资管部门只是责令相关企业停止开采，但一直未对开采权的归属予以明确，导致该矿山开采工作一直处于停滞状态。我们认为，在地方党委政府及相关部门耗费大量人力物力财力进行处置与应对后，若仍有相当一部分群体性纠纷没有得到解决或者只是暂时平息下来，这必然留下了较大的隐患。

二是群体性纠纷解决结果的满意度有待提升。表4－22中，对纠纷解决结果很满意或满意的村民合计占比只有18.42%，选择不满意或很不满意的合计占比竟高达43.42%；与此形成鲜明对比的是，党委政府工作人员中有60.69%的人认为纠纷解决结果很满意或满意，只有15.07%的人认为不满意或很不满意。这至少说明了两个问题：一方面，相当一部分作为群体性纠纷参与者的村民置身其中，对地方党委政府及相关部门费尽心思的处置结果并不认同，纠纷解决不仅在“量”上存在瑕疵，在“质”上更是不尽如人意；另一方面，主要作为纠纷解决者的政府工作人员置身其外，对自身的工作成果却给予了较高评价。我们认为，这种“误判”或“偏见”可能会影响此后群体性纠纷解决中具体策略的运用，进而导致一系列操作困境，其中的利害关系应当引起广泛重视。

三是现有的群体性纠纷解决机制的立法应进一步完善。我们认为，现行立法规定的全部纠纷解决机制是为妥善解决纠纷这一目的服务的，其目的的实现程度是制度设计科学与否的基本评价指标。表4-21、表4-22及前文的统计分析表明，当前群体性纠纷解决机制在解决纠纷的“质”“量”两个方面都存在不少问题，这在相当程度上印证了本书前面章节立法文本分析得出的基本结论：我国现行立法中的群体性纠纷解决机制存在着法制化程度低、针对性不强、操作性差、相互之间衔接不够等一系列缺憾，亟待修订完善。据此，课题组认为，只有从当前实际国情出发，在全面检视与客观评价现状的基础上，我们才能形成对我国群体性纠纷解决机制的真实认知，进而提出具有操作性的立法建议与改革主张，完善我国现有的立法规定。

第五章
信访视角下的农村环境群体性纠纷个案分析

第一节　导　论

一、问题之提出

改革开放使中国社会经济得到迅猛发展的同时，也对环境造成了巨大压力。进入21世纪以来，中国的环境问题日益突出，具体表现为：局部地区环境有所改善，但全国整体环境形势仍在恶化；城市环境质量得到部分程度提高，部分地区、部分群体却正遭受十分严重的环境问题困扰。[①] 环境纠纷逐年增长，因环境问题引发的群体性纠纷更是以年均29%的速度递增。[②] 随着环境污染从东部向中西部、从城市向农村转移，西部农村地区的污染和纠纷问题也不容忽视。有学者甚至作出这样的论断，20世纪80年代以来乡镇企业的迅速发展是当前环境污染的一个关键原因。同时，中国逐渐增加的对生态系统的损害也主要发生在农村区域。[③]

环境群体性纠纷究其本质，是一种具有共同环境利益需求的群体，因为共同的环境权利诉求而与污染者发生的对抗和冲突。有纠纷，就必然有相应的纠

---

① 李挚萍、陈春生等：《农村环境管制与农民环境权保护》，北京大学出版社2009年版，前言第1页。

② 张杰："关于设立环保法庭及建立环境公益诉讼制度的思考"，见李恒远、常纪文主编：《中国环境法治2008年卷》，法律出版社2009年版，第213页。

③ J. Zhang, Scientific Establishment of Governmental Responsibility in Environmental Legislation, China Population, Resources and Environment, 2008, 18 (1), p. 195.

纷解决渠道。当前，我国解决环境纠纷的途径包括协商和解、人民调解委员会调解、诉讼、仲裁和信访等。上述途径中，协商解决的环境纠纷因其私密性和可考察性不强，且污染者的经济实力和社会影响力通常强于处于弱势地位并缺乏专业知识的受害者，经济实力不对等和信息不对称往往导致双方的谈判难以成功，即便协商达成了和解协议也很可能对受害者不公平。人民调解委员会解决的主要是具有相邻关系的环境纠纷，包括乡镇、街道企业、个体户作坊和摊点在生产经营过程中和居民之间在生活过程中产生的环境问题而导致的环境纠纷，[①] 范围有限。另外调解的自愿性色彩较强，在当事人根本利益对抗而且实力不对等的环境纠纷中，往往很难达成最终一致的结论。[②] 全国各级人民法院每年受理的环境污染侵权损害赔偿案件应该不到环境纠纷总量的1%。[③] 有数据显示2004～2006年，全国各级人民法院受理的环境污染侵权损害赔偿案件不足3000件。[④] 尽管到2014年，全国各地已成立了365个包括审判庭、合议庭、巡回法庭等形式在内的环境资源专门化审判机构，但其所审理的环境案件数量较少，大多法庭面临“无案可审”的窘境。以江苏为例，2013年全省涉及环境的举报和信访共5万多例，但通过司法途径解决的只有85件。[⑤] 迄今为止，我国法律明确规定的环境仲裁仅适用于海洋环境污染纠纷，[⑥] 范围有限，且未制定单独的环境仲裁法律法规，也未设立专门的环境仲裁机构，

---

① 王灿发：“中国环境纠纷及其处理的初步研究”，见王灿发主编：《环境纠纷处理的理论与实践——环境纠纷处理中日国家研讨会论文集》，中国政法大学出版社2002年版，第12页。

② 丁俊峰：“论环境纠纷调解机制的构建”，见张梓太主编：《环境纠纷处理前沿问题研究——中日韩学者谈》，清华大学出版社2007年版，第299页。

③ 该方面数据尚缺乏系统的官方统计，但有报道这样描述我国环境诉讼现状，“据有关部门统计，我国每年的环境侵权案件有十多万件，但真正告到法院的不足1%；各级法院受理的环境侵权案件不多，其中胜诉的案件也不太多”。参见：“环境维权案诉讼难　我国将组建首家环境公益律所”，载《法制日报》2008年1月16日。

④ “据国家环保总局统计，2002年至2006年因环境问题的举报平均增长率约为87%，但与此形成鲜明对比的是，环境诉讼案件数量并未出现相应的增长，2004年审结环境污染损害赔偿案件4453件，2005年只有1545件，2006年略有上升，但也仅有2146件。”参见“吕忠梅代表：建议设立环境审判庭”，新华网 http://news. xinhuanet. com/misc/2008 - 03/08/content_7746377. htm。

⑤ 鲍小东、李雅娟、杨国要：“环境公益诉讼，改革关键在哪？对话最高法环境资源审判庭庭长郑学林”，http://www. infzm. com/content/104395。

⑥ 国务院1983年颁布的《防止船舶污染海域管理条例》第40条和1998年《中国海事仲裁委员会仲裁规则》第2条第4款的规定。

各地仅有一些零星的仲裁尝试活动。[①] 按照新《信访条例》和新《环境信访办法》的有关规定，当事人向环保部门请求解决纠纷被称为环境信访。笔者在我国西部地区 S 县的前期研究发现，[②] 信访是当前最为重要的环境纠纷解决途径；与之佐证的是，我国各级环保部门受理的环境信访数量逐年上涨，到 2012 年已超过 100 万/年。[③] 以处理环境信访的形式解决环境纠纷成为环保部门的一项常规性工作，由此形成了一种常态化、行政性的纠纷解决机制，并在实践中发挥了重要作用。

相应地，环境信访也是解决环境群体性纠纷的重要渠道之一。但近年来一系列环境群体性事件表明：信访处理在制度化、规范化方面存在着不少问题。文献检索进一步发现，学者对该问题的研究集中在一些发生在城市并引发公众瞩目的纠纷上，关注视角则主要是纠纷处理中民众与建设单位及政府之间的博弈，民众的体制外抗争、信息公开等，[④] 而对发生在农村的一般环境群体性纠纷的样态、信访处理过程、方式和策略等未给予足够重视。笔者以为，有影响力的案例固然值得深入探讨，但面对年均 29% 增速的环境群体性纠纷，仍有必要对一般情况下，环境群体性纠纷是如何进入信访部门疏导和化解的机制进行考察，掌握环境群体性纠纷处理的共性，在此基础上分析

---

① 这些尝试活动包括：苏州市环保局在该市中级人民法院的业务指导下，就苏州电容器厂废水污染居民水井纠纷正式开展仲裁试点，处理效果较好；2001 年，中国国际经济仲裁委员会仲裁了我国首例涉外室内甲醛污染案件；2004 年 3 月，厦门首次将仲裁机制引入与环保有关的民事权益纠纷。参见陈仁、姜成立：“实行环境仲裁制度加大环境执法力度”，载《中国环境管理》1995 年第 3 期；叶文建：“厦门将引入仲裁机制解决环保纠纷”，《中国环境报》2004 年 4 月 7 日。

② 冯露：《环境纠纷行政解决机制的实证研究——以中国西南部某两县环境监察大队的纠纷解决实践为样本》，四川大学 2011 年学位博士论文。

③ 环保部：“全国环境统计年报（2012）”，http://zls. mep. gov. cn/hjtj/nb/2012tjnb/201312/t20131225_265529. htm。

④ 中国学术期刊网上以厦门 PX 项目为主题的论文超过 10 篇，如朱谦：“抗争中的环境信息应该及时公开——评厦门 PX 项目与城市总体规划环评”，载《法学》2008 年第 1 期；罗鑫、吴恒威：“信息化时代的我国公民政治参与——以厦门 PX 项目民意表达为例”，载《中共山西省委党校学报》2011 年第 5 期。以 2012 年什邡、启东和宁波事件为主题的论文超过 20 篇，如郑旭涛：“预防式环境群体性事件的成因分析——以什邡、启东、宁波事件为例”，载《东南学术》2013 年第 3 期；陈明惠：“中国环境型群体性事件在‘三个舆论场’中的多方呈现——以 2012 年四川什邡、江苏启东和浙江宁波三起环境事件为案例”，载《首届中国问题中美学者高层论坛摘要集》，2013 年 6 月；李晓雨：“群体性事件的成因及处置对策分析——以什邡事件和启东事件为例”，载《阜阳师范学院学报（社会科学版）》2013 年第 2 期。

现有机制的普遍性问题并可望提出适用性较强的完善建议。

二、研究方法与素材

为了解实践中环境群体性纠纷的信访处理状况，本书主要采用实证研究的方法。根据社会调查方法中典型调查的要求，[①] 选取中国西南部S县作为代表性调查对象。S县位于C平原腹地，三面环绕S省省会C市，面积1072平方公里，下辖6个街道、18个镇，户籍人口96万。2010～2012年，全县地区生产总值分别为471.12亿元、583.4亿元和679.07亿元，增幅显著；规模以上工业增加值分别为156.43亿元、265.1亿元和291.85亿元，工业对全县经济的贡献率年均超过50%。[②] 到2011年，该县县域经济综合实力已连续16年位居S省“十强县”榜首，在全国百强县中的排名上升很快。[③] 在工业强县战略指导下，S县工业发展呈现出两个特点：其一，在发展传统工业的同时推动产业转型升级，促进以太阳能、核能、风能为重点的新能源产业集群发展；其二，推进工业向园区集中，到2012年已建立起3个工业园区。[④] 综上可见，S县经济实力较强，工业对GDP增长的支撑作用明显，城市化进程较快，同时仍保留着乡土社会的部分特征，因此对S县环境群体性纠纷状况的考察可以在一定程度上反映出转型时期西部农村和城镇这部分纠纷及纠纷解决的大致状况。

根据《环境信访办法》第2条的规定，环境保护行政主管部门是环境信访的处理机构，负责处理公民、法人或者其他组织向各级环境保护行政主管部门提出与环境保护相关的建议、意见或者投诉请求。实践中政府信访部门接到与环境问题相关的信访后，也都转送至环保部门处理。为此，笔者先后于2007年7月、2008年1月和2011年12月在S县环保局进行调研，采用数据搜集、访谈、问卷等方式尽可能获取环保部门处理环境群体纠纷的数据，

---

① 吴增基等：《现代社会调查方法》（第二版），上海人民出版社2003年版，第100、121和126页。

② 资料来源：《2010、2011、2012年S县国民经济和社会发展统计公报》。

③ 资料来源：《2011年S县人民政府年度报告》。

④ 资料来源：《2012年S县人民政府年度报告》。

试图将一定范围内的数据实证和典型的个案分析即定量和定性分析结合起来。遗憾的是，或许是在当前政治语境下这类纠纷非常敏感的原因，即便笔者通过“关系”得以进入S县环保局，由于缺乏苏力所说的“求知者和知之者之间资源互动和权力压制”,① 几乎无法通过查阅环保局内部统计资料获得“面”上数据，而访谈中问及环境群体性纠纷的问题时S县环保局信访工作人员也往往三缄其口。

几经周折，我们了解到发生在S县一起影响较大的环境群体性纠纷，这起纠纷因为最终结果比较圆满，且已过去较长时间、脱离了“敏感期”，环保局信访工作人员、当事人（受害者）比较愿意接受访谈。针对此案，我们一方面，对受害人和参与处理该纠纷的环保局工作人员展开深入的个别访谈，挖掘其个体经验和实际感受；另一方面，对该案进行跟踪调查，全面掌握案件前因后果及影响因素。因此，以下对环境群体性纠纷信访处理机制运作的分析均以该案为样本展开，从设身处地的“内在视角”对该案进行近距离考察,② 辅以从其他途径获得的二手资料，以管中窥豹的方式梳理环境群体性纠纷信访处理的运行机制，透视个案折射出的制度性因素。同时，我们深知个案分析的局限性，容易陷入以偏概全、挂一漏万的误区，故而在个案分析基础上作出理论阐释特别是推论时尽可能地保持谨慎。

第二节　西部地区农村环境群体性纠纷的常见样态

由于缺乏纠纷数量、类型等的统计数据，我们只能通过S县这起环境群体性纠纷和网络上可以搜寻到的典型案例对西部农村环境群体性纠纷的样态进行初步分析。环境群体性纠纷的样态大致呈现出如下两种情况，不同样态纠纷的冲突点、冲突程度存在差异，对纠纷解决方式和策略均有重要影响。

---

① 苏力：“法律社会学调查中的权力资源——一个社会学调查过程的反思”，载《社会学研究》1998年第6期。

② 梁治平：《在边缘处思考》，法律出版社2003年版，第101页。

一、选址问题型纠纷

受台湾学者叶俊荣提出设厂型环境纠纷概念的启发，① 笔者将环境群体性纠纷的常见样态之一界定为选址问题型纠纷，即污染者的选址问题导致污染从而引发的纠纷，这是针对纠纷产生原因而言。选址问题型纠纷在环境纠纷总量中的比例可以较为直观地反映出政府环境政策的真实意图：如果选址问题型纠纷数量大，说明政府的政策评估更看重建设项目的经济前景，忽视对环境的负面影响；如果选址问题型纠纷数量少，则说明政策评估更重视环境保护，对经济效益的追求有所节制。规范层面上，环境保护早已被确立为我国的基本国策，现行《环境保护法》第19条规定的环境影响评价制度和第41条规定的“三同时”制度也为预防选址问题型纠纷提供了法律保障。

至于实践中选址问题型纠纷的具体状况，尚缺乏全国数据。对S县环保局记录纠纷受理和处理情况的《人民来访登记簿》内容的统计发现，2004~2007年，S县环保局受理的环境信访中选址问题型纠纷约占40%，比重较大。通过访谈了解到，选址问题型纠纷中的污染者主要是S县规模较大的国有或集体性质企业。在20世纪80~90年代一味追求经济发展的政策导向下，S县政府大力扶持的部分企业尤其是重工业企业选址没有经过严格规划，建成后伴随生产而生的粉尘、噪声及水污染等影响周围环境导致纠纷不断。本书的研究样本A股份有限公司即是典型代表，该公司创建于20世纪80年代初，主要从事冶金备品配件定点生产，是西部地区轧辊行业商品轧辊规模最大、实力最强的企业之一，现有员工400余人，总资产3亿元。以2006年为例，当年公司产值达1.16亿元，销售收入过亿，利税1000多万元，入库税收800多万元。A公司原厂址位于S县中心城镇D镇长治路，周边是人口密集的居民区和D镇小学，特别是华鑫苑小区与A公司仅有一墙之隔。只要A公司进行压辊生产加工，烟囱排放的含硫烟气和加热炉产生的烟尘就会污染到周边居民和师生的生活学习环境。又如样本1展示的S县环保局《人民来访登记簿》中记录的一起由养鸭场废水污染引发的群体性纠纷，其污染问题

---

① 叶俊荣：《环境政策与法律》，中国政法大学出版社2003年版，第271页。

和S县政府一度给予养殖户种种优惠条件大力鼓励小养殖业发展而未考虑选址及养殖粪便处理等不无关系。

样本1　选址问题型群体性环境纠纷

人民来访登记簿							
来访人姓名	罗某某	性别		政治面貌		接待时间	2006年3月4日
所在单位或住址	红松村					接待人	
事由	养殖水污染						
来访反映情况： 反映Z镇应龙村的一家占地70～80亩养鸭场选址有问题，废水污染十分严重，涉及H镇下游300亩农田和养鱼塘，影响Z镇多个村庄的农民灌溉用水。农民有集体上访趋势							
处理意见及结果	已通知Z镇环保员雷某进行协调处理						

西部农村的选址问题型环境纠纷因为污染企业的转移愈发严重：东部由于连续发生多起因工业污染而引发的大规模环境群体性事件，在各方面的压力下，东部发达地区的一些工业园区内污染企业被关停拆除。然而，这些污染企业却被经济相对落后的地区当成宝贝，如2005年浙江东阳画水事件发生后，[①] 安徽省、江西省一些基层政府派人到冲突地画水镇进行招商引资。广西一些地方也公开声称可以承接珠三角的污染产业转移。为引进这些企业，这些地方政府许诺提供各种优惠条件，有些地方为了回避国家对土地的管制政策，采取

① 从2001年起，浙江省东阳市画水镇地方政府以租赁土地的形式，占用土地约千亩建设竹溪工业园区，引进13家化工、印染和塑料企业。这些工厂常常排出大量的废气、废水，严重地影响到了周围村民的身体健康。村民多次到东阳市、金华市、浙江省的环保部门上访，向省环保局及国家环保总局投诉未果。2005年3月20日起，村民开始在化工园区进区路口搭建了十多个路障和毛竹棚，由村里老人驻守，阻止厂区车辆运送原料和货品出入。4月10日凌晨，政府出动3000工作人员强行拆除农民搭建的占道竹棚，引发万余民众围堵，参与清障行动的工作人员中数十人受到了不同程度的伤害，在这个过程中有69辆车被砸毁，车辆经济损失380余万元。事后，8名村民被判刑，东阳市主要负责人受到处分。“浙江针对东阳画水镇群体性事件开展环保调查”，http://news.163.com/05/0415/21/1HDJS4SB0001124S.html；“污染引发冲突事件调查　画水镇一年生了5个怪胎”，http://finance.sina.com.cn/xiaofei/puguangtai/20050427/16281556353.shtml；“叩问浙江东阳画水河事件根源：污染始于规划不当”，http://www.ce.cn/cysc/hb/gdxw/200505/10/t20050510_3788544.shtml。

“以租代征”的办法非法占用农民的土地；有些地方根本不考虑国家的环保政策，违法违规建设。[①] 从纠纷解决角度看，选址问题型纠纷因为选址存在问题，大多需要搬迁才能彻底解决。对本案中A公司这类规模较大的企业来说，搬迁成本极其高昂，企业会尽力采取各种抵制措施；此外，由于这些企业搬迁对当地经济发展的影响较大，政府有时也会对纠纷解决施加不正当压力，而当这些污染企业正是地方政府招商引资的成果时，政府在纠纷解决中包庇污染者或推卸责任的做法就不难理解。这加剧了众多受害者与污染者甚至政府之间的冲突程度，也使纠纷解决难度显著增加，类似的困难也存在于我国台湾地区。[②]

二、长期污染型纠纷

长期污染型纠纷，是指从环境污染发生到纠纷产生的期间较长，即纠纷是由长期污染引发的，与之相对应的纠纷类型是突发污染型纠纷，即从污染发生到纠纷发生经过时间极为短暂。突发污染型纠纷的意外性成分较高，通常伴随着污染事故发生：如工厂气爆污染空气或突然断电致工厂大量排出废水，污染在短时间内急剧爆发，立时对周围环境造成污染并引发纠纷。[③] 这是根据纠纷形成过程所作的分类。由于分类标准不同，长期污染型纠纷与选址问题型纠纷有时存在交叉。

对S县环境污染受害者的抽样问卷发现，88%的受害者明确反映遭受环境污染的持续时间较长，某些甚至长达数年，以致投诉人（受害者）忍无可忍才与被诉人（污染者）发生冲突，进而向环保局投诉。A公司污染纠纷就是一起典型的长期污染型纠纷。本案中，作为受害者代表的华鑫苑住户——近1800户四川省甘孜州离退休干部从2002年入住新建成的华鑫苑小区后便开始忍受污染，到2003年年初开始向S县环保局投诉，而此前一直居住在此

---

① 于建嵘：“当前农村环境污染冲突的主要特征及对策”，http://www.wem.org.cn/news/view.asp?id=109&cataid=16。

② 叶俊荣：“法律与实力之间：环境保护下协议书在台湾的发展”，见叶俊荣：《环境理性与制度抉择》，台湾三民书局1997年版，第9页。

③ 叶俊荣：“我国公害纠纷事件的性质与结构分析”，见叶俊荣：《环境政策与法律》，中国政法大学出版社2003年版，第273页。

处的其他小区居民和D镇小学师生忍受污染的时间则更长。在更广阔的范围检视，农村和城市环境群体性纠纷的重要区别之一在于，当前不少城市民众在污染企业尚未“落户”的阶段就提出了异议，2012年的四川省什邡钼铜项目事件、浙江省宁波PX项目事件以及江苏省启东市王子制纸厂事件均属于此类纠纷；而农村居民几乎都是在污染企业“落户”后一段时间才采取对抗措施，典型的如广西壮族自治区岑溪市波塘镇中泰富纸业持续3年的废水废气污染，[①] 陕西省凤翔县持续3年重度铅污染，致使600多名儿童血铅超标，[②] 以及湖南省浏阳市镇头镇长沙湘和化工厂长达5年的镉污染。[③] 这很可能主要缘于主观上受害者尤其是农村污染受害者的环境权利意识较低。毋庸置疑，从

---

① 坐落在岑溪市波塘镇新廉村水头垌的中泰富纸业有限公司是一间民营企业，该纸厂主要生产粗纸。自2000年投产后，纸厂排放出的废水废气严重损害了附近村民的生命健康及财产安全。从2003年起，水头垌组的村民曾多次向有关部门反映该企业在生产过程中造成了当地环境污染问题，岑溪市环保局和梧州市环保局也多次下文对该企业进行处罚。2006年9月，梧州市环保局专门对中泰富纸业的环境污染问题发文，并做出处罚处理，要求“关闭该企业”。但这些处罚处理基本上没有得到落实。2007年1月10日上午9时许，100多名村民聚集到中泰公司，用木头、石块设置障碍物，堵塞该公司的大门，要求整治该公司环境污染等问题。该公司向110报警。波塘派出所民警接警后赶赴现场进行拍照，引发村民不满和围攻。民警即向村民喷射催泪瓦斯，致使冲突升级。民警被打伤，出警车辆被砸烂，后岑溪市公安局调集了其他警察赶来才平息事态。“广西岑溪市农民环境维权 10人竟被警方拘留”，http://lvse. sohu. com/2008 0611/n257419302_1. shtml。

② 2006年建成投产的陕西东岭集团冶炼公司与马道口村、孙家南头村紧邻，部分群众住房与厂房相隔只有百米左右。2009年8月，长青镇东岭集团冶炼公司环评范围内有两个村庄、731名儿童接受血铅检测后，确认615人血铅超标，其中166人属于中度、重度铅中毒，需住院排铅治疗。“血铅事件”的发生，造成群众恐慌。8月11日上午，凤翔县长青镇高咀头村一些村民围堵了途经村口的冶炼厂车辆。8月16日上午，东岭公司附近数百村民冲击东岭厂区，东岭厂区铁路专用线近三百米围墙被掀翻，村民还砸烂了前来送煤的货车挡风玻璃和停在厂区的工程车。事后，地方政府采取了拨款普查血铅、治疗受害儿童和搬迁污染区内村民等补救措施。“陕西凤翔615名儿童被确认血铅超标”，http://news. xinhuanet. com/society/2009 - 08/13/content_11878185. htm；“陕西凤翔血铅超标事件”，http://news. sohu. com/s2009/xueqian09/。

③ 2003年，湖南省浏阳市镇头镇通过招商引资引进长沙湘和化工厂，主要生产粉状硫酸锌和颗粒状硫酸锌。建厂不久，厂区周围树林大片枯死，部分村民相继出现全身无力、头晕、胸闷、关节疼痛等症状，2人死亡，经检查均发现体内镉超标。2008年以来，湘和化工厂因污染环境引发当地村民大量投诉。2009年4月，该厂被迫停产，相关责任人接受调查。2009年7月29日，数百名村民在镇政府聚集；30日，上千名村民围堵镇政府、派出所。据认定，长沙湘和化工厂是该区域镉污染的直接来源，非法生产过程中多途径的镉排放是造成区域性镉污染事件的直接原因。2009年8月1日，该厂法人代表被刑事拘留，浏阳市环保局局长和分管副局长被停职。“湖南浏阳镉污染事件：工厂法人代表被刑拘，环保局长、副局长停职”，http://news. xinhuanet. com/society/2009 - 08/02/content_11810988. htm；“湖南浏阳镉污染调查”，http://news. ifeng. com/society/5/200908/0811_2579_1295978. shtml。

总体上看，在中国，环境权利和环境义务意识的发育均较缓慢。而这种发育状况是由中国的社会经济结构和文化环境所决定的，人们在相当程度上把自然环境当作与己甚远的公共物，在权利受到损害时，既不可能意识到自己是环境权利的主体，更不知道或敢于对实施者提出控告，以维护自己的权利。[①] 另外是受客观原因所限，包括受教育程度普遍偏低和信息获取渠道相对封闭等。长期污染型纠纷对纠纷解决同样存在一定影响：正如有学者指出的，长期意指纠纷有一个广阔的过去，动荡的现在和含混的将来。[②] 受害者忍受污染时间较长，积怨较深，当事人对立、冲突的激烈程度甚至可能比突发污染型纠纷更强，无形中增加了纠纷解决难度，前述岑溪市波塘镇中泰富纸业污染、凤翔县东岭冶炼公司污染和浏阳市镇头镇湘和化工厂污染最后均引发了恶性群体性事件即是例证。

第三节　环境群体性纠纷信访处理机制的运作

实践中，S 县环保局处理环境信访的过程主要包括记录投诉、现场调查、监测、处理和回复五个步骤。[③] 考虑到信访处理缺乏像诉讼和仲裁那样严密的程序规制，探讨该机制的运行主要通过分析纠纷处理的方式和策略进行。

一、纠纷处理方式：行政执法与调解并用

调研发现，针对单个受害者的环境纠纷，受纠纷性质、受害者诉求、纠纷处理者工作量与工作重心诸多因素的制约，环保局信访工作人员主要采取

---

① 曾建平：《环境正义——发展中国家环境伦理问题探究》，山东人民出版社 2007 年版，第 266～267 页。

② R. J. Lewicki, B. Gray, and M. Elliott, Making Sense of Intractable Environmental Conflicts: Frames and Cases, Washington: Island Press, 2003, p. 38.

③ 关于 S 县环保局处理环境信访流程的具体论述，参见冯露：《环境纠纷行政解决机制的实证研究——以中国西南部某两县环境监察大队的纠纷解决实践为样本》，四川大学 2011 年博士学位论文。

行政执法的方式（包括责令改正或停止违法行为，限期整改，限期治理，[①] 限期搬迁和责令停产停业）处理，而很少采用行政调解。[②] 在环境群体性纠纷中，受害者一方人数众多，众多受害者和污染者的冲突剧烈程度远超受害人为单个的环境纠纷。如果仅采用简单、命令式的行政手段可能激化双方矛盾，不利于纠纷的平稳解决，甚至可能影响社会稳定。因此，对环境群体性纠纷的处理，通常是在采取行政执法方式制止污染的同时，对纠纷当事人特别是受害者以调解（环保局信访工作人员称之为“协调”）的方式施以安抚。A 公司对污染纠纷的处理展示出信访工作人员对这两种方式的应用。

对 A 公司污染纠纷中受害者代表、华鑫苑业主委员会主任 P 的访谈摘录

问：你们向 S 县环保局反映 A 公司污染后，他们有什么回应？

P：我们投诉了很多次，环保局基本上是派人来要求 A 公司改正，然后罚款，少则几百，多则上千上万，我看环保局最擅长的就是收钱。环保局来得比较频繁时，A 公司白天就不排污，晚上偷偷排。我们看环保局没用，就开始想别的办法。

问：你们想的什么办法？

P：我们写信给县长、县委书记、市长、市委书记，还亲自上门找过 S 县和 C 市信访部门。然后，听说县政府拨了 20 万给 A 公司治理污染。但 A 公司不承认，说从来没有收到过这笔钱，没钱治理污染。我们问过环保局，他们也不明确回应。这 20 万的去向没人说得清，里头的猫腻不好说。

问：那接下来你们又怎么办？

P：我们实在没办法，就发动我们小区的住户联名上书给 S 省省政府和国务院。周围小区的住户、D 镇小学的老师和学生家长知道了，也积极加入进来。我们还联系了在省上、中央工作的甘孜州干部，给他们反映这个事。可

---

① 需要说明的是，2014 年修订的《环境保护法》第 60 条不再使用“限期治理”这一提法，代之以“限制生产、停产整治”的用语，并将有权作出限制生产、停产整治决定的权力下放至县级以上人民政府环境保护主管部门。

② 关于环境信访工作人员对各种纠纷解决方式的运用及制约因素的具体论述，参见冯露：《环境纠纷行政解决机制的实证研究——以中国西南部某两县环境监察大队的纠纷解决实践为样本》，四川大学 2011 年博士学位论文。

能是上面也给县政府施了压，2005 年环保局来人给我们看县政府决定搬迁 A 公司的文件，让我们不要再闹，说这事儿很快就要解决了。

问：那这事儿很快解决了吗？

P：光一纸文件有啥实质作用，A 公司就是不搬，政府部门之间互相踢皮球。我们只好又去找了环保局和县信访办好多次，打听 A 公司到底什么时候能搬走。环保局随后出面把我们和 A 公司的人叫到一起开会，我们说 A 公司必须尽快搬，污染对我们身体健康影响太大，A 公司说他们搬迁有这样那样困难，然后环保局的人各打五十大板，叫我们相信政府，耐心等待，也叫 A 公司要重视，抓紧搬迁。这三家在一起开会都有十来次。2006 年 A 公司新厂址开始动工，我们总算看到希望。新厂建设期间环保局还派车来接我们去新厂看过，环保局的人还是不错的，陪我们四处看看新厂的建设进度。2007 年新厂建好 A 公司搬走后，我们才算清净。

对全程参与 A 公司污染纠纷处理的 S 县环保局信访工作人员 X 的访谈摘录

问：你们接到华鑫苑住户的信访请求后是怎么处理的？

X：我们接到投诉到现场，监测发现排污严重超标。我们就发通知，让他们整改。

问：整改解决了污染问题吗？

X：没有解决，但我们也没办法。其实 A 公司这个污染，还不是投钱安装污染治理设备的问题，而是选址有问题。安装再好的设备，离周围的居民区太近了，污染还是要超标。但搬迁这个事不是我们能做主的。

问：那华鑫苑住户和周边居民反复投诉你们怎么办？

X：我们只有反复让他们整改。我们要求他们改，他们就做下表面功夫。这两天减少排污，过几天又照常排污，看准了我们没法天天去检查。后来华鑫苑住户又闹到 C 市去，县政府就拨了些钱给 A 公司，我们又下达了限期治理的通知，但效果还是不好。

问：你们这些解决污染的措施、处理过程等等会告诉投诉人吗？

X：按照环保局的内部规定，我们只需要通知投诉人处理的结果，具体的手段、过程这些没必要讲。

问：我们看到文件，2005 年 4 月，S 县政府常务会议正式作出决定对 A 公司进行搬迁，这一决定是怎么作出来的？

X：事情闹大了，住华鑫苑的甘孜州老干部不怕事，联合起来给中央写了信，扬言再不让 A 公司搬走就要直接到北京上访，县政府通盘考虑后作出的决定。

问：县政府作出搬迁决定后，这个纠纷就解决了吗？

X：远远没有。从下达搬迁命令到 A 公司正式搬迁经过快 2 年的时间，这期间华鑫苑住户还是投诉不断。A 公司也有意见，搬迁损失很大，县政府为安抚他们还给了不少优惠。

问：那这期间怎么办？

X：我们就作住户工作。这个案子我们先后协调了十多次，双方都在场、比较正式的座谈会都开了三次。华鑫苑住户非常多，选出来五、六个代表，情绪激烈，个个都要发言，发言又比较长，住户代表发言完，A 公司代表就介绍他们的选址、搬迁准备和进度。双方发言后再由我们调和双方意见，一方面安抚住户情绪，另一方面督促 A 公司抓紧搬迁。每次都要花两、三个小时，才能把两边安抚下来。2006 年 10 月，我们还专门邀请华鑫苑住户代表在 A 公司负责人陪同下参观新厂区的建设。应该说这些协调还是比较成功的，住户走时看到了解决问题的希望。

在 A 公司环境污染纠纷案中，环保局信访工作人员的纠纷处理方式经历了从行政执法到行政执法与行政调解并用的变化，在行政执法方式的具体运用上经历了从治理污染力度较小的责令改正、力度稍大的限期治理到更为严厉的限期搬迁的变化，而这些方式的变化直接与受害者的抗争力度呈正相关：当投诉的受害者人数较少且只是向环保局投诉时，信访工作人员及环保局直接采用责令改正这种形式灵活而不严厉的方式；当受害者人数增加，重复投诉且信访范围已超出 S 县时，信访工作人员在环保局权限范围内动用了污染治理力度更大的限期治理方式（见样本 2），但本案中因为选址问题导致该措施效果不佳。当受害者人数进一步扩大，向省政府和国务院联名上书，并扬言到北京上访后，在地方政府的直接干预下环保局最后作出了限期搬迁这一通常情况下最为严厉、慎重的决定。当然，限期搬迁决定的作出并不意味着纠纷的终结。从访谈中可以发现，此时当事人双方的对立情绪发展到顶点，受害者因为经历了漫长的信访过程，等来一纸搬迁决定却迟迟无法落实，可以说是群情激愤；而污染者A公司规模较大，经济实力雄厚，是当地经济发展的支柱和龙头产业之一，搬迁对其生产经营带来诸多不便，所以也怨声载道。故而此时，一方面，信访工作人员的处理方式从刚性的行政执法转为柔性的调解，告知受害者政府的搬迁决定（见样本3），反复给受害者、污染者做工作，把双方召集到一起协调，疏导受害者的不满情绪；另一方面，在县政府安排下也给A公司的搬迁提供了诸多便利以及税收等方面的优惠，平息其不满。双管齐下，使A公司污染引发的群体性纠纷最终得到比较圆满的解决。

样本2　以限期治理方式处理A公司污染纠纷

<table>
<tr><th colspan="8">人民来访登记簿</th></tr>
<tr><td>来访人姓名</td><td>陈女士</td><td>性别</td><td>女</td><td>政治面貌</td><td></td><td>接待时间</td><td>2004年2月21日</td></tr>
<tr><td colspan="2">所在单位或住址</td><td colspan="4">弘民新城</td><td>接待人</td><td></td></tr>
<tr><td colspan="2">事由</td><td colspan="6">烟尘</td></tr>
<tr><td colspan="8">来访反映情况：
长治路A压辊厂粉尘、烟尘污染严重，特别夜间排放较为严重
李某某（S县环保局监察人员——笔者注）</td></tr>
<tr><td colspan="2">处理意见及结果</td><td colspan="6">政府协调解决，要求A压辊厂限期治理</td></tr>
</table>

样本3　以限期搬迁方式处理A公司污染纠纷

<table>
<tr><th colspan="8">人民来访登记簿</th></tr>
<tr><td>来访人姓名</td><td></td><td>性别</td><td></td><td>政治面貌</td><td></td><td>接待时间</td><td>2006年3月10日</td></tr>
<tr><td colspan="2">所在单位或住址</td><td colspan="4"></td><td>接待人</td><td></td></tr>
<tr><td colspan="2">事由</td><td colspan="6"></td></tr>
<tr><td colspan="8">来访反映情况：
S县D镇长治路二段A公司烟囱、粉尘、噪声污染广大群众，给住户带来不便亟待解决！</td></tr>
<tr><td colspan="2">处理意见及结果</td><td colspan="6">政府已责令A公司限期（2006.5.1）搬迁，目前该厂正在做搬迁准备，已将此结果告知了投诉人</td></tr>
</table>

二、纠纷处理策略：从压制到妥协

学者指出，当下环境群体性纠纷的解决正陷入“不闹不解决，小闹小解决，大闹大解决”的中国式循环。[①] 根据上文对A公司污染纠纷解决情况的分析，发现其同样暗合了这一行动逻辑，接下来我们就环保局信访处理机构及县政府的纠纷处理策略展开进一步分析。

对A公司污染纠纷中受害者代表、华鑫苑住户B的访谈摘录

问：在整个上访过程中，除了你们小区住户外还有其他人参加吗？

B：当然有，有周围小区住户参加，还有D镇小学的老师和学生家长，但只有我们闹得最凶。

问：为什么只有你们闹得最凶？

B：因为我们是外来人员，我们好多都是县团级以上的老干部、老革命，又不是拿S县的退休工资生活，我们不怕。其他人被上头一警告，“你和你家人的工作、工资还要不要”，就不怎么敢出头了。我们小区约2000户基本上参加了联名上书，而隔壁D镇小学的很多老师本来说好要参加，结果被上头警告，大多数人最后就没敢在联名信上签名。

问：你觉得这起纠纷为什么这么长时间才得到解决？

B：政府只注重经济、注重钱，不顾环境、不顾我们的死活。2004年，我亲自去找C市政府部门时，工作人员给我打比方说，S县好比C市会挣钱的儿子，父母（C市）不方便插手这事。C市工作人员说得有道理，S县算是C市甚至S省的一个门面，现在都经常有各地领导来视察，别的县市来学习经验。但我们天天住在这里，确实太难受了。

对A公司污染纠纷中受害者代表、华鑫苑业主委员会主任P的访谈摘录

问：在整个信访过程中，你们有没有受到外部压力？

P：其实现在回想起来当时的环境还算是宽松，尽管在这个过程中我们

---

① 冯洁、汪韬：“‘开窗’求解环境群体性纠纷”，http://www.infzm.com/content/83316。

还是遭到了一些阻挠（注：笔者进一步追问时P不愿细谈）。当时我们那么多人聚会商量联名上书的事，换到现在不知道政府要派多少警察来驱散。现在稍微有一点风吹草动政府都紧张得很，动不动就要维稳。

对全程参与A公司污染纠纷处理的环保局副局长C的访谈摘录

问：A公司污染纠纷的处理经过了从整改、限期治理到搬迁的变化，是出于什么考虑？

C：这个事情，虽然从头到尾是我们出面和华鑫苑住户、A公司交涉，但说实在话我们（环保局）做不了主。整改和限期治理决定是我们下达的，但拿主意的也不是我们。搬迁就更不用说了，按法律规定本就应该由一级政府作出决定。

问：拿主意的是谁？

C：县政府。A公司是我们县的缴税大户，利益牵扯较多，它污染问题的解决不是我们环保局说了算。

（注：笔者进一步追问县政府在纠纷过程中的态度等问题时，C表示不方便回答）

根据冲突理论，在任何社会冲突之中，冲突范围本身即是一个斗争的筹码。弱者希望将冲突的范围扩大，以引进外力，或是说服旁观者加入战局；而强者则希望将冲突的范围降低，以运用其既有的优势力量。[①] 在即便受害者为群体的环境纠纷中，受害者在经济政治地位上仍处于弱势，是一种“非正规的利益集团”，因其几乎没有雄厚、持续的人财物资源来支撑其连续不断的利益表达，通常只能以不满或抗议的形式表达自己的利益，甚至需要采取暴力或激进的手段来使人们听到他们的呼声，引起决策机构的注意。[②] 这就决定了受害者会倾向于扩大冲突的范围即扩大纠纷的社会影响以增加自己

---

① 何明修：“冲突的制度化？公害纠纷处理法与环境抗争”，载《教育与社会研究》2002年3期。

② ［美］阿尔蒙德等：《比较政治学：体系、过程和政策》，曹沛霖等译，上海译文出版社1987年版，第202页。

与污染者抗衡的资本，如本案中受害者大规模联名上书，扬言到北京上访，以及借助在中央任职的甘孜州干部的影响力等就是如此。与此相反的是，污染者和地方政府都希望控制纠纷范围进而消弭事态影响，本案中县政府动用的控制手段比较克制，主要是警告参与联名上书的受害者，没有动用暴力手段直接处置受害者，也避免了纠纷的进一步扩大。在受害者群体采用越级上访等更激进手段来维护自己权利后，纠纷解决者发现他们逐步丧失了对纠纷解决的控制权，多方权衡之下转为妥协，最终决定将 A 公司搬迁。

纠纷解决者从压制到妥协的策略转变也是与地方政府政策导向一致的。正如环保局副局长 C 所透露的，鉴于 A 公司在 S 县税收上交和提供就业方面的重要性，本案的处理是由县政府主导的。S 县作为 S 省唯一一个连续数年入选全国百强县的“标兵”，“压制”受害者的利益表达契合了经济奋进的大背景和地方政府经济优先的发展目标，故政府希望以最小的经济成本平息受害者不满，保证 A 公司对 S 县的经济贡献。“压制”不成功后，“稳定”作为高悬于地方官员头顶的“达摩克利斯之剑”，“稳定压倒一切”很快成为 S 县政府处理此事的指导思想。面对情绪激化的受害者群体以及可能进一步激化的矛盾，政府发现威慑和分化仅对 D 镇小学老师等“本土居民”奏效，而联名上访的主体——华鑫苑住户因其经济政治地位的相对独立“不买 S 县政府的账”，只得以“妥协”换“稳定”，根据“对多个利害集团的利益关系，包括达到某个特定行政目的在内的行政机关自身的利害、制约行政决定的实体方面的制度或规范等因素的综合评价”作出最终的纠纷处理决定。①

可以说，环境群体性纠纷的信访处理机制是一种典型的政治化纠纷解决模式：国家在社会综合治理的宏大目标下介入个案纷争，以行政命令和政治教化取代市场规则和法律逻辑，使纠纷解决成为一个综合治理工程。尽管随着计划经济的退守与维权政治的解构，国家权力已经随着市场力量的扩大而不断向上收缩，放弃了对基层生活的包围性、渗透性监管，转向以法律和市

① ［日］棚濑孝雄：《纠纷的解决与审判制度》，王亚新译，中国政法大学出版社 2004 年版，第 23～24 页。

场为工具的节制治理；但在经济奋进的背景下，地方政府背负着沉重的发展目标，规划式的、自上而下的权威管理仍然是政府实施社会治理的重要手段。特别是在社会冲突撞击“稳定”和“投资环境”的底线时，这种运动式的强势权力运行仍然不可避免。①

第四节 对环境群体性纠纷信访处理机制的反思

从A公司污染纠纷一案的解决可以发现，在环境群体性纠纷的信访处理方式与策略背后，存在纠纷利害相关者之间复杂的利益关系：污染者和受害者作为纠纷当事人存在直接利益冲突，环保部门力图保持其作为纠纷解决者的中立却不得不受制于地方政府，政府理应保护受害者的环境权益但出于地方经济发展的考虑又对污染者的态度暧昧不明。而信访处理方式与策略的变化，正是污染者、受害者、环保部门与政府等利害相关者之间利益博弈的结果。回顾我国环境群体性纠纷信访处理机制从无到有再到完善的过程，发现每一阶段利害关系者之间的权力关系大不相同。②

一、信访处理机制尚未建立：加害者—牺牲者模式

从1949年新中国成立后到1978年“拨乱反正”前，尤其是1958年的“大跃进”运动开始后，各地不顾生态条件乱建工厂，且基本未采取任何防治污染措施，造成污染并引起环境纠纷。到了“文化大革命”期间，城市建设更是冲破了规划和一切规章制度的约束，在居民区任意兴建有污染的工厂，

---

① 兰荣杰、王团团：“劳动争议仲裁机制研究”，见左卫民等：《变革时代的纠纷解决——法学与社会学的考察》，北京大学出版社2007年版，第94～95页。

② 此处对环境群体性纠纷利害关系人之间权力关系的分析借用了D. Taylor建构的三种模式，关于这三种权力关系模式的详细介绍，参见D. Taylor, Introduction, Advances in Environmental Justice: Research, Theory, and Methodology, The American Behavioral Scientist, 2000, 43 (4), pp. 504～507.

对周围环境造成严重污染，影响居民的正常生活。[1] 由于不健全的环境法制和特殊的政治背景，环境群体性纠纷的信访处理机制尚未建立。在这一时期，纠纷中的主要利害关系人仅有受害者和污染者两方，受害者往往通过与污染者私下协商或采取自助行动阻止污染。[2] 私下协商因为实力悬殊往往被拒，采取自助行动在十年“文革”期间则容易受到不正当追究，例如以“反革命破坏罪”获刑。[3] 可见，这一阶段受害者和污染者地位相当不平等，污染者对受害者享有强烈的单向权力支配关系，受害者基本上处于“投诉无门”的境地，属于典型的加害者—牺牲者的模式（图5-1）。从经济学角度分析，这也是集权制度下利益表达机制的必然安排。[4]

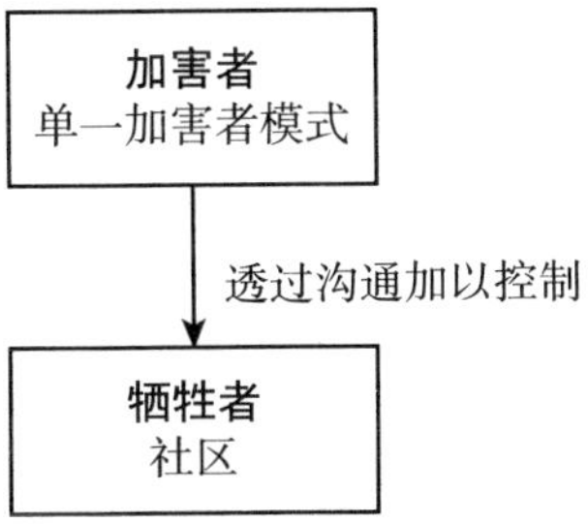

注：———表示权力关系强度

图5-1：加害者—牺牲者模式（perpetrator-victim model）

二、信访处理机制初步形成：多重加害者—牺牲者模式

环境群体性纠纷信访处理机制的初步形成是在1978年至20世纪90年代中后期，即改革开放的初期和中期。在这一历史时期，政府（政策制定者）开始意识到环境保护的重要性，具体表现有：1979年制定了《环境保护法（试行）》，该法首次正式规定了环境纠纷的行政处理制度；1983年国务院在

---

① 王灿发：“中国环境纠纷及其处理的初步研究”，见王灿发主编：《环境纠纷处理的理论与实践——环境纠纷处理中日国家研讨会论文集》，中国政法大学出版社2002年版，第3~5页。

② B. van Rooij, The People vs. Pollution: Understanding Citizen Action against Pollution in China, Journal of Contemporary China, 2010, 19 (63), p. 67.

③ 关于该案的详细介绍，参见王灿发：“中国环境纠纷及其处理的初步研究”，见王灿发主编：《环境纠纷处理的理论与实践——环境纠纷处理中日国家研讨会论文集》，中国政法大学出版社2002年版，第4页。

④ 更多论述，参见王蓉：《中国环境制度的经济学分析》，法律出版社2003年版，第41~66页。

其召开的第二次全国环境保护会议上将环境保护确立为基本国策；1985 年环保部（原国家环保总局）开始每年发布一次《环境统计公报》；等等。尽管如此，在 GDP 增长为第一要务的宏观政策导向下，各级环保部门尽管在一定程度上起到了监督污染者、解决纠纷的作用，但出于地方经济发展的首要考虑，其在一定程度上成了污染者的保驾护航者，解决纠纷的目的主要在于更好地为地方经济发展的大局服务。可以说，政府（政策制定者）、各级环保部门（政策执行主管单位）与污染者（开发单位）共同扮演着多重加害者的角色，三者之间利益相连、关系紧密，共同支配着受害者。政府和环保部门尽管提供了形式上的救济渠道——环境信访，但受害者仍处于相当不利地位，该时期环境纠纷总体数量较小或可说明这一点。① 这一阶段信访处理机制中利害关系人的相互关系状况可归为多重加害者—牺牲者模式（图 5 -2）。该种模式增加了政策制定者的角色，当政策制定者决定政策后，必须透过政策执行主管机关执行该政策，并发包给开发单位（污染者），因此政策制定者、政策执行主管单位与开发单位之间的关系较为密切。与此同时，政策制定者以及政策执行主管机关必须利用相关法令规定的方式监管开发单位，并藉由沟通、协调以及补偿等方式来消弭牺牲者（社区）与污染者之间的纠纷，各角色之权力关系除政策设计者与执行机关之间的关系较弱外，其余的权力关系强度依旧非常紧密。② 按照学者的分析，分权制度下利益呈多元化发展趋势。③ 而当处于这种分权的过渡时期时，地方政府与所辖企业的经济利益具有高度一致性。因为“分灶吃饭”的财政体制改革，使得地方政府自身运转的支出很大程度上依靠其所管辖企业所创造的利润。因此，产生了政府与企业的“合谋”，即图 5 -2 的多重加害者行为。④

---

① 王灿发：“中国环境纠纷及其处理的初步研究”，见王灿发主编：《环境纠纷处理的理论与实践——环境纠纷处理中日国家研讨会论文集》，中国政法大学出版社 2002 年版，第 5 页。

② 苏俞龙：《环境纠纷中不同角色之观点及互动关系探讨——以云林县林内焚化炉纠纷事件为例》，台湾南华大学环境管理所 2004 年硕士学位论文，第 57 页。

③ 王蓉：《中国环境制度的经济学分析》，法律出版社 2003 年版，第 69 ~ 70 页。

④ 王蓉：《中国环境制度的经济学分析》，法律出版社 2003 年版，第 99 ~ 100 页。

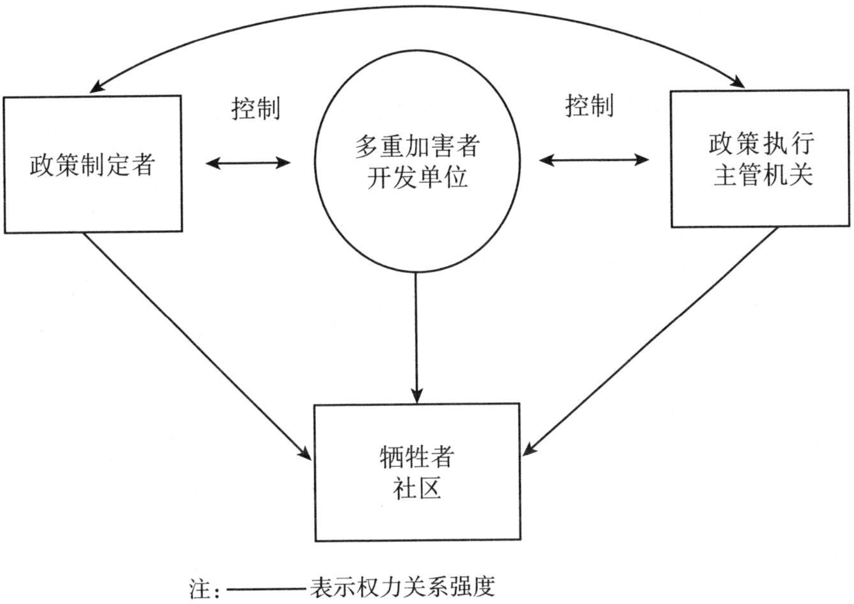

图5－2：多重加害者—牺牲者模式（Multiple perpetrator－victim model）

三、信访处理机制逐步完善：多重利害相关者简单模式

环境群体性纠纷信访处理机制的完善阶段是从20世纪90年代中后期至今。这一时期，鉴于国内环境的普遍急剧恶化趋势，我国各级政府加强了环境执法力度，对企业的监控力度更大。同时，公民环境意识的觉醒与提高使他们不仅向污染者积极主张权利，进而对政府和各级环保部门也提出了一定要求。20世纪90年代中后期至今的环境群体性纠纷信访处理机制非常类似D. Taylor建构的多重利害相关者简单模式（图5－3）。该模式中，除单一的开发单位（污染者）与社区团体（受害者）外，还包括政策制定者、政策执行主管机关和各种利害相关者如地方精英。当地方政府（政策制定者）决定政策后，透过环保部门（政策执行主管机关）具体执行，同时发包给污染者（开发单位），从这个角度来看，政策制定者、政策执行主管机关与开发单位之间的关系较为密切并共同支配着受害者的需要。但在生态文明被日益重视以及民众环境意识逐步提高的大背景下，受害者联合起来向污染者主张权利，对政府和环保部门提出权利要求，故政策制定者以及政策执行主管机关也会

利用法律法规监管开发单位，并藉由沟通、协调以及补偿等方式来消弭受害者（社区）与污染者之间的纠纷。而不同利害关系者又会对政府和环保部门的行为可能表示赞成或者反对，相应的利益格局也随之不同。不容忽略的是，由于地方精英分子的监督，地方政府与污染者的权力密切程度有所降低，作为纠纷处理机构的环保部门地位趋于中立客观。污染受害者也因为得到地方精英的支持（包括媒体、学者、环保 NGO 等），其在纠纷解决机制中的地位明显提高，这很可能是 20 世纪 90 年代中后期至今环境群体性纠纷增速较快的重要原因。

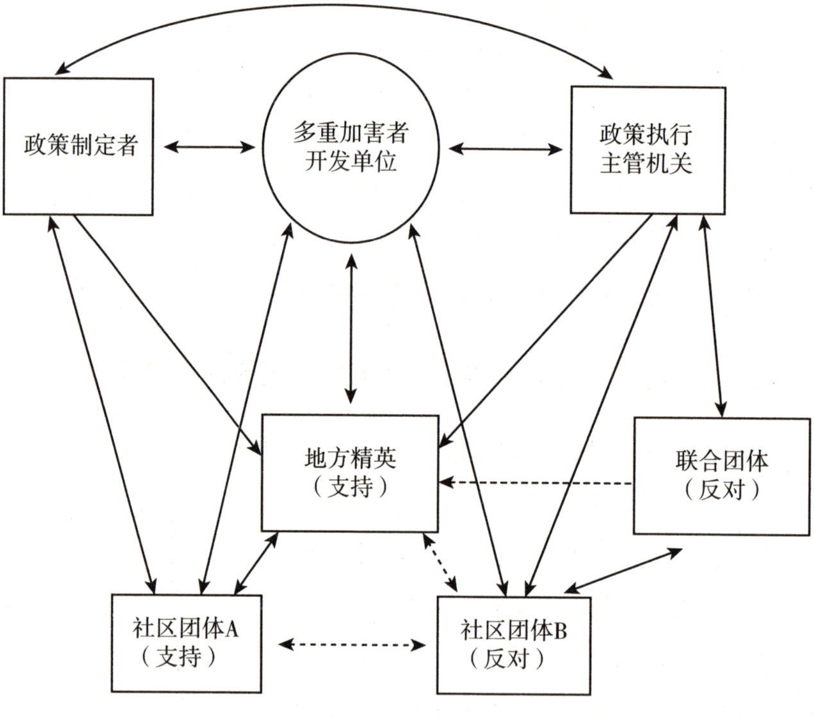

图 5－3：多重利害相关者简单模式（A sample of a multiple stakeholder model）

从经济学角度分析，这种变化也是由利益多元化促成的：现代市场经济体制下利益的多元化进一步明显，带来了权力的社会化，也带来了利益表达机制的多元化。社会主体包括公民、社会团体或非政府组织（地方精英）所拥有的社会资源对社会和国家的支配力逐渐成为一种巨大的社会力量，体现出私人权利对公权力的制约，使得环保部门从单一的权力行使功能，逐步演化为权力行使和利益代表（这里的利益代表更多是指代表环境受害者、公民的利益）的双重功能。[①]

需作特别说明的是，笔者尽管采用了三种模式分别阐释不同时期环境群体性纠纷利害关系人的权力关系变化，但并非等同于三种模式和特定的时间阶段一一对应。换言之，即使在今天，多重加害者—牺牲者模式仍然较为普遍地存在。例如，在我们调研的S县，选址问题型纠纷占有一定比例，地方政府在处理作为纳税大户的污染者时态度暧昧不明等都反映出实践中地方政府、环保部门和污染者一体的多重加害者身份；极端的加害者—牺牲者模式尽管我们在调研中没有亲自碰到实例，但从不时见诸媒体的报道中也有所耳闻；而多重利害相关者简单模式可能更多地代表了环境群体性纠纷信访处理机制的理想运作状态和努力方向。简言之，当前我国环境群体性纠纷信访处理机制其实是多重利害相关者简单模式、多重加害者—牺牲者模式和加害者—牺牲者模式形态的混合。

第五节　完善环境群体性纠纷信访处理机制的初步分析

当前环境群体性纠纷信访处理机制中关系人权力关系的复杂性，不仅决定了一段时期内环境群体性纠纷难以通过严格的、制度化的途径如诉讼、仲裁来解决，也决定了短期内现有信访处理途径难以废除或发生根本性改变的可能性不大。当前对环境群体性纠纷的信访处理机制，不是存废之争的问题，而是如何完善的问题，借鉴S县环境群体性纠纷信访处理的经验教训，我们认为应该着力完善信访处理的方式与策略，重点包括以下内容。

一是增强外部监督，形成权力制衡。尽管短期内环境群体性纠纷中利害相关者的关系难以梳理清楚，达到权责分明，但加强外部监督以形成较好的权力制衡仍具有可行性。具体到环境群体性纠纷的信访处理上，可以通过增强社会团体或非政府组织的外部监督，例如，新闻媒体、学者和环保团体对环境问题

---

① 王蓉：《中国环境制度的经济学分析》，法律出版社2003年版，第142~147页。

建言献策、对环境行政执法进行监督以及向污染受害者提供法律帮助，降低地方政府与污染者的权力关系密切程度，发挥制衡作用。同时，通过立法明确环保 NGO 在环境纠纷解决中的法律地位，明确适用调解的纠纷性质与范围等，① 强化环保 NGO 介入环境信访处理特别是参加调解程序的功能。② 在实践中，中华环保联合会环境法律服务中心已有成功介入环保部门调解的案例。③

二是保持环境信访处理机构的相对中立性。环保部门不仅是环境保护的主管部门，也是地方人民政府的职能部门。内设于环保部门的环境信访处理机构自然也受制于政府，这是目前的现实，这种特殊角色却导致其在环境群体性纠纷解决中的中立性受到影响。以选址问题型环境群体性纠纷为例，这类纠纷的产生根源就与地方政府的决策有直接关系。如果纠纷的解决仍由政府直接主导，不免给人以“既是参赛者，又是裁判者”之嫌，易使公众质疑纠纷解决的公正性。

近期具有可行性的办法是由相对独立的环保部门信访处理机构在其权限范围内较为中立地行使纠纷裁判权，并配备专职处理信访投诉的工作人员。这些工作人员只负责接受、处理和回复信访，不参加环保部门的其他工作如现场监管、征收排污费等。如果无法增加人员编制、新进专门的工作人员，也可考虑在环保部门中轮流抽调现有工作人员专司信访投诉。这一做法的目的是保证纠纷解决机构具有最起码的专门性和相对中立性。S 县环保局副局长 C 在接受笔者访谈时，也提出类似建议。他建议在环保局下设的环境监察大队中设立专门的群众来信来访处理小组，因为近年来纠纷解决工作量越来越大，每年有好几百件，环境监察人员的工作相当繁重，很难抽出足够的时

---

① 朱娟：“环保 NGO 参与环境纠纷协调解决机制的探讨——以 815 户居民与铁鹰钢铁有限公司环境污染纠纷案为例”，见李恒远、常纪文主编：《中国环境法治 2008 年卷》，法律出版社 2009 年版，第 213 页。

② 法国法亦有类似规定。法国环保团体用两种方式介入环境纠纷的调解，一是团体本身被指定为适格委员而参与调解，二是依 1976 年 7 月 10 日法律第 40 条或规划法第 L121 - 8 条之规定，以受允许之团体资格介入调解。参见柯泽东：《环境法论》，台湾大学法学丛书（五三），第 120 ~ 121 页。

③ 关于该案的详细介绍可参见朱娟：“环保 NGO 参与环境纠纷协调解决机制的探讨——以 815 户居民与铁鹰钢铁有限公司环境污染纠纷案为例”，见李恒远、常纪文主编：《中国环境法治 2008 年卷》，法律出版社 2009 年版，第 210 ~ 213 页。

间和精力用于纠纷解决。据他介绍，河南省郑州市环保局的环境监察大队尝试成立了专门处理来信来访的环境监察小组，实践效果较好。[①] 我们认为这一建议值得吸收与采纳。

三是提高环境信访处理程序的公开性和透明度。正义不仅应得到实现，而且要以人们看得见的方式加以实现。纠纷解决过程中的程序公正是对当事人接受结果、自觉遵守结果影响最大的要因。[②] 什邡、启东和宁波事件中，受害者没有畅通的渠道及时获知建设项目的环评内容以及纠纷解决进程的相关信息，这是引发受害者认为处理程序存在猫腻进而使得冲突升级的重要原因。农村环境污染受害者主动获取信息的能力较低，大多数情况下都依赖环保局信访工作人员的告知，不公开性和不透明的程序对其不利影响更大。如A公司污染纠纷中，受害者曾提到县政府拨给A公司治理污染的20万元去向不明，且认为环保局只会收费，皆因信访工作人员没有将调查、监测和作出处理决定的理由等告知受害者。

应对现行环境群体性纠纷信访处理程序的封闭性，改革思路是增加程序公开性和透明度，保证当事人参与程序运作的基本权利。有学者研究指出，在环境纠纷解决中，当事人有效参与是达成协议、保证协议质量和改进彼此关系的关键因素。有效参与是复杂和动态的，其中纠纷解决者正确的技巧和实践，以及相关性强和质量高的信息获取能够确保有效参与。[③] F. Rauschmayer 和 H. Wittmer 在他们的案例研究中同样指出了这一点：一般情况下，混合了参与和多重标准的纠纷解决方法为纠纷解决者寻找合适的纠纷解决途径提供了良好开端。[④] 可考虑在环境群体性信访的处理过程中，规定环保局信访工作人员负有将信访处理的进程、决定和理由等重要事项及时通

---

① 资料来源：2007年7月22日对S县环保局副局长C的访谈记录。

② ［日］小岛武司：《诉讼外纠纷解决法》，丁婕译，中国政法大学出版社2005年版，第31页。

③ K. Emerson, P. J. Orr, D. L. Keys, and K. M. Mcknight, Environmental Conflict Resolution: Evaluating Performance Outcomes and Contributing Factors, Confliction Resolution Quarterly, 2009, 127 (1), p. 58.

④ F. Rauschmayer and H. Wittmer, Evaluating Deliberative and Analytical Methods for the Resolution of Environmental Conflicts, Land Use Policy, 2006, 23, pp. 108 – 122.

知受害者及其他利害关系人的法定义务。

四是在环境群体性纠纷信访处理中增加调解程序。调解同样是增强程序公开性和透明度的重要手段。在A公司污染纠纷案中，受害者对信访工作人员召开协调会和陪他们参观A公司新厂修建的做法予以认可和称赞。这说明，当事人的满足可以独立于解决的内容，至少是部分地依存于导致解决的程序形式或程序过程本身。所以，某种解决过程给予当事者的满足程度及其有效性，是与当事者是否承认这种纠纷解决样式的正当性紧密相关的。[①]

在环境群体性纠纷中，因为双方人数众多，矛盾尖锐，环境信访处理机构更应重视调解在安抚群体受害者情绪、避免矛盾激化方面的作用。适当增加调解在环境纠纷解决中的运用也是符合现实的：目前，我国的环境监测技术落后，取得的数据不全面、不确切，而且环境污染被破坏的危害后果无法准确计算；加之环境污染和破坏的作用机理复杂，影响因素众多，对环境纠纷不易做硬性处理。因此，采用调解手段协商解决环境纠纷，可以使纠纷处理更符合各方的意愿并且弥补因技术落后可能导致的公平性欠缺。[②] 在很多情况下，环境纠纷面对面的调解比诉讼更可能产生一个使所有利益相关者受益的公平有效的结果。[③] 此外，调解中当事人双方可以更充分地参与纠纷解决程序，发表自己的意见和看法，程序的公开性和透明度增加，可望提高当事人特别是受害者对纠纷解决过程及结果的满意度。美国的一项实证调查也显示，无论调解结果如何，调解本身对增强参与者的能力以及信任程度以便将来再次走到一起都大有好处。[④] 故现阶段可考虑在环境群体性纠纷的信访处理中增加强制调解程序，即在当事人一方或双方提出调解纠纷的请求时，信访工作人员应当开展调解，不得推诿。

---

① ［日］棚濑孝雄：《纠纷的解决与审判制度》，王亚新译，中国政法大学出版社2004年版，第11、33和34页。

② 吕忠梅：《环境法新视野》，中国政法大学出版社2000年版，第295页。

③ L. S. Bacow and M. Wheeler，Enviromental Dispute Resolution，New York：Plenum Press，1984，preface，viii.

④ K. Emerson，P. J. Orr，D. L. Keys，and K. M. Mcknight，Environmental Conflict Resolution：Evaluating Performance Outcomes and Contributing Factors，Confliction Resolution Quarterly，2009，l27(1)，p. 57.

第六章 非诉视野中四川凉山地区彝族的纠纷解决机制

第一节　问题之提出

凉山地区是我国目前最大的彝族聚居区。[①] 彝族是我国西南部人数仅次于壮族的少数民族，其生活的地形封闭性强，在历史上发展出一种“有序而无政府”的宗法社会形态。[②] 随着学界在讨论中华民族“一体多元”格局时逐步关注“多元”,[③] 关于凉山彝族地区的族群、社会和文化的研究随之增多，成为民族学、历史学和人类学学者讨论的热门话题之一。

具体到凉山彝族的纠纷解决这一主题，人类学学者主要以民族志的写法对凉山彝族的纠纷解决习惯法规则和案例进行“深描”，代表性的著述包括海乃拉莫、曲木约质的《凉山彝族习惯法案例集成》[④]、马戎、周星的《田野

---

① 本书中提到的凉山彝族地区既包括位于四川省西南部的凉山彝族自治州，也包括云南省丽江市下辖的宁蒗彝族自治县。凉山彝族自治州面积6.04万平方公里，辖1个县级市、15个县、1个自治县，首府为西昌。截至2014年，在凉山常住人口中，汉族人口为215 5357人，占47.55%；少数民族人口为237 7452人，占52.45%；其中：彝族人口为222 6755人，占49.13%；宁蒗彝族自治县俗称小凉山，面积6025平方公里。截至2011年年末，宁蒗县总人口为26.42万，在总人口中，以彝族为主，达16.64万人，占63.0%。参见百度百科：《宁蒗彝族自治县》。

② 张海洋：“中华民族多元一体诺苏德古兹穆格尼（代序）”，见巴且日火、陈国光：《凉山彝族习惯法调解纠纷现实案例——诺苏德古访谈记》，中央民族大学出版社2012年版，序第5页。

③ 关于“中华民族一体多元”格局的讨论，参见赵旭东：“一体多元的族群关系论要：关于费孝通中华民族多元一体格局构想的再思考”，载《社会科学》2012年第4期。

④ 海乃拉莫、曲木约质：《凉山彝族习惯法案例集成》，云南人民出版社1998年版。

工作与文化自觉》[①]、巴且日火、陈国光的《凉山彝族习惯法调解纠纷现实案例——诺苏德古访谈记》[②] 和嘉日姆几的《尊严，利益？——云南小凉山彝汉纠纷解决方式的人类学研究》[③] 等。这些彝族出身的“本土”学者对彝族社会和文化有着外来研究者难以企及的体悟，在田野调查中更为得心应手，其描述的彝族纠纷解决实况为其他学者包括笔者的研究提供了丰富的素材。[④] 从法学界的研究来看，张居盛的《彝族纠纷解决：过去、现在和未来》运用法社会学和诉讼法学原理对彝族纠纷解决进行了历史考察；[⑤] 李剑的《凉山彝族纠纷解决方式研究》较为系统地研究了彝族纠纷解决的角色、程序和策略；[⑥] 张邦铺的《凉山地区多元化纠纷解决机制研究——以彝族为例》则是在多元化纠纷解决的大背景下，讨论了彝族习惯法与国家制定法的调适和彝族纠纷解决的法治路径等问题。[⑦] 张志强的《断裂的少数民族习惯法——以凉山彝族为例》总结了彝区常规处理纠纷的必经程序，揭示了显然不同于国家法程序正义理解的程序对纠纷解决的贡献，突破了以往学者仅从实体法角度讨论习惯法存在之合理性的局限。[⑧] 与人类学学者擅长描述和解释不同，法学学者对彝族纠纷解决的研究更偏重概括与归纳，力图梳理出彝族纠纷解

① 马戎、周星编：《田野工作与文化自觉（下）》，群言出版社 1998 年版。

② 巴且日火、陈国光：《凉山彝族习惯法调解纠纷现实案例——诺苏德古访谈记》，中央民族大学出版社 2012 年版。

③ 嘉日姆几：《尊严，利益？——云南小凉山彝汉纠纷解决方式的人类学研究》，云南大学出版社 2014 年版。

④ 其他人类学学者的研究成果还包括：杨志伟：《断裂的少数民族习惯法——以凉山彝族为例》，中央民族大学 2003 年硕士学位论文；张晓蓓：“论凉山彝族毕摩文化与法文化的联系”，载《西南民族大学学报（人文社科版）》2008 年第 7 期；蔡富莲：“当代凉山彝族腹心地新型德古研究——以美姑县阿奇家支德古兼头人阿奇乌合为例”，载《贵州民族研究》2009 年第 6 期；罗艳：《解读凉山彝族死给事件》，西南民族大学 2013 年博士学位论文；张志强：“论凉山彝族亲属间的对立关系、三角结构及其在纠纷中的作用”，载《广西民族研究》2015 年第 3 期；等等。

⑤ 张居盛：《彝族纠纷解决：过去、现在和未来》，大众文艺出版社 2006 年版。

⑥ 李剑：《凉山彝族纠纷解决方式研究》，民族出版社 2011 年版。

⑦ 张邦铺等：《凉山地区多元化纠纷解决机制研究——以彝族为例》，中国政法大学出版社 2013 年版。

⑧ 张志强：《“无需法律的秩序”何以可能——凉山彝族纠纷解决程序初步研究》，西南政法大学 2007 年硕士学位论文。

决制度运作的全貌。①

总体来看，人类学和法学学者对凉山彝族地区的纠纷解决已进行了比较全面和深入的研究，但对一些重要问题仍有所遗漏，例如，既有研究对凉山彝族地区纠纷解决中的“纠纷”几乎没有进行界分，即没有区分刑事纠纷和民事纠纷。在国家法以势不可挡的态势推行到民族地区的当下，彝族本土的纠纷解决方式能否仍然以及能在多大程度上保有对刑事纠纷的处理权？这种对刑事纠纷的处理权在哪些方面与国家法发生了抵牾？又如，随着经济发展，凉山彝族地区的封闭性不可逆地被打破，纠纷及纠纷解决活动的场域随之扩大。彝族本土的纠纷解决与官方主导的纠纷解决方式和程序交织在一起，这些纠纷解决方式和程序的区别与联系是什么？这些有趣并有着重要现实意义的问题在既有研究中涉及较少，本书则力图填补上述空白。

第二节　初步的分析框架

20 世纪 60 年代末，劳拉·纳德尔在“文化与社会中的法律”学术会议上所做的报告标志着对是否所有的社会都有法律这一问题的争论的结束和对纠纷的重新关注。“纠纷这一概念将关注点从法律条文和制度转向了行为、纠纷的社会背景以及纠纷解决的过程，从而避免了由民族中心主义所造成的偏见。”② 从那以后，纠纷解决逐渐成为世界各国人类学界和法学界共同关注的重要问题。法社会学学者因其所持的社会整体观和经验主义倾向以及法律

---

① 其他法学学者的研究成果还包括：张明泽：《少数民族习惯法的意蕴——理论与个案的透析——以彝区解纷为例》，西南政法大学 2003 年硕士学位论文；肖勇、魏晓欣：“四川彝族地区少数民族纠纷解决机制的启示”，载《四川警察学院学报》2010 年第 1 期；罗大玉、龚卫东：“对少数民族地区民族习惯法解决民事纠纷的审视——以凉山彝族民间调解为例”，载《前沿》2011 年第 1 期；巫洪才：“凉山彝族传统纠纷解决机制及其流变与法治化归引”，载《云南社会科学》2012 年第 3 期；李毅：“凉山彝区纠纷解决：‘德古’与人民法院的互动”，载《西南边疆民族研究》2013 年第 2 期；陈宾、吕彩云：“民国时期凉山彝族地区民间调解制度的特征与完善”，载《贵州民族研究》2015 年第 3 期；等等。

② ［美］萨利·安格尔·梅丽：《诉讼的话语——生活在美国底层人的法律意识》，郭星华等译，北京大学出版社 2007 年版，第 122 页。

与社会关系的多元化视角，在纠纷解决研究上独树一帜，表现在纠纷解决研究的方法论方面，他们提出了一些被广泛采用的分析框架。

一、纠纷解决过程的类型轴

在马克斯·韦伯“理想类型”概念的启示下，[①] 日本学者棚濑孝雄对纠纷解决过程的理论分析框架进行了类型化尝试：根据纠纷解决过程是依据第三者的判断还是当事人之间的合意，建立起决定性—合意性基轴；根据纠纷解决内容是否受实体规范制约，建立起规范性—状况性基轴，两条基轴垂直相交构成了纠纷解决过程的两条“类型轴”（图6－1）。[②] 他认为，对现实的纠纷解决制度的研究可以将其置于坐标图的某个位置，同时联系该纠纷解决的社会背景考察，就能够获得各种社会条件与纠纷解决形态的内部联系。[③] 为避免陷入简单的两分法，棚濑孝雄特别强调，由于现实生活的复杂性，实践中的纠纷解决往往在这四个象限内移动，不可能对其进行严格的数量化。

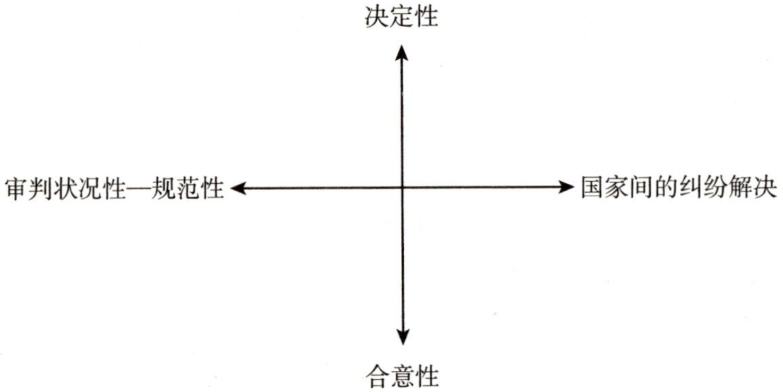

图6－1：纠纷解决过程的类型轴

按照棚濑孝雄的观点，某一纠纷解决制度合意功能的发挥取决于纠纷解决过程。如果纠纷解决过程呈“合意性”，根据合意达成的纠纷解决结果能

① ［德］马克斯·韦伯：《社会科学方法论》，杨富斌译，华夏出版社1999年版，第140页。

② ［日］棚濑孝雄：《纠纷的解决与审判制度》，王亚新译，中国政法大学出版社2004年版，第7～10页。

③ ［日］棚濑孝雄：《纠纷的解决与审判制度》，王亚新译，中国政法大学出版社2004年版，第26页。

够“最大限度地实现当事人自己的利益”，“降低执行纠纷解决结果的费用”。反之，如果纠纷解决过程向“决定性”一极移动，该纠纷解决机制的合意功能发挥不佳，则可能无法实现当事人利益最大化并增加执行费用。[①] 后文对凉山彝族地区不同纠纷解决方式过程的研究将借用这一框架进行分析。

二、纠纷解决参与者的位置结构

美国学者马丁·夏皮罗把争议解决的结构分为三方结构和二对一结构。他指出，不管在何种社会和文化背景下，无论何时，只要两个人之间发生了靠他们自己无法解决的争议时，常识的解决方法是召集第三方，帮助达成解决方案。法院正是因为这个三方结构获得了基本的政治合法性。当第三方作出支持争议双方中的一方的处理决定的时候，这种结构就变成了败诉方认为是二对一的结构。三方结构是法院的基本社会逻辑，二对一结构则是不公平的，所以对法院行为的实质部分可以用试图阻止三方结构变为二对一结构这一方面来分析。[②]

受马丁·夏皮罗把纠纷解决结构分为“二对一结构”和“三方结构”的启发，笔者将纠纷解决结构主要是纠纷解决参与者的位置结构分为纵向三角结构和横向线性结构两种（见图6－2和图6－3）。图6－2所示纵向三角结构，纠纷解决者和双方当事人不在同一个平面内，而是高踞三角形的顶端，具有相当的权威。在这一结构中，国家对纠纷解决的控制和管理功能远远大于单纯的纠纷解决。整个纠纷解决的进程都在国家权力和国家意志的投影下进行。[③] 图6－3的横向线性结构则是纠纷解决者和双方当事人处在同一个平

---

① ［日］棚濑孝雄：《纠纷的解决与审判制度》，王亚新译，中国政法大学出版社2004年版，第23～24页。

② ［美］马丁·夏皮罗：《法院：比较法上和政治学上的分析》，张生、李彤译，中国政法大学出版社2005年版，第2～3页。

③ 有必要解释的是，本书的纵向三角结构和刑事和解的理论基础三角模式不同：刑事和解的三角模式是以社会为顶点、以被害人和加害人为两端，犯罪被看作加害人与被害人的个人关系冲突，被害人的地位得到承认，国家将纠纷解决权力交由加害人与被害人，对解决方案国家予以直接认可。关于三角模式的更多介绍，参见马静华：“刑事和解的理论基础及其在我国的制度构想”，载《法律科学（西北政法学院学报）》2003年第4期。而本书构建的纵向三角结构意图展现的是纠纷解决者和当事人之间地位的不对等及纠纷解决者的权威性。

面上，纠纷解决者的权威不明显，国家权力的影响很小，纠纷解决过程中的平等协商因素更强。这一结构主要着眼于纠纷解决，实现社会关系的恢复。后文将利用纵向三角结构和横向线性结构考察凉山彝族地区不同纠纷解决方式中参与者的位置结构。

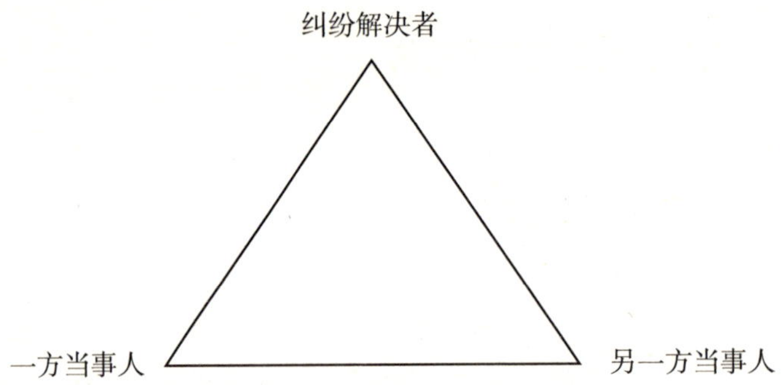

图 6－2：纠纷解决的纵向三角结构

图 6－3：纠纷解决的横向线性结构

三、纠纷解决的权威来源

纠纷解决与权威联系十分紧密，纠纷的顺利解决必须有某种类型的权威或者某种程度的权威介入。即便是在不需要第三方介入的当事人自行解决的纠纷中，也需要权威作为评判纠纷解决协议的标准。按劳伦斯·弗里德曼的解释，权威这个词意指一种连带，一种涉及命令发布者（某些人或某些事物）与跟随者或遵循者之间的"正当性联系"。[①] 在此意义上，权威即马克斯·韦伯所说的合法性来源。韦伯提出了基于"组织"的支配、支配的妥当性基础的三条根本原则：第一，一个具有（经由协定或指令所指定的）合理规则的制度；第二，命令权力的妥当性亦可基于人的权威；第三，此种人的权威亦可来自一个正好相反的基础上，亦即对非日常事务的归依、对卡里斯

① ［美］劳伦斯·弗里德曼：《选择的共和国——法律、权威与文化》，高鸿均等译，清华大学出版社2005年版，第130页。

玛的信仰。[1] 这三种正当性的类型对应的支配结构的类型分别是：官僚制、家父长制和卡里斯玛制，其对应的权威的类型分别是：法理型、传统型和卡里斯玛型。相似地，纠纷解决中的权威也可以是：法理型、传统型和卡里斯玛型。后文在讨论凉山彝族地区不同纠纷解决方式的权威来源时，将运用韦伯的权威类型进行分析。

第三节　凉山地区彝族的纠纷状况

冲突（conflict）和纠纷（dispute）是两个紧密相关的概念，但冲突的内涵与外延比纠纷广得多：冲突主要表现为社会群体之间的对抗、对立或抗争的状态。而纠纷仅是在相对的社会主体之间发生的可以列入法律框架之内的那些表面化的不协调状态。[2] 理论上一般认为，纠纷的形成会经过命名、指责和主张三个阶段，[3] 本书中的纠纷是指那些已经到了“主张”阶段即“外化”的冲突。

一、民族地区纠纷的特点和成因

民族地区纠纷有别于民族矛盾。民族矛盾是在民族交往中，基于权益不同而产生的摩擦等的总和，其是以民族之间的接触、往来为前提，民族之间权益衡量为核心，民族之间摩擦为形式的一种社会矛盾。[4] 民族地区纠纷是指在民族地区发生的、涉及少数民族利益的、可以诉求于司法解决的民事纠

---

① ［德］马克斯·韦伯：《韦伯作品集 III：支配社会学》，康乐、简惠美译，广西师范大学出版社 2004 年版，第 19～20 页。

② 对两者关系的具体阐述，参见赵旭东：《纠纷与纠纷解决原论——从成因到理念的深度分析》，北京大学出版社 2009 年版，第 1～9 页。

③ 关于纠纷形成过程的更多讨论，参见 W. Felstiner，“The Emergence and Transformation of Disputes：Naming，Blaming，Claiming”，Law & Society Review 16，1980－1981。

④ 金炳镐：《民族理论通论》，中央民族出版社 2007 年版，第 190 页。

纷。[①] 这些纠纷多发生于与少数民族群众生产息息相关的生产资料和生活休戚与共的生活资料方面，既包括侵犯财产权、人身权的民事纠纷，如房屋纠纷、相邻关系纠纷、民间借贷纠纷和婚姻家庭纠纷，还包括因少数民族传统风俗习惯所引发的民间纠纷。[②] 民族地区纠纷除具备一般意义上法律纠纷的共性（如社会性、对抗性）之外，还有一些特殊性，主要表现为：

第一，民族性。民族地区纠纷顾名思义，发生于特定的民族区域，不同的民族遵循的族内习俗、信仰的宗教以及价值观不同，这当然使发生于特定民族地区的纠纷具有民族性。

第二，群体性。由于少数民族特殊的文化传统和生活习性，个体间的纠纷容易演化成族群间的纠纷。以彝族为例，其是法律文化相对比较独特的民族。彝族社会在民主改革前就已等级分化，至今仍保留着浓厚的“家支”文化传统，因此彝族内部纠纷容易以宗族、阶层等群体形态出现。[③]

第三，政治敏锐性。民族地区纠纷往往受制于民族心理和意识，若不能妥善处理，容易激化极端的民族情绪，导致民族独立、分裂等敏感性政治事件的发生。

探究民族地区纠纷的成因，可以从如下几个因素入手：首先，民族地区多元文化的相互碰撞。民族地区因其特殊的历史原因、地理环境和宗教信仰，文化呈现出多元化。文化无好坏高下之分，但民族地区群众长期置身于多元文化相互碰撞的氛围中，基于自我价值的取向作出行为价值判断，个体之间因为价值选择的不同会产生分歧进而引发纠纷。其次，民族地区经济发展相对滞后。我国的民族地区基本分布于地理环境欠佳的西南、西北山区和高原，外部环境相对恶劣，这是当地经济水平滞后的重要原因。同时，随着市场经济的发展，地区之间的贫富差距不断凸显，地区间经济发展的不平衡即利益

---

① 于安毅：“从法律多元主义视角谈我国民族地区多元纠纷解决机制的构建”，载《青藏高原论坛》2014 年第 4 期。

② 常亮：《民族地区纠纷司法解决机制研究》，中央民族大学 2013 年博士学位论文，第 17 页。

③ 蒋鸣湄：“民族法学研究新境界——少数民族与民族地区纠纷解决机制研究评述及展望”，载《甘肃政法学院学报》2011 年第 11 期。

的不平衡也会导致纠纷的产生。最后，民族地区民众法治意识相对薄弱。宗教和传统使民族地区民众形成了较为牢固的内心信仰，形成了自行其是的一套行为准则。而我国民族地区的法制建设起步较晚，普法宣传多流于形式，这就导致民族地区民众并未完全接受国家法制层面的规范性价值的行为指导准则，同样容易引发纠纷。

二、凉山地区彝族纠纷的类型

凉山彝族地区的纠纷同样具有前述民族地区纠纷的民族性、群体性和政治敏锐性的特点，纠纷成因也与经济、文化和法治意识密不可分。根据本书讨论的主题，笔者对凉山彝族地区纠纷状况的介绍将主要从其类型展开。按照不同标准，可以对凉山彝族地区的纠纷作不同分类。

（一）刑事纠纷和民事纠纷

根据纠纷当事人承担的法律责任不同，可以将凉山彝族地区的纠纷分为刑事纠纷和民事纠纷。当事人需要承担国家法律规定的刑事责任的纠纷是刑事纠纷，而需承担国家法律规定的民事责任的纠纷即为民事纠纷。这一分类在大多数地区是不言自明的，但在少数民族自治地方包括凉山彝族地区；则存在特殊意义。一般情况下，刑事纠纷由国家司法机关的强制介入解决；民事纠纷则根据当事人的意思自治，既可以求助国家司法机关，也可以通过调解、仲裁等诉讼外纠纷解决途径解决。但在凉山彝族地区，刑事纠纷和民事纠纷的解决混同的现象并不少见，具体表现为两种形式。

其一，不少刑事纠纷被转化为民事纠纷来解决。[①] 这一论断可以从学者嘉日姆几对凉山彝族地区红桥乡分管司法工作的副书记的访谈记录中得到佐

① 刑事纠纷被转化为民事纠纷解决的现象不仅存在于凉山彝族地区，也存在于其他民族地区，如甘南藏族自治州。学者研究发现，藏民间的人命纠纷多通过“赔命价”代替刑罚解决。在甘南藏族牧区，藏民之间因斗殴或误伤、误杀出现人命案，处理方式并不是依据国家法律送交司法机关处理，而是被告人和被害人家属双方通过协商调解，由被告人一方家属赔偿一定数额金钱或用牛、羊、马、布匹等日常生活用品折价赔偿。一旦被告人一方依约赔偿，被害人家属则对其不再追究，也不再送交司法机关。参见席婷：“甘肃民族地区多元纠纷解决机制及成因探析”，载《甘肃政法学院学报》2015 年第 3 期。

证："刑事案件一般分为两种，出人命的和不出人命的。出人命的一般由县公安局来处理；不出人命的，如果双方愿意接受我们的调解，我们也会处理；有些比较麻烦的事情最后还是由县乡两级政府相关部门共同协商处理。当然，彝族在多数情况下也愿意用习惯法来处理这些事情，但考虑到社会影响，县乡两级政府会主动干涉发生在彝族地方的人命案，并且会及时控制事态，要不然会发展成规模更大的家族械斗。"①

其二，一些民事纠纷被看作刑事纠纷来对待，典型的如彝族特有的"人命案"。在我国，除被《刑法》明文规定为故意杀人罪和过失杀人罪的行为之外，其他任何一种行为都不属于刑法定罪处罚的"人命案"范围。而彝族习惯法的"人命案"主要包括四种情况：（1）刑事附带民事的人命案；（2）不涉及民事利益的一般人命案；（3）赔偿价格减半的人命案，俗称"死给案"，指羞辱他人导致其自行跳崖、投河、上吊、服毒等自杀死亡的案件；（4）最轻的人命案，这类案件通常是没有对被害人进行直接的伤害，而被害人意外死在被告人家中。两者相较，彝族习惯法中"人命案"范围中的"死给案"和"最轻的人命案"均不属于我国刑法规定的故意或过失杀人罪追究的犯罪行为，某些意外事故甚至不构成民事责任，但在彝族习惯法中却被作为刑事犯罪对待。②

（二）彝族内部纠纷和彝族外部纠纷

按照纠纷当事人的民族不同，可以将凉山彝族地区的纠纷分为彝族内部纠纷和彝族外部纠纷。彝族内部纠纷是指纠纷双方当事人都是彝族的纠纷，即彝族与彝族之间的纠纷。凉山地区是彝族聚居地，相应地彝族内部纠纷在数量上也应最多。彝族外部纠纷是指一方当事人或双方当事人不是彝族的纠纷，包括彝族民众与其他民族民众之间的纠纷和其他民族民众之间的纠纷。

---

① 嘉日姆几：《尊严，利益？——云南小凉山彝汉纠纷解决方式的人类学研究》，云南大学出版社 2014 年版，第 62 页。

② 冯露："彝族地区'人命案'刑事司法的最佳本土模式是什么？——读〈彝族本土刑法与国家刑法的司法实践对比分析——以凉山彝族农村人命案司法实践为例〉一文有感兼与马林英教授等商榷"，载《民族学刊》2012 年第 4 期。

凉山地区尽管以彝族为主体，但也生活着其他民族包括汉族、藏族等。随着经济发展和人口流动性增强，各民族之间的交往愈发密切，彝族民众与其他民族民众、其他民族民众之间的纠纷也随之增加。

根据学者的研究，彝族内部纠纷的当事人一般愿意用彝族自己的习惯法处理，[①] 故而从有关的法律档案中往往会发现有记录的彝族内部纠纷比较少，[②] 缘此很难把握彝族内部纠纷的全貌。彝族民众和其他民族民众间的纠纷概况则可以在官方统计中发现一些端倪。同样以前文提及的红桥乡为例，在该乡的彝汉纠纷中，交通事故纠纷、矿山、土地纠纷[③]，以及合同纠纷所占比例较大。[④] 交通事故纠纷数量较多与交通便利程度的增加，包括道路铺设、汽车等交通工具的增加有直接联系；而矿山、土地和合同纠纷则源于各民族间交往尤其是经济交往的增加。[⑤] 可以合理推断，彝族外部纠纷中涉及金钱和财产的纠纷较多。其他民族民众之间的纠纷不属于本书的研究对象，在此不再详述。

---

① 马林英、张利平："彝区本土司法实践现状调查分析——以四川凉山州越西县为例"，载《民族学刊》2011 年第 6 期。

② 嘉日姆几在红桥乡司法所查阅调解文书时发现，2004 年该乡共调解纠纷 66 起，其中彝汉纠纷 28 件（42.4%）、彝彝纠纷 5 件（7.6%）、汉汉纠纷 25 件（37.9%），其他民族纠纷 8 件（12.1%）；2005 年共调解纠纷 105 起，其中彝汉纠纷 68 件（64.8%）、彝彝纠纷 1 件（0.9%），汉汉纠纷 28 件（26.7%），其他民族纠纷 8 件（7.6%）。参见嘉日姆几：《尊严，利益？——云南小凉山彝汉纠纷解决方式的人类学研究》，云南大学出版社 2014 年版，第 92 ~ 93 页。

③ 有学者的研究发现，民族地区农村土地征收纠纷具有一定特殊性，其征地维权呈现出新趋势，这一纠纷也成为社会关注的焦点。参见宋才发、向林生："民族地区农村土地征收中纠纷解决的法律探讨"，载《中央民族大学学报（哲学社会科学版）》2015 年第 6 期。

④ 2004 年红桥乡司法所调解的 28 件彝汉纠纷中，12 件为交通事故，11 件为矿山、土地纠纷，3 件为合同纠纷；2005 年该乡调解的 68 件彝汉纠纷中，13 件为交通事故，36 件为矿山、土地纠纷，15 件为合同纠纷。参见嘉日姆几：《尊严，利益？——云南小凉山彝汉纠纷解决方式的人类学研究》，云南大学出版社 2014 年版，第 93 页。

⑤ 土地纠纷在少数民族地区纠纷中占有重要比例。土地作为最基本的生产资料和最稀缺的自然资源，随同整个社会转型，基于工业化、城市化发展以及集体土地经营和土地征收容易引发纠纷。除正文中红桥乡数据之外，学者在甘肃临夏回族自治州纠纷现状的问卷调查也印证了这一推论：当地的纠纷类型及所占比例分别为相邻关系纠纷（29.2%），土地纠纷（18.3%），农村换届选举、婚姻、继承纠纷（15.6%），环境污染、资源权属、山林买卖纠纷（12.5%），群体性事件、群体上访（11.5%），治安纠纷（10.3%），和其他纠纷（2.6%）。参见郑天锋："试论我国民族地区社会纠纷解决机制的完善——以甘肃临夏回族自治州为例"，载《西北民族大学学报（哲学社会科学版）》2014 年第 2 期。

第四节 凉山地区彝族的纠纷解决样态

正如前文所提及的，本书力图挖掘凉山彝族地区民间与官方主导的纠纷解决方式和程序的区别与联系，因此，对凉山彝族地区纠纷样态的讨论也从这两个维度进行。

一、德古调解

由于地理、历史和文化诸多原因，凉山彝族社会对于内部纠纷至今仍有较强的自我消解能力，其独有的民间调解者、调解方式和程序，常被学者称作“德古”调解。① 但也有研究者指出，“德古”并非专门从事纠纷解决活动的民间司法者，而是指熟知习惯法及其他社会规范，足智多谋、能言善辩，遇到纠纷不仅能明晰事理而又能仗义执言、以理服人的人，② 是彝族社会的“世俗权威”及其拥有者。③ 彝语中“莫”或“莫萨”的准确含义才是“纠纷解决者”。④ 凡是解决纠纷的“德古”便成为“莫”，但“莫”并不绝对由“德古”担任。按此理解，凉山彝族地区的本土调解方式似应称作“莫”或“莫萨”调解更为准确，但考虑到“德古”调解已成为相关领域学者熟知并认可，因此本书仍沿用“德古”调解的提法。实践中，德古调解的纠纷范围

---

① 这一提法被不少学者采用，例如陈金全、李剑：“简论凉山彝族的‘德古’调解制度”，载《贵州民族研究》2007 年第 2 期；杨玲、袁春兰：“多元纠纷解决机制背景下的彝族司法调解人——‘德古’”，载《宁夏大学学报（人文社会科学版）》2009 年第 5 期；何真：“从传统德古调解到新型德古调解”，载《西南民族大学学报（人文社会科学版）》2012 年第 2 期；等等。

② 李剑：《凉山彝族纠纷解决方式研究》，民族出版社 2011 年版，第 185 页。

③ 嘉日姆几：《尊严，利益？——云南小凉山彝汉纠纷解决方式的人类学研究》，云南大学出版社 2014 年版，第 69 页。

④ 李剑和嘉日姆几均持这种观点，参见李剑：《凉山彝族纠纷解决方式研究》，民族出版社 2011 年版，第 185 页；嘉日姆几：《尊严，利益？——云南小凉山彝汉纠纷解决方式的人类学研究》，云南大学出版社 2014 年版，第 68 ~ 70 页。

非常广，主要包括继承、租佃、典当、买卖、债务、婚姻、家庭等民事纠纷，以及抢劫、盗窃、杀人等侵犯他人人身权利和财产权利等刑事案件；除了调解纠纷，德古还负责规范和监督纠纷处理的形式、程序及纠纷解决结果的执行等。①

（一）德古调解纠纷的程序

德古调解纠纷的程序主要分为五个步骤。第一，选定作为纠纷解决者的德古。纠纷发生后，如果当事人无法自行解决或家支头人调解无效，就会邀请至少两位德古调解，惯常做法是当事人双方各自邀约相等人数的德古。邀请的德古须得到双方当事人的共同认可，只要一方认为某德古不应参加调解，如存在品行问题、与一方的亲戚关系等可能影响公正调解的情况，该德古就无法主持调解。第二，选定调解地点。调解一般是在双方都认可的较宽敞的露天场地，当事人双方分坐两地，相距数百米，不能直接接触对方，这是为了避免双方"擦枪走火"再次爆发肢体冲突。第三，进行事实和证据调查。由于双方当事人不能直接接触，只能由作为调解人的德古往返于当事人之间传递信息，倾听双方诉求，出示证据并质证。如果对案件事实有争议或对证据存疑，双方可以当面对质。除了当事人、当事人的家支或者姻亲成员，对该纠纷感兴趣的路人也可参与调查并发表意见和看法。第四，提出纠纷解决方案。当事实查明到一定程度后，德古根据彝族习惯法和先例提出纠纷解决方案，在当事人之间游走进行辩论和说理，并采取各种攻心策略说服双方当事人接受。第五，举行结案仪式。当事人双方认可并接受解决方案的当天或第二天，需要共同出钱，请德古和相关人员共进"和谐餐"。"和谐餐"由德古主持，当事人双方的家支头人代表各自家支成员互相敬酒表达祝福之意，修补因为纠纷受损的彼此关系以便日后和睦相处。在纠纷解决方案被执行后，当事人双方还会在各自家支头人带领下进行互访，进一步达到化解积怨和矛

---

① 马林英、张利平："彝区本土司法实践现状调查分析——以四川凉山州越西县为例"，载《民族学刊》2011年第6期。

盾的目的。至此，德古调解纠纷的完整程序才告结束。[①] 需要说明的是，尽管笔者将德古调解程序归纳为选定纠纷解决者、选定调解地点、进行事实和证据调查、提出纠纷解决方案和举行结案仪式这五个步骤，并不代表实践中的调解程序一定严格按照上述步骤单向进行。学者的研究已发现，德古调解的程序可能随着案情发展的需要而中断、回溯或者节外生枝。[②]

（二）德古调解的方式和策略

尽管上文对德古的调解程序进行了描述，但由于其本质上不是一种严密化、法制化的纠纷解决程序，我们并不能仅透过对程序的简单化勾勒而触及德古调解的实质。为此，有必要通过德古调解纠纷的典型案例来深挖其解决纠纷的方式和策略。

案例1：昭觉县马海陆基家与曲比常觉家是姻亲，马海陆基的女儿嫁给曲比常觉的儿子。两人后因贩毒吸毒离婚，离婚时曲比常觉要求马海家退还3200元聘礼，马海家同意，但一直未给这笔钱。2007年5月6日，曲比常觉用钢钎打死马海路基及其老婆后服毒自杀。尽管犯罪嫌疑人曲比常觉已死亡无法追究其刑事责任，但马海家支仍要求曲比家支赔偿60万元，曲比家支则认为一人做事一人当，曲比常觉已死，不愿赔人命金。双方各执一词，且意见相距过大，先后请了5批德古调解，最后一次才调解成功。

以下是参与最后一次调解的德古曲比吴季的访谈记录：

我们一起去调解的有4个人，他们把调解的地点约定在四开区三湾河村旁边的一块林间空地上，我们到调解的地方一看，现场马海家已经到了100

---

① 德古调解纠纷的程序与盛行于北美印第安人社区对刑事纠纷的圆桌审判程序有异曲同工之妙：在圆桌审判中，主持程序的部落中有威望的长者首先向大家讲述“我们为什么要来这里是因为发生了什么事”，然后是被害人和犯罪人陈述案情的经过、造成的后果和自己的感受，接下来每一个参加者都有权发表自己的看法，最后大家共同商定下一步应该如何消除犯罪带来的不良影响。在程序的最后，部落长老带领大家一起祈祷，祝愿部落从此更加祥和、安宁，成员间的关系更和谐，每一个家庭、每一个个人的生活更加幸福。参见张庆方：“恢复性司法——一种全新的刑事法治模式”，见陈兴良主编：《刑事法评论》（第12卷），中国政法大学出版社2003年版，第467页。

② 李剑：《凉山彝族纠纷解决方式研究》，民族出版社2011年版，第183页。

多人，曲比家有70多人。

我们几个德古首先将双方家支的人分开，让他们在相距500公尺远的地方坐下。坐下后有一些人介绍了之前调解的情况，并说了今天的目的。随即要我们大家说一说自己的看法，我说："彝族过去对杀人案有三种赔付法，仇敌之间的黑案赔99锭9两9钱白银，花案赔77锭7两7钱白银，白案赔33锭3两3钱白银。姻亲之间的黑案赔77锭7两7钱白银，花案赔55锭5两5钱白银，白案赔33锭3两3钱白银。"在面对马海家支时，我也向马海家支说明了我的身份，我说我是曲比家支的，我和当事人曲比常觉隔20多代。马海家支的人说，这个无所谓，只要公正就行，用不着回避。我说，你们现在要60万人，这从现在的法律上也说不过去。双方离婚后，你们的人都嫁了好几次了，可是你们马海陆基家一直赖着不给人家那笔钱，人家也是拿给你们家整气愤了，不理智才出现了现在的结局。按彝族规矩也属花的杀人案，只该赔55锭5两5钱白银，你们自己算，应该是多少吧！他们说：现在新形势新政策，如果不满足他们的愿望，他们就要杀曲比家的人来抵命，口气挺吓人。

我们几个德古只好在两个家支间来回穿梭，不停地调解。听了马海家的意见，我们又来到曲比这方说，你们必须要赔，人家确实多死了一人，而且是你们动手打死了一个无辜的妇女，没有道德良心。虽然你们也死了一个人，但是是自杀，他自己找的。他侵犯了人家两条性命，人家现在要杀你曲比常觉的儿子和孙子。如果这样，你们家三代都会非正常死亡，属于凶死。为了息事宁人，你方必须赔付人家人命金。他们一些人问应该赔多少？一些人又说赔不起等等。我说，我们再去了解斡旋。

我们再次来到马海家这方，我们说：你们家已经杀了5头牛，看来到时连牛的价钱都断不了给你们。马海家支的人纷纷闹起来，他们的意见也不统一。最后，我说，让曲比家赔你们马海家3万人。杀人者生前就是为了要回5000元钱才出的这个悲剧，这5000元必须扣除，给你们25 000元，其中15 000元算安葬费。现在机关干部的安葬费才7000元，这已经算是两个干部了。你们双方同意也罢不同意也罢，我们就这样断了。愿不愿意，随你们了！我瞅着这时恰好有长途客车路过，立刻跳上车就赶回来了。

第二天，两家都来找我，都说已经说了8天，只有听你的了。我又和他们一起回到现场。当天晚上，马海家杀了一头牛，把牛膀给了我，第二天又杀了一条牛慰劳大家。最终双方签协议达成一致。马海家一共杀了7头牛，获赔25 000元，我看也没赚多少。曲比家赔马海家人命金的时候，作为同一个家支的，我也出了每个家支成员应承担的那份钱。①

案例1展示了一个较为完整的德古调解纠纷程序：在德古的选任上，共有4位德古被选为调解者，其中1位德古尽管属于一方当事人的家支成员，但对方家支并未要求其回避。在调解地点的确定上，因为双方当事人家支成员较多，矛盾激烈，因此德古到场后首先分开双方，安排其相距500公尺坐下。本案因为事实和证据都比较清晰，双方并没有争议，争议的焦点集中在是否赔偿以及赔偿数额上，德古调解的重心也在此。针对双方要求相差过大的情况，德古采取的办法是单独做工作，分别向每一方当事人分析利害关系促成其降低自己的要求，例如用彝族习惯法的赔偿标准讲理，用对方家支多死了一个无辜的人说情，逐渐使双方关于赔偿数额心理预期的差距缩小。同时，运用了应对纠纷解决过程出现僵局的一些方法，例如，适时运用角色换位，对马海家动之以情，“你们的人离婚后都嫁了好几次，可还赖着不给钱，人家实在是整气愤了，不理智才出现了现在的结局”；对曲比家则强调纠纷持续带来的不愉快，“（不赔）人家要杀你们家的儿子和孙子，这样你们一家三代都属于凶死”。② 当德古觉得这种差距缩小得差不多时，他就主动提出了一个双方都可能接受的方案，适时显出态度强硬的一面，“我们就这样断了，愿不愿意随你们”，并以离开为“威胁”。当事人双方在权衡得失后主动找到德古同意解决方案，最后通过杀牛共餐完成结案仪式。

本案中很有意思的地方在于家支的介入。按照责任自负的法理，本案中双方当事人的责任都随已死亡消弭，纠纷已不存在，可为什么仍然发生冲突

① 案例1是德古曲比吴季调解的一起离婚人命案，参见巴且日火、陈国光：《凉山彝族习惯法调解纠纷现实案例——诺苏德古访谈记》，中央民族大学出版社2012年版，第135～137页。

② 关于调解策略的具体介绍，参见［美］斯蒂芬·B. 戈尔德堡等：《纠纷解决机制——谈判、调解和其他机制》，蔡彦敏等译，中国政法大学出版社2004年版，第152～153页。

呢？这与彝族社会特有的“家支”密不可分。家支是以父系血缘为纽带的宗族联合体，家支关系的基础即是父系血缘确立的亲戚关系。[①] 个体在家支的庇护下生活，对个体的侵害等同于对家支的侵害，个体不具备真正的“纠纷主体”资格，而是由家支作为纠纷主体参与纠纷解决，承担责任。有学者甚至断言，在凉山彝族地区的纠纷中，个体矛盾只是案件的前奏，凡进入调解程序的案件，接受调解的双方必然以“家支”为单位。[②] 这就是为什么本案中纠纷当事人都已死亡却仍然引发纠纷，且作为一方家支成员的德古曲比吴季最后也承担了相应赔偿费用的原因。

案例2：西昌市瓦洛德尔瓦扎阿普萨特的一个儿子和罗洪尔什的母亲，一个洛木老太太是邻居。某天瓦扎家的草房着火，从当时的情况分析是有人故意点燃的。瓦扎家认为是洛木老太太纵火。瓦扎家支的女性到罗洪家打掉了罗洪尔什的妻子祝尔某某的两颗门牙。掉牙在彝族习惯法中属于比较严重的问题，必须调解。先就附近小范围的请了一些人调解了2～3次都没有成功。原因在于对是否举行神判观点不一致。罗洪家提出：“如果是我们干的（纵火烧房），我的头就像被宰的这只鸡的头一样掉去。”但瓦扎家提出：“我罗洪、瓦扎两家有世代姻亲关系，盘根错节，不能打鸡打狗互相看，以免伤到两方的无辜亲戚。我们端犁铧、捞沸水就行了。”但罗洪家不肯，瓦扎家就说罗洪家既然不肯端犁铧、捞沸水，说明房子是罗洪家烧的。双方为此争执不下。

以下是参与最后一次调解的德古阿西拉基的访谈摘录：

这两家人发生矛盾，吵架打架，经济上不断花费，这样永远不会有结果，我心想。我就对在场的人说：“不要搞端犁铧、捞沸水的，大家都是亲戚，这边不亲那边亲，都是自己家支的外甥、外孙，或是自己的舅舅、外公，这

---

① 关于彝族家支构成、制度和功能等的讨论，参见韩兴邦：“凉山彝族家支的初步探讨”，康镜明、周锡银：“应当怎样看待彝族的家支问题”，参见何耀华主编：《西南民族研究彝族专集》，云南人民出版社1987年版；林耀华：《凉山彝家的巨变》，商务印书馆1995年版；刘正发：《凉山彝族家支文化传承的教育人类学研究》，中央民族大学出版社2007年版；等等。

② 李剑：《凉山彝族纠纷解决方式研究》，民族出版社2011年版，第172页。

样互相得罪、撕破脸皮不好。”

瓦扎家就说：“你们莫、萨太胆小了。”我说：“我们是胆小。在过去搞端犁铧、捞沸水仪式，两家要用巨资相互抵押。如果没有巨资，要抱两家的小孩儿在中间作抵押。今天我们这些莫萨没有权力同意搞这些仪式，它也与国家法律相违背。”“你们两家抵押，罗洪赢了，把瓦扎的给罗洪吃；瓦扎赢了，把罗洪的钱给瓦扎吃。这样解决的话，你们瓦扎、罗洪两家也不是其他人，世代相处，互有姻亲，血脉相连。所以我们不愿意做这种事，这是一。如果我们保证把端犁铧、捞沸水后一方应该付给对方的钱及时交给对方，导致双方互相打架厮杀也有可能，我们莫、萨应该把纠纷往下压，而不是往上挑。”

我和瓦扎家的一些人互相争吵，他们说：“阿西拉基你太胆小，你既然胆子这么小，你跑到这里来干什么？”我说：“我不是胆小，我是来当莫扶持你们的命，劝你们是为你们平整宅基地的。现在社会形势这样好，大家应该你让给我，我让给你。你们今天这样，围着个事大吵大闹，在我看来是不对的。”

我们不断地争论交锋，继续调解。之后，另外两位参与调解的德古说：“我们看，既然你罗洪家不承认是他们纵火，瓦扎家又没有证人，又不知道是谁干的，让瓦扎家买坛酒请罗洪家喝，然后罗洪家出鸡和狗给瓦扎家，让瓦扎家举行个诅咒仪式，把鸡和狗打死，谁干的谁心里明白，就让这纵火的人像这些鸡和狗一样死去算了。”

我就说：“两位汉子，我认为，端犁铧、捞沸水的解决方法我刚才已经说了。这种情况，大家都劳民伤财，用诅咒仪式也给双方带来不吉利，觉得不安逸。罗洪、瓦扎两家支以后免不了还会结缘开亲，抬头不见低头见，还会在一起吃一块坡上的粮食，喝一条河里的水。我认为劝了他们，我们四个白彝男子从四面八方来到这里，不能眼看这样的事发生。怎样劝呢？罗洪家杀一头牛、买100斤酒请瓦扎家，瓦扎家杀一头牛、买100斤酒请罗洪家。就是人民政府，对这些没有证据、互相争论的事，也没有办法解决。就让他们相互表达礼节，这样两家人不再吵架打架就行了。瓦扎家被烧了的草房也算了，那个老人已经七十多岁了，照彝族的习惯，已经到了不死都能超度的年龄，这种人就是她真的烧了瓦扎家的房子也是老糊涂了，有什么争论有什么事实也不要理会了。黑彝女子掉牙的事虽然瓦扎家没有理，但也不要追究了。”后来大家说，就这样吧！双方当事人也接受了。杀了两头牛互相赔礼后，就这样劝住了双方，我们就把这个纠纷调解了。[①]

案例2中有以下几点值得关注：其一，纠纷事实无法查清时的彝族习惯法处理方式——神明裁判仪式。[②] 神判仪式尽管是落后愚昧的，但不可否认其作为一种习俗在彝族本土纠纷解决中的重要性。拉德布鲁赫认为：“正是因为习俗自身把约束的外部的和内部的双重效力统一了起来，无论其是否只是通过虚构的方式，所以习俗才让道德和法律更具有威力。”[③] 当本案的纵火事实无法查清时，当事人首先想到举行神判仪式，只是双方在具体神判方式的运用上发生分歧，一方要采用“打鸡打狗给对方看”，另一方则要求对方“端犁铧、捞沸水”。而从德古阿西拉基的口述中可以看出，参与纠纷解决的几位德古内部对是否举行“神判”也存在争议，有两位德古建议采用“打鸡打狗给对方看”，阿西拉基则反对一切神判仪式。其二，德古在纠纷解决中的权威并非牢不可破，有时会受到当事人的质疑。因为德古阿西拉基不同意采用神判仪式查明纠纷事实，一方当事人两次讥讽其“胆小”“胆小还来做德古”。其三，德古对国家法律的巧妙运用。面对当事人对其不赞成使用神判仪式断案的质疑，德古阿西拉基一方面强调神判仪式对双方关系的负面影响，另一方面搬出国家法律做后盾，强调神判仪式中的某些做法如以小孩作为抵押在国家法律中是不合法的。此外，为证明自己提出的纠纷解决方案和可能的官方解决方案保持一致，正言相告当事人：“就是人民政府，对这些没有证据、互相争论的事，也没有办法解决。”

（三）德古调解的特征

通过以上两个德古调解纠纷的典型案例，利用前文构建起的分析框架，

---

① 案例2是德古阿西拉基调解的一起纵火案，参见巴且日火、陈国光：《凉山彝族习惯法调解纠纷现实案例——诺苏德古访谈记》，中央民族大学出版社2012年版，第118～121页。

② 神判被认为是初民社会法律的典型特点。参见［美］罗伯特·罗维：《初民社会》，吕叔湘译，江苏教育出版社2006年版，第237～253页。

③ ［德］拉德布鲁赫：《法哲学》，王朴译，法律出版社2005年版，第50页。

我们可以对德古解决纠纷的特征作一些初步归纳。

首先，极强的合意性。在决定性—合意性这条基轴上，德古调解明显位于合意性一端。根据棚濑孝雄的“二重获得合意”理论，作为审判外纠纷解决处理机关发挥作用的最基本条件，在纠纷处理的开始和最终解决方案的提示这两个阶段，都必须获得当事者的合意。① 德古介入纠纷解决源于双方当事人合意之下的邀约，任何一方有异议都无法开启德古调解程序。德古提示的纠纷解决方案只有在双方当事人同意的前提下，才具有强制执行力。此外，在纠纷解决过程中德古始终是当事人之间自由形成合意的促进者，而非以自己的判断来强制当事人的决定者，几乎不存在棚濑孝雄所说的“强制性合意”。简言之，德古调解程序的启动、进行和结束均体现出很强的合意性。

其次，较强的状况性，兼具规范性。在规范性—状况性这条基轴上，德古调解具有较强的状况性，兼具规范性，在基轴上游移。一般来说，依存于规范就意味着从决定中排除个人的因素。② 根据棚濑孝雄的观点，第三者能够控制的直接、间接力量对纠纷解决的规范性和状况性有重要影响。如果第三者的直接、间接力量也不足以维持决定的规范性，那第三者的决定就不得不朝状况性的方向移去。③ 作为第三者的德古能够动用的强权背景微乎其微，无法使根据规范作出的决定得到强制性贯彻，因此为保证纠纷解决结果得以顺利执行，德古在提出纠纷解决方案时必须主要考虑当事人双方的意愿，以便借此获得当事人执行纠纷解决协议的合作。尽管其也要援引彝族习惯法甚至是国家法作为纠纷裁判依据，但这种援引的主要目的仍是争取当事人对纠纷解决协议的认可进而使其顺利执行。总体来看，德古解决纠纷受实体规范的制约较少，具有较强的状况性。

再次，就纠纷解决参与者的位置结构而言，德古调解属于横向线性结构。德古和当事人双方在纠纷解决中处于平等地位，集中体现在：德古主持的调

---

① ［日］棚濑孝雄：《纠纷的解决与审判制度》，王亚新译，中国政法大学出版社2004年版，第79页。

② Torstein Eckhoff, " Impartiality, Separation of Powers, and Judicial Independence," Scandinauian Studies in Law, 1965 (9).

③ ［日］棚濑孝雄：《纠纷的解决与审判制度》，王亚新译，中国政法大学出版社2004年版，第39~40页。

解基本上是采用说服，几乎没有压服；当事人在调解过程中有权对德古发表异议；当事人接受德古提出的纠纷解决方案往往是出于敬服，而非畏服。即便是有威望的德古，也只是拥有“分散权力的人们”，其权力无法跟国家权力相提并论，因此其主持的纠纷解决程序更注重平等的协商对话。此外，从纠纷解决的终结来看，经调解达成的纠纷解决协议必须在德古见证下举行结案仪式，说明德古调解除了定纷止争，更看重对受损社会关系的修复。

最后，德古是一种传统型权威。根据前述韦伯建构的法理型、传统和卡里斯玛型权威类型，可以容易地辨别出，作为纠纷解决者的德古是一种传统型权威。这种权威亦即赵旭东提出的非制度化权威中的民间权威。[①] 嘉日姆几受赵旭东启发，进一步认为德古是民间权威中的“中介权威”。[②] 德古的权威既来自对知识的占有，包括彝族历史、习惯、天文和地理等知识，也来自对正常社会秩序的维护和关注。

二、官方主导的调解

随着凉山彝族地区的闭锁性被打破，国家法在国家机关的执法和司法过程中被越来越多的彝区民众知晓。在这一背景下讨论凉山彝族地区的纠纷解决制度，不可回避地应将官方主导的纠纷解决纳入研究视野。在国家法层面，民事纠纷和刑事纠纷有明晰的界分，而不像德古调解模糊了两者的界限，因此本部分对官方主导的调解的讨论将从民事和刑事纠纷两个角度展开。

（一）民事纠纷的调解

在凉山彝族地区，官方主导的民事纠纷调解形式多样，既有法院主导的司法调解，例如，昭觉县的马背巡回法庭调解；也有行政机关主导的行政调解，例如，凉山州各县市的交警大队设立调解室，专门调解交通事故引发的民事纠纷；还有司法行政部门指导下的人民调解，例如，峨边县的人民调解

---

① 赵旭东：《权力与公正》，天津古籍出版社2003年版，第275页。

② 嘉日姆几：《尊严，利益？——云南小凉山彝汉纠纷解决方式的人类学研究》，云南大学出版社2014年版，第69页。

指导中心和雷波县西宁矛盾纠纷调处中心等。[①]

案例3：西昌市A镇某村某组村民甲（彝族）为自家修建房屋，将房屋修建工程承包给本村村民乙（彝族），乙请B镇某村的丙（彝族）做工。2009年9月25日下午丙在干活时，不慎被电击意外死亡。事件发生后，死者亲属情绪激动，聚集成百亲友，矛盾即将扩大升级，一起大规模群体事件将要发生。在事件的第一时间，A镇政府得知此事后，立即启动突发事件应急预案，及时安排政府工作人员赶赴现场对死者家属进行劝解开导，并迅速将情况通报有关单位和部门，随即，该镇、该市司法局、安监局、电力局相关人员赶赴现场，事件得到控制和稳定。在此事的解决过程中，房屋建设承包方和死者家属就赔偿资金数额产生较大分歧，一时难以达成协议。由A镇政府、B镇政府、市司法局、市安监局、市电力局组成的联合调解工作组，在安慰情绪激动的死者亲属的同时，组织双方当事人进行调解。工作组的工作人员耐心细致地向双方当事人讲解《民法通则》和最高人民法院的有关司法解释，详细分析造成这起事故的原因和性质，以及双方当事人应当承担的法律责任。不厌其烦地向当事双方讲明国家的有关政策，引导双方将心比心、换位思考，帮助其分析利弊。经过工作人员耐心细致的艰辛工作和不懈努力，终于感动了双方当事人，促成双方和解，签订了调解协议书。乙、甲同意一次性赔偿死者死亡赔偿金、丧葬费、抚养费及其他各项费用共计人民币33万元整，并于2009年10月12日上午12点在A镇政府一次性兑付。死者家属、乙、甲对调解联合工作组工作人员真诚、执着、高效、公平、公正的调解表示感谢。一起意外死亡赔偿纠纷得到妥善、及时的解决。[②]

---

① 关于凉山彝族地区司法调解、行政调解和人民调解的更多介绍，参见张邦铺等：《凉山地区多元化纠纷解决机制研究——以彝族为例》第四、五章的内容，中国政法大学出版社2013年版。

② 案例3摘自凉山州司法局：《凉山州典型案件汇编（内部资料）》，2010年刊行，转引自张邦铺：《凉山地区多元化纠纷解决机制研究——以彝族为例》，中国政法大学出版社2013年版，第230~231页。

在凉山彝族地区，除了行政、司法和人民调解外，多方主体联动解决纠纷的“大调解”机制也在推行。对于少数可能引发群体性事件的集团诉讼或群体性纠纷，由当地大调解领导小组审查同意后组织联合调解工作组，负责包案调解。[①] 案例3即是一起典型的多个基层政府及政府部门联合调解的民事纠纷。因为案例来自官方材料，无法获知纠纷解决细节，只能简单地作一分析。可以看出，最初多个基层政府及政府部门联合介入主要是出于维稳考虑，在控制住事态避免其演变为群体性事件后，进而才对双方关于赔偿数额的分歧进行调解，调解中主要根据国家法的相关规定作为事故定性和双方责任认定的依据，促成了纠纷解决协议的达成。

（二）刑事纠纷的调解

官方主导的刑事纠纷的调解亦即国家法层面的刑事和解制度。2012年《刑事诉讼法》（以下简称新刑诉法）新增一章规定了刑事和解程序，其中第277条规定了可以进行刑事和解的案件范围、方式和时间，[②] 第278条规定了和解协议的审查与制作，[③] 以及第279条规定了和解协议的效力。[④] 在新刑诉法规定的刑事和解制度正式实施之前，“检调对接”这种官方主导的刑事纠纷调解形式已在凉山彝族地区推行。[⑤]

---

① 张邦铺等：《凉山地区多元化纠纷解决机制研究——以彝族为例》，中国政法大学出版社2013年版，第230页。

② 《刑事诉讼法》第277条规定：下列公诉案件，犯罪嫌疑人、被告人真诚悔罪，通过向被害人赔偿损失、赔礼道歉等方式获得被害人谅解，被害人自愿和解的，双方当事人可以和解：（一）因民间纠纷引起，涉嫌刑法分则第四章、第五章规定的犯罪案件，可能判处三年有期徒刑以下刑罚的；（二）除渎职犯罪以外的可能判处七年有期徒刑以下刑罚的过失犯罪案件。犯罪嫌疑人、被告人在五年以内曾经故意犯罪的，不适用本章规定的程序。

③ 《刑事诉讼法》第278条规定：双方当事人和解的，公安机关、人民检察院、人民法院应当听取当事人和其他有关人员的意见，对和解的自愿性、合法性进行审查，并主持制作和解协议书。

④ 《刑事诉讼法》第279条规定：对于达成和解协议的案件，公安机关可以向人民检察院提出从宽处理的建议。人民检察院可以向人民法院提出从宽处罚的建议；对于犯罪情节轻微，不需要判处刑罚的，可以作出不起诉的决定。人民法院可以依法对被告人从宽处罚。

⑤ “检调对接”是指检察机关在依法履行法律监督职能的同时，依托社会矛盾纠纷大调解机制，以和谐司法的理念和调解的方式，在法律规定的框架内，有效化解检察环节各类矛盾纠纷的工作机制。参见许同禄：“创建‘检调对接’工作机制”，载《人民检察》2007年24期。

案例4：犯罪嫌疑人何某、何某甲系父子。2009年4月20日，何某以其女儿何某乙被彝族自治县某厂工人殴打，厂内无人解决为由，先后两次将厂内多个电闸关闭，导致运转中的设备无法正常生产，而后何某、何某甲又用锁将铁门锁住，造成厂内车辆无法进出及原料、成品无法运输，次日该厂才恢复生产。经鉴定，该厂因停产造成直接经济损失5058元。自治县人民检察院在审查起诉何某、何某甲破坏生产经营一案时，认为该案系轻微刑事案件，符合“检调对接”机制的条件，起诉和适用刑罚会加深双方矛盾，逐根据《某彝族自治县检察院、司法局开展“检调对接”的实施办法〈试行〉》规定，向司法局送达《移交调解函》及案情介绍。司法局收到材料后，以人民调解指导中心名义指派法律援助中心调委会3名调解员前往调解。5月5日，在双方自愿基础上，召集两犯罪嫌疑人和厂方代表进行调解，双方在和谐宽松的氛围中化解了矛盾，握手言和。厂方代表出具了《谅解书》，两名犯罪嫌疑人出具了《道歉书》，在此基础上制作了《人民调解协议书》，并于5月6日向自治县人民检察院递交了以上相关文字材料。5月10日，检察院作出相对不起诉决定并向双方宣布。双方都表示服从，不再申诉，今后能和谐相处。双方当事人握手言和后，犯罪嫌疑人家属提出了让何某甲到该工厂工作的请求，厂方当即表示同意。

从该案的处理来看，检察机关和司法行政部门主导对犯罪人、被害人的刑事纠纷进行调解解决大致包括四个步骤：首先，根据《刑法》分则第五章侵犯财产罪中第276条关于破坏生产经营罪的规定，检察院审查认为犯罪嫌疑人应构成该罪，进一步根据案情判断属于可能判处三年有期徒刑以下刑罚的情形，系轻微刑事案件，决定开启检调对接程序。依《新刑诉法》第277条的规定，该案属于“因民间纠纷引起，涉嫌刑法分则第四章、第五章规定的犯罪案件，可能判处三年有期徒刑以下刑罚”的情形，也符合进行刑事和解的条件。其次，根据当地实施“检调对接”的规范性文件，交由司法局负责调解。司法局指派了法律援助中心调委会的3名调解员具体进行调解，检察院、司法局并未直接介入调解过程。再次，犯罪嫌疑人和被害人达成了刑事和解协议并递交检察院，由检察院审查和解的自愿性与合法性。最后，检察院根据1996年《刑事诉讼法》关于相对不起诉的规定决定不再起诉。新刑诉法更为明确地规定了，达成和解协议的犯罪情节轻微、不需要判处刑罚的刑事案件，可以不起诉。

（三）官方主导调解的特征

同样地，我们可以根据前文的分析框架对凉山彝族地区官方主导的调解进行讨论，其特征主要有以下几个。

首先，较强的决定性。在决定性—合意性这条基轴上，官方主导的调解明显向决定性一极偏移。根据前述棚濑孝雄的“二重获得合意”的理论，在纠纷处理的开始和最终解决方案的提示这两个阶段，官方主导的调解均体现了较强的决定性。在纠纷处理的开始阶段，官方纠纷处理机关往往是主动强势介入纠纷解决。在最终解决方案的提示阶段，尽管纠纷解决协议是双方合意达成，但这种合意的获得主要是由官方纠纷解决机关所能动用的资源决定的，与德古调解的合意获得存在鲜明区别，体现为：一方面，纠纷处理机关根据法律规范和事实关系作出的判断与可以预计的官方解决结果具有相当一致性时，其判断就有相当大的潜在强制性，[①] 如案例3中调解者根据《民法通则》和最高人民法院的有关司法解释分析案件事实和当事人应当承担的法律责任，其建议的解决方案很可能和法院判决一致，所以即使表面上看没有行使任何强制，但实际上具有相当强的决定性来促成合意形成；另一方面，尽管官方纠纷处理机关的判断在制度上并没有强制力，但该机关本身所固有或直接间接控制的资源，包括该机关的中立性、纠纷处理者的地位和知识水平等，也能够给人以其判断会得到普遍承认的印象，从而促使当事人接受他们的判断，到达合意的决定性。[②] 特别是在刑事纠纷中，纠纷处理机关本就对一方当事人（犯罪嫌疑人）享有潜在的制裁权力，犯罪嫌疑人受这种权限可能发动的影响，往往不得不接受其所提示的纠纷解决方案。总体来看，官方主导的调解带有“强制性合意”色彩，容易造成事实上“合意的贫困化”。

---

① ［日］棚濑孝雄：《纠纷的解决与审判制度》，王亚新译，中国政法大学出版社2004年版，第95页。

② ［日］棚濑孝雄：《纠纷的解决与审判制度》，王亚新译，中国政法大学出版社2004年版，第95~96页。

当然，这也是官方主导的纠纷解决制度的通病。

其次，较强的规范性。在规范性—状况性这条基轴上，官方主导的调解具有较强的规范性。官方主导的纠纷解决方式本就具有把“发现法律上是正确的解决”作为第一目标的倾向，与民间纠纷解决相比更强调合规范（法）性。进一步地，规范性还受到第三者能够动员的强权背景制约，当第三者能够控制的直接、间接力量足以贯彻决定的执行，能够排除力量较强一方当事者的抵抗，这种纠纷解决过程就呈现出规范性。凉山彝族地区的官方纠纷处理机关无论是政府部门，还是司法机关，抑或司法行政机关指导下建立的调解机关，能够动用的国家权力都远超德古，从而保障了纠纷解决结果得以顺利执行。简言之，官方主导的调解更注重规范性。

再次，就纠纷解决参与者的位置结构而言，官方主导的调解属于纵向三角结构。官方纠纷处理机关和双方当事人地位不平等，因为官方纠纷处理机关能够动用的国家权力使其在纠纷解决中拥有绝对“话语权”。案例 4 展示的刑事纠纷“检调对接”处理全程充斥着强烈的权力色彩：首先，是检察院根据案情决定开启刑事和解程序；其次，由司法局指派而非当事人选任调停人；再次，尽管具体的调解过程检察院、司法局并未直接介入，但不可否认由司法局指派的法律援助中心调委会调解员拥有更为有力的国家权威作为后盾；最后，达成的刑事和解协议也立即递交检察院，由检察院认可并宣布。人民调解员和国家司法机关构成一体的调解者与当事人双方不在一个平面内，前者对纠纷解决的进程和纠纷解决协议的内容拥有最终控制权。比起德古更关心消除当事人双方感情上的对立矛盾、恢复人与人、家支与家支之间的衡平和连带性，官方纠纷处理机关则将重心投注在通过纠纷解决实现社会控制，维持社会秩序的稳定，例如案例 3 中多个政府部门联合介入的第一考虑是维稳，其次才是解决纠纷。

最后，官方主导的调解是一种法理型权威。官僚制是现代社会的普遍特征，其不仅是一种有效的行政管理体制，也是一种强大的权威结构。① 与官

① ［英］戴维·毕瑟姆：《官僚制（第二版）》，韩志明、张毅译，吉林人民出版社 2005 年版，第 54 ~ 57 页。

僚制相对应的法理型权威当然成为现代社会的主流权威形态。具体到纠纷解决，即是民意通过的法律法规等各类规则授权官方背景的调解者作为权威的代表。质言之，官方背景的调解者解决纠纷的权威来自法律授权。正是这种法理型权威，决定了官方主导的调解过程呈现出前述较强的决定性和规范性。

第五节 问题与完善

一、预设之前提

讨论民族地区的多元化纠纷解决是置于法律多元主义视角下进行的。[①] 法律多元主义强调在多元法律社会视野下弱化国家法律中心主义，强调平等而有选择的“齐头并进”，进而使以习惯法、民间法、宗教法等规范为基础的多元社会达到平衡和秩序。在国家法之外，习惯法是“多元化”最重要的构成部分。关于习惯法，梁治平在《清代习惯法：社会和国家》一书中将其界定为“在乡民长期的生活与劳作过程中逐渐形成的，被用来分配乡民之间的权利、义务，调整和解决他们之间的利益冲突，并且主要在一套关系网络中被予以实施的一套地方性规范”。[②] 高其才在《中国习惯法论》一书中把习惯法定义为独立于国家制定法之外，依据某种社会权威和社会组织，具有一定的强制性的行为规范的总和。[③] 在我国的习惯法体系中，少数民族习惯法是内容最丰富、影响最大的一种习惯法，对当今的少数民族地区仍有重要影

① 法的多元化是指以法的同一性原理加以统合的各种官方法、非官方法、固有法、移植法、法律规制、法律原理等组合的整体，以及国内的各种法、世界法等的多元结构及其文化特征。参见［日］千叶正士：《法律多元——从日本法律文化迈向一般理论》，强世功译，中国政法大学出版社1997年版，第246页。

② 梁治平：《清代习惯法：社会和国家》，中国政法大学出版社1996年版，第35页。

③ 高其才：《中国习惯法论（修订版）》，中国法制出版社2008年版，第3页。

响。[①] 国家法和习惯法类似于美国人类学家伯雷德斐提出的“大传统”和“小传统”。“大传统”是指社会精英及其所掌握的文字所记载的文化传统。“小传统”是指乡村社区生活所代表的草根文化传统。1975 年，M. B. Hooker 的《法律多元》一书面世，法律多元主义理论逐渐成为国外学者分析法律现象和法律问题时经常使用的工具与视角。近年来，我国学者也开始使用法律多元主义这一工具分析中国的法律文化和纠纷解决等问题，[②] 尤其是民间纠纷解决和少数民族纠纷解决问题。

在法律多元主义视角下，民族地区的纠纷解决因其规范和权威的多元性自然呈现出多元样态。民族地区多元纠纷解决中的“多元”有两层不同含义：以范愉教授为代表的法学界纠纷解决研究学者所称的“多元”是指，由多元纠纷解决方式构成的一套纠纷解决机制；而胡兴东、朱艳英等民族法学者所理解的“多元”则是指社会中存在多套纠纷解决机制，每一套纠纷解决机制中可能包含多种纠纷解决方式。对“多元”的不同界定使学者的研究路径也不尽相同：前者以独立观察调解、仲裁、审判等每一种纠纷解决方式为基础，分析多元纠纷解决方式之间的分工合作关系，以及人们对纠纷解决方式的选择动机与行为；后者则以纠纷解决的不同效力来源机制来独立考察，分析多元纠纷解决机制之间的互动融合关系，以及国家权力对民间社会的控制程度与方式。[③]

---

① 高其才：“探寻秩序维持中的中国因素——我的习惯法研究的过程和体会”，载《云南大学学报（法学版）》2007 年第 3 期。

② 例如张冠梓指出：“法律多元主义作为中华民族传统法律文化的重要特征，其内涵更加丰富、复杂和深刻。可以说，用已有的法律多元主义的多重视角和模式研究中国及其所属的各民族的传统文化，可以深入了解中国各个民族、同一民族的各个分支的复杂多样的特征，也可以深入了解中华法系的总体特征”。参见张冠梓：“略论中国的法律文化和文化多元”，见张冠梓主编：《文化多元与法律多元》，知识产权出版社 2012 年版，第 1 页。赵旭东认为，“面对日常发生的纠纷，法律多元的概念必然是指地方性地去应对这些纠纷的发生，所依据的解决纠纷的规则也一定是地方性的习俗和惯例。……从族群差异极大化向族群同质性极大化的转变的过程中，如何能够在其中找寻到一个既确保法律多元的维护又能够确保纠纷解决效率的适切点，这就成为当今民族地区法制建设的一个极为重要的智慧生长点”。参见赵旭东：“族群互动中的纠纷解决与法律多元”，载《社会科学》2011 年第 4 期。

③ 蒋鸣湄：“民族法学研究新境界——少数民族与民族地区纠纷解决机制研究评述及展望”，载《甘肃政法学院学报》2011 年第 11 期。

本书对凉山彝族地区的多元化纠纷解决——德古调解和官方主导调解的讨论是在后者意义上使用“多元”，主要关注纠纷得以“解决”的实质效力机制，即研究凉山彝族地区的纠纷到底是依赖什么力量、通过怎样的程序被解决的。根据前文的分析，就民事纠纷，尤其是彝族与彝族民众之间的民事纠纷而言，德古调解仍是一种极具生命力的纠纷解决方式，其纠纷解决过程的合意性强于官方主导的调解，而这种“合意性”可以更好地实现当事人自己的利益、降低执行纠纷解决结果的费用；进一步地，对彝族这个非常重视尊严的民族来说，德古调解更能维持他们的象征利益。可以说，在凉山彝族地区的民事纠纷解决方面，德古调解与官方主导的调解相比毫不逊色甚至更具优势。为此，笔者对有学者提出的民间调解法治化途径，[①] 即以法院调解、行政调解等取代德古调解的建议，例如大力推行“特约人民陪审员”等做法持谨慎态度。[②] 凉山彝族地区的“特约人民陪审员”制度是由民意推选的德古经基层组织的认定并向法院举荐，通过法院的考核后拟任，最终将符合条件的“德古”报请县人大批复并聘任为人民陪审员参与纠纷案件的调解与审理。[③] 笔者对这一做法持保留意见的理由在于：作为“特约人民陪审员”的德古解决纠纷的范围仅限于起诉到法院的案件；而对凉山彝族地区的多项实

---

① 其他少数民族地区也有类似的尝试，宁夏回族自治区的银川、贺兰、西吉、固原、海原等地的人民调解委员会、行政机关、人民法院，在人民调解、行政调解、法院调解回族民事纠纷的过程中，专门成立阿訇调解组进行调解，解决民族矛盾。如宁夏海原县特聘了11名知名阿訇为“人民调解员”，一年参与调解14件案件，调解成功率100%。其中在2005年发生的“8·27”死亡9人的特大交通肇事一案的诉讼过程中，受害人家属提出赔偿150万元的诉讼要求，与当地经济发展实际和法定赔偿数额差距过大。几百名群众上访，法院多次调解未果，后来通过邀请阿訇调解员参与调解工作，调解达成肇事者一次性赔偿9名受害者家属经济损失47.4万元的协议。参见：宁夏回族自治区高级人民法院2007年7月12日第23期《工作简报》。

② 杨永清、王定国：“论少数民族民事纠纷解决机制的法治化改造”，载《思想战线》2015年第2期。

③ 凉山彝族地区推行“特约人民陪审员”的相关报道可参见阿吉拉则：“昭觉构建多元化纠纷调解新机制”，载《凉山日报（汉）》2008年12月12日；杨傲多：“凉山法院请彝族‘德古’参与调解”，载《法制日报》2011年9月30日；周静：“勉山法庭：推行‘德古’调解之路”，载《凉山日报（汉）》2011年10月25日；等等。

证调查发现，当地民众选择司法途径解决的纠纷类型、数量均有限。[①] 在“特约人民陪审员”制度实施后，法院调解也不足以有效分流民间调解的案件数量。根据官方报道，凉山两级法院自2007年起开展此项工作，2007年至2013年6月共6年半期间，共聘任了372名特邀人民陪审员，共计化解纠纷9801件，[②] 平均每年约1507件。另一份调查显示，仅2008年一年，在昭觉、布拖、美姑、喜德和越西5个彝族聚居县辖区内的近4000件民事纠纷案件中，通过德古调解的纠纷案件就有3000余件。[③] 尽管这两组数据的对比并不严格，仍然可以大致判断出德古调解解决纠纷的数量远高于法院。

因此，笔者的基本观点是：随着国家权力的不断扩张，少数民族地区的纠纷解决都在不同程度上更多地从“合意”转向了“决定”。不过，这种传统格局被打破后又出现了新的尴尬，那就是国家对少数民族地区的制度供给不足，无法完全满足各民族的法律需求。[④] 凉山彝族地区并不鲜见的“二次

---

① 凉山州政法委“民间调解”课题组对越西县上普雄镇、昭觉县竹核镇、雷波县莫红镇、美姑县巴普镇、喜德县米市镇这五个彝族聚居乡的调查统计显示：五镇人口总计48 956人。该五镇2003年共发生可知民间纠纷529件，其中经本土司法人“德古”调解的案件达458件，占民间纠纷总量的87%；诉讼至人民法院的仅有71件，占民间纠纷总量的13%。参见张小辉、方慧：《彝族法律文化研究》，民族出版社2004年版，第217页。在美姑、昭觉、布拖等县，每年由县人民法院解决的民事案件仅有100件上下，这个数字约占当地纠纷总数的10%。也就是说，90%的案件均在山野或者田间被本土司法人“德古”采用习惯法解决了。参见李剑：“凉山彝族‘死给案’解析：个案中的法律文化冲突”，中华法律文化网：http://www.ruclcc.com/article/default.asp?id=1532，访问日期：2015年10月1日。进一步地，胡兴东的调查发现，同为彝族，云南省玉溪市峨山县两个乡镇中，一个在交通要道，商品经济较为发达，人们以烤烟、核桃等经济作物为主，在纠纷解决机制选择上更依赖村委会、司法所和乡政府等。而在另一个地处偏远山区的乡，在纠纷解决机制选择上以传统机制为主。参见胡兴东：“西南民族地区多元纠纷解决机制研究”，载《中国法学》2012年第1期。

② 李俊：“论对彝族民事习惯法的吸收与改造”，载《四川审判》2014年第1期。

③ 凉山彝族自治州中级人民法院调研组：《发挥司法职能优势，整合民间调解资源——少数民族地区构建大调解工作格局的理论与实践》，凉山州中级人民法院政研室内部资料，2009年7月刊行。

④ 藏边多民族聚居区的纠纷解决也存在类似问题，但学者乐观地预估，这只是暂时性的，民众对国家、部落、寺院三者权威与公正性需求的提高会塑造一个新的环境。在这样的环境中，国家作为主导，秉持抓大放小原则，平衡“合意”与“决定”的关系。参见胡小鹏、高晓波：“国家权力扩张下的近代藏边民族纠纷解决机制——以甘青藏边多民族聚居区为例”，载《西北师大学报》2012年第1期。

司法”现象就是典型例证。正是因为当事人的诉求没能在官方纠纷解决制度中得到满足，即使纠纷已经依照国家司法程序审结，仍会继续依据本族习俗重新提起诉求，并得到再次审理和裁决。[①] 为此，在法律多元化语境中讨论凉山彝族地区的多元化纠纷解决，一方面，应当正视彝族习惯法作为纠纷解决规范和德古作为纠纷解决权威的重要意义，承认其在维护凉山彝族地区社会秩序、传承彝族传统文化方面的功能与意义。多元化纠纷解决不应立足于以官方主导的纠纷解决方式简单取代民间纠纷解决方式，而应有所取舍地接纳；也不仅仅是将少数民族习惯法和民间纠纷解决者作为完善官方纠纷解决制度的补充途径，而是将其作为有机组成部分。正如美国学者罗伯特·C. 埃里克森在对加利福尼亚州北部夏斯塔县的牧民纠纷解决机制研究后指出的，“法律制定者如果对那些促进非正式合作的社会条件缺乏眼力，他们就可能造就一个法律更多但秩序更少的世界”。[②] 另一方面，不容忽视的是坚持国家法在纠纷解决规范中的重心地位，明确其法律效力和法源的等级秩序优于少数民族习惯法。[③] 特别是在刑事纠纷的处理中，由于其具有更大的社会危害性，对刑事纠纷的评判应尽可能避免在纠纷解决中适用少数民族习惯法而损害国家法的权威。

二、存在的问题

有鉴于此，对凉山彝族地区纠纷解决问题和完善的讨论并不打算置喙德古对民事纠纷的解决，而是将目光投注于刑事纠纷的解决。德古对刑事纠纷的调解类似于新刑诉法规定的刑事和解制度：由德古充当调停人角色，调解

---

① 典型案例如2003年冬，越西县一位巴久家的男子因酗酒闹事误伤他人致死而被人民法院判刑。但该案件在人民法院终审后，死者亲属依旧根据彝族惯制向“德古”提起民事赔偿的诉求。“德古”召集双方当事人及其家支头人和成员进行案件审理后，作出依照“命案”中的“花案”级别，要求被告方进行经济赔偿和精神抚慰的判决，双方满意并接受判决。根据学者的调查，“二次司法”现象在凉山彝族地区并不少见。参见马林英、张利平：“彝区本土司法实践现状调查分析——以四川凉山州越西县为例”，载《民族学刊》2011年第6期。

② ［美］罗伯特·C. 埃里克森：《无须法律的秩序——邻人如何解决纠纷》，苏力译，中国政法大学出版社2003年版，第354页。

③ 常亮：《民族地区纠纷司法解决机制研究》，中央民族大学2013年博士学位论文，第72页。

犯罪人、被害人的刑事纠纷，给予被害人物质补偿和心理抚慰，实现社会关系的恢复。但审视新刑诉法关于刑事和解的规定和德古调解刑事纠纷的实践，发现两者之间存在一些抵牾。

第一，刑事和解的案件范围。新刑诉法确定的范围与部分学者预期相比较窄，即仅限于因民间纠纷引起的涉嫌侵犯公民人身权利、民主权利罪，侵犯财产罪，可能判处三年有期徒刑以下刑罚的案件，以及除渎职犯罪以外的可能判处七年有期徒刑以下刑罚的过失犯罪案件，而且排除了在五年以内曾经故意犯罪的犯罪嫌疑人和被告人适用刑事和解的可能性。而德古调解的刑事案件范围很广，已超出国家法律规定的刑事和解案件范围，例如案例2中德古对纵火案件进行了调解。学者的田野调查也发现，“德古”调解的刑事案件中甚至包括按《刑法》规定判处十年以上有期徒刑、无期徒刑或者死刑的故意伤害致人死亡案件。①

第二，刑事和解协议的审查和制定。为了体现法律的严肃性，使刑事和解与传统的“私了”相区别，新刑诉法明确要求，办案机关必须在听取当事人和其他有关人员的意见之后，对和解协议的自愿性、合法性进行审查，以便保护双方当事人的合法权利，维护法律权威和公共利益。② 而实践中德古调解的结果基本上是当众口头宣布，不形成书面文件。同时，由于凉山地区高山绵延、森林密布，司法机关的触角很难伸到每一个彝族社会角落，不少刑事纠纷在国家司法机关不知晓的情况下就被德古解决了。因此，新刑诉法对办案机关提出的听取当事人意见、审查纠纷解决结果合法性等要求并不适用于德古调解。

第三，刑事和解的法律效力。新刑诉法规定了犯罪嫌疑人、被告人通过刑事和解可能获得的法律上的好处，包括定罪与量刑上的从宽处理，确立了犯罪嫌疑人、被告人认真悔罪、向被害人道歉和赔偿的动力机制，有

---

① 典型案例如2010年，越西县苏姑乡噶节村的木库达尔因家支内部纠纷而伤害了同家支堂兄导致其死亡，对此德古的解决结果是开除犯罪人木库达尔一家的家支归属，并限其全家祖孙三代在3个月内变卖房产、土地搬离该村。参见马林英、张洁：“彝族本土刑法与国家刑法的司法实践对比分析——以凉山彝族农村人命案司法实践为例”，载《民族学刊》2012年第3期。

② 成安、冯露、肖仕卫：《刑事诉讼办案指引——新刑事诉讼法及配套解释修改重点、难点精要》，法律出版社2013年版，第482~483页。

助于激励犯罪嫌疑人、被告人更加积极主动地寻求被害人谅解并达成刑事和解协议。但是，新刑诉法规定的犯罪嫌疑人通过刑事和解可获得定罪处罚的好处对彝族犯罪嫌疑人并不当然具有吸引力。有学者的研究表明，对传统彝族人来说，“开除家支”惩罚的严厉程度甚至超过剥夺犯罪人的生命。[①] 换言之，如果“开除家支”这种惩罚并不能在刑事和解中得到免除，很可能影响到实践中彝族犯罪嫌疑人、被告人愿意参与国家法规定的刑事和解的积极性。

三、完善之进路

刑事和解有权威和协作模式之分，官方主导的刑事和解制度可归入权威模式，德古调解刑事纠纷则属于协作模式。应该说，刑事和解的权威和协作模式并无高下之分。从世界范围来看，既有像新西兰的家庭群体会议这样的协作型刑事和解，也有像英国由执法官员直接主持调解这样的权威型刑事和解。[②] 但是，就达致刑事和解的最终目的——补偿传统刑事司法忽略的被害人物质和精神损失，以及恢复犯罪人、被害人之间因为犯罪而遭到破坏的社会关系而言，看重合意因素的协作模式显然更为有效。从这个意义上讲，在刑事纠纷的解决方面，德古调解在凉山彝族地区仍能比国家法层面的刑事和解制度更能发挥出“消除对立并恢复友好关系”的作用。[③] 因此，笔者认为，在凉山彝族地区的刑事纠纷解决方面，从长远来看，国家法规定的刑事和解

---

① 马林英、张洁：“彝族本土刑法与国家刑法的司法实践对比分析——以凉山彝族农村人命案司法实践为例”，载《民族学刊》2012 年第 3 期。

② 向朝阳、马静华：“刑事和解的价值构造及中国模式的构建”，载《中国法学》2003 年第 6 期。

③ 这与部分学者关于藏族赔命价习惯法与国家刑事司法冲突的解决思路一致：在藏区，要合理利用藏族赔命价习惯法中的合理因素，只要不违背国家利益、社会利益和公共利益，允许习惯法与国家刑事法律作“规范交易”，当事人自主选择规范和分配权利义务，以达到刑事和解的目的。在刑事和解中，当事人选择民间规范分配权利和义务，或者借助民间规范加大加害人的民事责任成本的支出，以换取其刑事责任成本的降低，这对自主的刑事和解而言，完全可以理解。依此达成的协议，对双方主体都具有一定的约束力（特别是在自诉案件中），而在刑事公诉案件中，对作为刑事和解主持人的司法者也有一定的约束力。参见谢晖：“论刑事和解与民间规范”，载《现代法学》2011 年第 2 期；虎有泽：“人类学视阈下的民族地区纠纷解决机制探析——基于张家川回族自治县的田野调查”，载《西北民族研究》2014 年第 4 期。

制度应尽可能融入德古调解，实现苏力所言的“渐进式的制度创新”。[①] 当然，根据法律统一性原则，这必须有刑事诉讼法的相应授权和民族地区自治法的配套修改。从近期来看，要消除凉山彝族地区德古调解刑事纠纷和刑事和解制度的冲突，具有可操作性的办法包括以下三种。

其一，将德古主持刑事和解的案件范围与刑事诉讼法规定的刑事和解范围接轨，即将德古调解的刑事案件限定为因民间纠纷引发的轻微刑事案件，具体范围与新刑诉法规定一致，这在相当程度上符合当前凉山彝族地区德古调解刑事纠纷的实践。调研发现，德古不再像以前一样，受理任何类型的纠纷，主要原因是现在政府命令禁止德古调解某些重大刑事案件，如故意杀人案件、贩毒案件。德古调解的刑事案件数量已经大大减少，一般集中在轻微的小案件。尽管现实生活中德古依然会处理一些诸如过失杀人等重大案件，不过数量越来越少。[②]

其二，就德古主持刑事和解的程序而言，在调查案情、取证质证以及恢复双方关系等方面，应最大限度地尊重彝族习惯法的既定做法。在涉及新刑诉法特别规定的诸如司法机关听取当事人双方及相关人员的意见、制定或审查刑事和解协议的合法性、自愿性等方面，可视案件的具体情况予以变通。例如前文提到，凉山彝族地区时有发生的刑事纠纷在司法机关尚未获知就被解决的情况，如果事后司法机关获知，在调解程序不明显违法的情况下可直接认可德古的调解结果，而没有必要再重新履行听取意见、制作调解协议等步骤。

其三，关于德古主持刑事和解所达成的纠纷解决结果，首先，涉及民事赔偿的细节，如赔偿项目、赔付时间、赔付方式等宜遵循德古的裁决。既有研究显示，以“人命案”为例，彝族社会对刑事附带民事处罚的赔偿项目和额度主要视死者性别、婚否等具体情况而论，一般分为四类的多个项目执

---

① 苏力：《法治及其本土资源（修订版）》，中国政法大学出版社2004年版，第69页。

② 张邦铺等：《多元化纠纷解决机制研究——以彝族为例》，中国政法大学出版社2003年版，第302页。

行。[①] 这些繁复的赔偿项目只有精通彝族习惯法的德古能娴熟运用，国家司法机关不适合介入。其次，凉山地区特有的“开除家支”处罚属于彝族社会的自治性规则，并不违反国家法的强制性规定，应允许其适用。国际劳工组织大会于1989年通过、1991年正式生效的《土著和部落人民公约》（第169号公约）中第9条第1款明确规定，在国家立法和国际公认的人权允许的范围内，对有关民族采用传统方法处理其成员所犯罪行应予尊重；第9条第2款进一步要求，当局和法院在处理刑事案件时，应考虑这些民族处理此类问题的习惯。第10条第1款指出，在对这些民族的成员实施普遍法律所规定的惩罚时，应考虑他们的经济、社会和文化特点；第10条第2款规定，应优先使用除监禁以外的其他惩罚办法。我国尽管迄今还没有正式批准该公约，但作为国际劳工组织的创始成员国和常任理事国，在少数民族地区的刑事案件处理问题上借鉴该公约的原则性规定是合理的。最后，如果涉及国家刑法规定的剥夺被告人自由权的刑罚，则应当交由国家司法机关处理，保证被告人享有刑诉法规定的基本诉讼权利，保证最低限度“程序正义”的实现。[②]

① 马林英、张洁：“彝族本土刑法与国家刑法的司法实践对比分析——以凉山彝族农村人命案司法实践为例”，载《民族学刊》2012年第3期。

② 冯露：“《彝族地区‘人命案’刑事司法的最佳本土模式是什么？——读〈彝族本土刑法与国家刑法的司法实践对比分析——以凉山彝族农村人命案司法实践为例〉》一文有感兼与马林英教授等商榷”，载《民族学刊》2012年第4期。

第七章
我国西部地区农村群体性纠纷解决机制的立法展望

我国现有的纠纷处理机制虽然对农村群体性纠纷的解决有所涉及，但如前文所述，仍然存在诸如定位偏误、针对性不强、衔接不够、与外部配套机制脱节等问题，这导致许多农村群体性纠纷产生后无法有效化解，造成恶劣的后果。为此，需要建立和完善各种农村群体性纠纷解决机制，并确保其良性运作。在我们看来，从现实国情出发，借鉴国外立法经验，完善当前西部地区农村群体性纠纷解决机制的最终目标可以简要概括为：以法院为核心和支撑，以行政机关为依托和基础，实现诉讼与非诉农村群体性纠纷解决机制的有机衔接、协调运转，同时整合社会资源，强化农村群体性纠纷解决机制与外部配套机制之间的沟通，提升对农村群体性纠纷的综合治理能力。

第一节　完善西部地区农村群体性纠纷解决机制应考虑的因素

人们对一个良好的纠纷解决机制究竟要符合哪些标准虽有争议，但对其必须符合和满足一些基本要求、达到一定标准，却存在大体一致的看法。英国的弗兰克斯委员会简单明了地指出，良好的纠纷解决机制必须满足“公开、公正和公平”的品质，一些学者则认为除公平和公正外，效率和快捷同样十分重要。不过，这些标准虽然重要，但过于抽象。我们认为，西部地区农村群体性纠纷解决机制的完善应考虑以下几个因素。

一、可接近性

可接近性，是指纠纷解决机制作为公共产品应当及时、低廉，具备便于公众利用的特性。农村群体性纠纷解决机制之完善必须考虑农村群体性纠纷的特点，即权益受侵害的当事人多处于弱势地位，因此相关制度设计和运行应充分考量农村广大民众的理解程度和利用能力，不仅在时间、空间和方式上便于当事人及时运用，而且要使当事人在心理上具有安全感、信赖度。之所以如此，正如有论者指出的那样，人的主体性决定了人事制度设计与制度运行的主体性，一切制度设计要以克服人性缺陷和满足作为主体的人的需要为基本出发点，要以保障和实现作为主体的人的主体性价值为最终目的。[①]审视西方政治哲学，制度优于人性是其区别于我国的显著特点，为世人所熟知的“理想国”建立在道德基础上，但柏拉图到了晚年却开始转向崇尚法律，认为“人类必须有法律并且遵守法律，否则他们的生活将会像最野蛮的野兽那样坏。人性总是把人类拉向贪婪和自私，逃避痛苦而毫无理性地去追求快乐。不能过分相信统治者的智慧和良心，即使是一名年轻英明的统治者，权力也能把他变成暴君”。因此，“国王的权力只有有所限制，他才能长久地保持这权力，从而限制其他人”。[②] 西方国家一切以法律制度至上，但完全照搬又与我国传统文化相冲突。就我国西部农村的各类群体性纠纷而言，未必司法就是解决所有问题的不二法门。因此，法德兼备的制度设计更能照顾我国广大西部地区农民作为群体性纠纷主体对解纷机制的可接受程度。

农村群体性纠纷解决机制应具有可接近性，还体现在制度设计中立法对当事人能够便利地运用农村群体性纠纷解决机制不附设过多的限制。这包括以下三方面的含义：第一，农村群体性纠纷解决机制涵盖了该领域中所有或绝大多数纠纷。农村群体性纠纷类型多样，情况复杂，纠纷解决机制应该涵盖土地争议、干群矛盾、劳资纠纷、医疗纠纷、拆迁安置、环境侵害等各个

---

① 刘涛：《刑事诉讼主体论》，中国人民公安大学出版社2005年版，第41页。

② 转引自张桂琳：《西方政治哲学》，中国政法大学出版社1999年版，第12~13页。

领域。纠纷解决机制覆盖面广才能最大限度地对民众受损权利进行救济和保障，增强群众对制度的理解和信赖。第二，对民众利用纠纷解决机制没有太多的资格限制，以满足当事人的诉求。农村群体性纠纷当事人应该都具备启动纠纷解决机制的资格，相关程序之设计应考虑农村民众的教育背景、生活环境、宗族亲缘等因素，体现更多人性化设计。第三，当事人利用纠纷解决机制无须支出过多的资金，即当事人解纷成本控制在社会弱势群体承受能力范围之内。同时，解纷程序启动到结果体现，应当及时有效，不增加各种物质与非物质成本。

二、公正性

公正是解决纠纷的灵魂。任何纠纷处理的不公正，不仅不能顺利解决纠纷，还可能发生新的纠纷，或导致纠纷恶化。值得指出的是，这里的公正不仅指结果公正，更要求程序公正。结果公正是指农村群体性纠纷处理结果要符合实体法律的规定，通常就是处理结果符合主流民意与社会常识；程序公正是指解决纠纷的过程要公正，即解决纠纷的方式、方法、程序、步骤等具有正当性，保障当事人充分参与、发表意见，并有效影响纠纷解决之结果。程序公正是结果公正的基本保障，结果公正是程序公正的必然结果。当代社会，随着个体意识的凸显与利益分化的日趋加剧，结果公正的判断标准越来越模糊，因而在某种意义上说，程序公正显得更为重要。

农村群体性纠纷解决机制的程序公正应当包括下列要求：任何人都不能做自己案件的法官；解决纠纷的组织、机构必须保持中立，不能偏袒任何一方，或可能偏袒其中一方；平等对待各方当事人，同样的案件要同样处理；解决纠纷的机构与人员相对独立，只服从法律，不受他人的干预；保障当事人有效参与纠纷解决过程并影响最终的解决结果；对作出的决定应当说明理由；在作出决定后，当事人还必须有要求复审的权利。需要注意的是，由于农村长期以来沿袭的文化传统与风土人情，这里的程序公正还应与当地的社会风俗、族法宗规、道德舆论等保持一致，不能形成合法不合理、合理不合法的悖论，进而影响农村群体性纠纷解决结果的合理性与正当性。

三、及时性

及时是对纠纷解决效率的要求，效率的实现有赖于对纠纷处理期间的科学规范以及实践中对法定期间的严格遵守。一方面，及时性反对拖延，要求参与纠纷解决的各方积极推进，确保在必要且合理的时间内终结，不得无故拖延、耽误。同时，及时性还应包括针对群体性纠纷的苗头及时预警和应对；另一方面，及时性也反对草率，并非一味求快而不在意纠纷解决的程序与效果。

西方法谚指出“迟到的正义为非正义”。对当事人而言，本来可以及时解决的问题，却需要经年累月地四处上访、申诉，受尽磨难后才得以解决，纠纷解决的作用与欣慰无形中被削减；而对社会来说，纠纷长期得不到解决就会增加不安定因素。① 久拖不决，只会造成农村群体性纠纷当事人失去耐性，或寻求其他非正规的解决方式，进而对社会造成更为严重的不良影响。因此，保证农村群体性纠纷解决的及时性，是杜绝事件恶化、有效保证当事人权利的重要内容。当然，在我们看来，及时性与公正性不能完全等而视之。具体来说，公正是绝对的，是任何纠纷解决机制都必须遵循的基本要求，及时是相对的，需要依据纠纷解决的不同对象科学合理设定时限。

四、综合性

综合性强调立法应对纠纷解决机制内部关系、外部环境等进行统筹规划、系统考虑，进而形成化解农村群体性纠纷的合力。据统计，截至2015年，中国城镇化率达56.1%，数字上过半的人已经“城市化”，这一趋势还在继续。2016年博鳌亚洲论坛之“乡村建设与治理分论坛”上，北京辽宁企业商会名誉会长保育钧指出：“新中国成立60多年来，我们在农业、农村、农民问题上犯了不少错误……三个大问题：第一，产权问题。农民确权、土地承包权、确权、登记，让它流转，农民有经营的主体。第二，农村基础设施欠账太多。

---

① 杨伟东：“关于我国纠纷解决机制的思考”，载《行政法学研究》2006年第3期。

公路、厕所、卫生，包括医疗、互联网。第三，农民是一个沉默的群体。”① 可见，随着城镇化进程的加快，我国“三农”问题仍然是全社会关注的复杂性、系统性、历史性问题，因此对我国西部农村群体性纠纷的解决，要坚持综合性原则，兼顾各类关系，统筹各种资源，符合当地环境。

具体而言包含以下几方面内容：一是农村群体性纠纷解决机制的建立，应该兼顾诉讼和非诉两类纠纷解决方式，通过完善立法，形成两者的良性互动和有益补充，共同化解群体性纠纷。诉讼具有程序正规严谨、公正性等特点，但也存在过程繁琐、效率低下、成本过高等劣势，而这恰恰是大多数诉讼外纠纷解决机制的优势所在。因此，应扬长避短，注意发挥两者各自的长处，重视两者的衔接配合。二是还应关注农村群体性纠纷解决机制与其配套机制的结合，优化纠纷解决环境，构建有效的前置和后续机制，形成闭合的综合体系，确保纠纷解决机制功效的充分展现。唯其如此，才能在事前有效预防农村群体性纠纷，在事中及时解决农村群体性纠纷，在事后通过监督、反馈等完善制度建设，从而更有效地预防、杜绝类似纠纷再次发生，实现社会的和谐安定。三是农村群体性纠纷之解决不应局限于采取一种解决方式，应站在全局的、系统的角度，使各类纠纷解决方式之间形成默契，应综合运用法律手段、经济手段、行政手段、道德手段进行调控，避免纠纷解决方式的单一化。

第二节 完善西部地区农村群体性纠纷解决机制应遵循的原则

为了更好地化解农村群体性纠纷，应当有针对性地改革完善现行农村群体性纠纷解决机制。我们认为，效率原则、弱势群体保护原则、司法最终解决原则和以人为本原则应当成为构建农村群体性纠纷解决机制的四个基本

---

① 保育钧：“中国在农村和农民的问题上犯了不少错误”，搜狐财经 2016 年 3 月 22 日，http://business. sohu. com/20160322/n441575587. shtml。

原则。

一、效率原则

效率，本为人类社会在经济活动领域追求的基本价值目标和行为准则。但是，法律同社会经济生活密切联系，因而无法回避经济功利规则的支配，以效率作为法律分配权利和义务的标准已经融入现代立法精神，实在法以及法律行为和活动也更多地受制于效率评价，效率由此成为现代法律所追求的重要价值目标。张文显将效率定义为：从一个给定的投入量中获得最大的产出，即以最少的资源消耗取得同样多的效果，或以同样的资源消耗取得最大的效果。并将效率的概念和价值标准的适用范围分为三种情况：资源配置上的效率、收入分配上的效率、特定资源的配置和利用上的效率。[①]

在法学上，效率是指法律制定、实施的成本与其所能实现的结果之间的比例以及法律对整个社会资源配置所能达到的效果，其目的在于有效配置社会资源，以最小法律成本实现最大的法律目标。农村群体性纠纷的一方当事人为村民，属于社会弱势群体，其特点及社会资源的有限性决定了在解决这类纠纷时应当尽可能以最小的投入获得最大的收益。这就要求在设计农村群体性纠纷解决机制时，在保证程序公正与结果公正的前提下，尽量缩短纠纷的解决过程，避免案件久拖不决、影响社会稳定；在适用农村群体性纠纷解决机制时，应优先选择相对简易、便捷的方式，实现对纠纷的及时、有效化解。

二、弱势群体保护原则

社会弱势群体，是指由于自然因素或社会因素影响，其生存状态、生存质量低于所在社会普通民众，或基本权利得不到所在社会体制保障，被边缘化、容易受到伤害的社会成员的概称。[②] 联合国发展普查报告把弱势群体定

---

① 张文显主编：《法理学（第二版）》，高等教育出版社2005年版，第419～422页。

② 余少祥：《弱者的权利——社会弱势群体保护的法理研究》，社会科学文献出版社2008年版，第12页。

义为没有权力和权威的人，没有权力和权威而不能构成自己的代理人的人。社会弱势群体不是由特定自然群体或职业群体构成，它是各个自然群体、各个职业阶层中陷入经济贫困或基本权利得不到体制保障、被边缘化的个体的概称。这种现象在世界各国都普遍存在。

2011 年 11 月 28 日，我国首个以农民为对象的调查报告《中国农民状况发展报告》发布。报告执行主编、华中师范大学中国农村研究院副院长邓大才在报告中提到农民的弱势体现在三个方面："首先社会地位低，社会保障不健全；其次大部分农民收入比较低；还有生活的环境，长期以来被封闭在村庄，面对全球化、市场化、社会化，他们是弱势。"我国是农业大国，国民中超过 70% 的人为农民，他们是中国最为庞大的弱势群体。几十年来，"三农"问题是党中央、社会持续关注的话题，其目的就是改变农村、农民、农业的现有面貌，实现城乡的一体化富裕。

尽管法律平等地赋予了每个人同样的权利，但资源有限的现实却告诉我们，分配正义依赖于人们为维权所付出的成本。权利救济是需要投入资金的公共物品，因此也注定是稀缺资源。权利救济的公共成本意味着提取和再分配公共资源的政府部门实质上影响着我们权利的价值、范围和可行性；而私人成本的存在决定着弱势群体对权利救济方式的选择。[①] 法的价值之一是法律面前任何人享有毫无差别的形式平等，然而就实质公正而言，为了重要的社会利益，在法律允许情形下，对处境不同的人和事给予不同的待遇也是法律正义应有之义。农村群体性纠纷的主要参与者中处于社会弱势地位的人群占据极大比例，因此，在农村群体性纠纷解决机制的构建过程中应侧重对弱势群体的权益保障。这就要求：在救济渠道上，尽可能提供便利予以扶持，便于弱势群体参与其中并充分表达意见；在救济范围上，尽可能拓宽弱势群体权利保护的广度和深度，充分彰显"有权利便有救济"现代理念；在救济结果上，充分考虑弱势群体的不利地位，在裁量权允许的范围内尽可能给予倾斜。

---

① 邵华：《自组织权利救济——多元化纠纷解决机制的新视角》，中国法制出版社 2007 年版，第 39 ~42 页。

三、司法最终解决原则

司法最终解决原则，是指任何适用宪法和法律引起的法律纠纷原则上都可由法院作出排他性的终局裁决。一般而言，这一原则主要包括三层含义：一是一切因适用宪法和法律而引起的法律纠纷和相应的违宪违法行为都可由法院进行审查裁决；二是一切法律纠纷，法院都应当通过司法程序即诉讼程序加以解决；三是法院对于法律纠纷有最终的裁决权，其他任何机构、单位、个人都应服从法院的生效裁判。

在走向市场化、民主化和法治化的现代社会，“权利即社会资源的分配欲达到效率最优，必须通过法制形成当事者之间进行自由交涉的条件，结果的决定均以交涉过程为基础。这意味着司法程序乃至法律制度整体的构成是否妥当对于市场机制的运行及其利用具有极其重要的意义”。① 司法途径即通过诉讼解决纠纷虽然存在种种缺陷，但基于法院裁判时程序的正规性、结果的终局性和实施的强制性等优势，司法机关仍是为纠纷当事人提供公正解决纠纷的最重要场所，司法最终解决原则也成为现代法治国家一以贯之的基本理念。运用诉讼途径保护自身的合法权益是人类的共识。

司法救济的特点是：司法机关地位中立，奉行“不告不理”的原则，由利益受侵害的确定的个人或单位启动司法程序，尔后由司法机关通过司法判决确定利益归属，并以国家强制力为后盾实现利益之保护。“众多形式的司法程序就是用于解决冲突纠纷的人类文明的答案”。② 司法最终解决原则对及时消除纠纷具有十分重要的价值和意义。理论上分析，纠纷之消除有两种形式：一种是当事人通过协商、和解或经过其他解决程序后，各方权益得以合理保障，当事人心服口服地接受处理结果，从根本上消除了纷争；另一种形式是纠纷和矛盾经过一定解决程序后，权威机构所作出的处理结果即是最终的，当事人应当自觉接受，即使有不同意见，也不得再行争议。第一种形式

① 季卫东：《法治秩序的构建》，中国政法大学出版社 1999 年版，第 47 页。

② ［美］麦克斯·J. 斯基德摩、马歇尔·卡里普：《美国政府简介》，张帆、林琳译，中国经济出版社 1998 年版，第 281 页。

是十分完美的结局，既易于理解，也易于接受；第二种消除纠纷的方式则较为复杂，但却十分重要。因为既然纠纷源于人们不同的认识和不同利益对立，完美的解决毕竟可欲而难求，纠纷终究不应长久存在，因而我们只能退而求其次，由权威机构作出裁断以使纠纷得以消除。在现代法治国家中，这一权威机构就是法院。由此出发，我国农村群体性纠纷解决机制中，许多不符合司法最终解决原则的立法规定都应加以修改完善。

四、以人为本原则

以人为本原则是构筑于历史唯物主义与辩证唯物主义哲学基础之上的法律思想，其一以贯之的价值蕴含主要体现在两个方面。

一是人是法律的目的与实践者。法律因何而生？对此，恩格斯曾有深刻的论述："在社会发展某个很早的阶段，产生了这样一种需要：把每天重复着的产品生产、分配和交换的行为用一个共同规则约束起来，借以使个人服从生产和交换的共同条件。这个规则首先表现为习惯，不久便成了法律。随着法律的产生，就必然产生出以维护法律为职责的机关——公共权力，即国家。随着社会的进一步发展，法律进一步发展成为或多或少广泛的立法。"[①]因此，法律的产生、发展以人为目的，以人的需要为存在前提，没有了人的存在，法律就失去了服务和作用的对象，自然也就没有了存在的价值。

此外，人作为法律的缔造者，其社会实践活动决定着法律的产生及主要内容。中国古代有"礼法以时而定，制令各顺其宜"一说，西方学者孟德斯鸠也在《论法的精神》一书中提到，不同的人文地理、经济等环境因素对一个民族（国家）的法律内容必然产生重要影响。在经典作家看来，"法的关系正像国家的形式一样，既不能以它们本身来理解，也不能从所谓人类精神的一般发展来理解，相反它们根源于物质的生活关系。"[②]。因此，法律是主观性与客观性的统一，其产生、表述、发展、消亡既是人的主观意志的产物，

---

① ［德］马克思、恩格斯：《马克思恩格斯选集（第三卷）》，人民出版社 1995 年版，第 211 页。

② ［德］马克思、恩格斯：《马克思恩格斯选集（第三卷）》，人民出版社 1995 年版，第 32 页。

也深刻地受制于人的社会实践活动，反映了当时社会政治、经济、文化等方面的客观情况。没有了人的实践活动，就没有了法律存在的社会基础，自然也就没有了法律，由此，在终极意义上审视，人是法律的决定者。

二是人是法律的主体与评价者。经典作家曾指出："社会结构和国家总是从一定的个人生活过程中产生的。"[①] 不置可否，法律的主体是人，并且是"从事实际活动的人"。人是法律的目的与实践者，法律关系是由法律规则调整的人与人之间的权利义务关系。法律关系的主体是人，没有人这个主体，就没有享有权利或履行义务之说，也就没有任何法律关系存在的可能性。正如古语所云："皮之不存，毛将焉附?"人作为主体，法律只有服务于人的价值取向与利益需求，才有存在的意义，这正是以人为本原则的价值所在。

然而，法律从产生、发展、演进至今，并不是一直遵循"以人为本"这一规律的，期间不断出现异化。在《1884年经济学、哲学手稿》中，马克思将劳动异化、劳动产品异化、人的异化联系在一起，提出了著名的异化理论。而法律的异化是指由于某种活动，法律同人疏远了，法律不以人为本，不以人为主体、目的、动力，而是人以外的因素如神（上帝、天）、物（商品）等为本位，并与这些因素一起成为压迫人的力量。与法律演进的过程相适应，法律观经历了"神本法律观"到"物本法律观"再到"社本法律观"最后到"人本法律观"的发展过程。[②] 当前，在我国构建社会主义和谐社会与全面建设社会主义法治国家的进程中，尤为需要将以人为本作为立法完善与制度设计的基本指导原则。

具体到群体性纠纷解决机制的完善，以人为本原则要求实现从"国家本位""权力本位""义务本位"到"个人本位""权利本位"的转变。

从"国家本位"向"个人本位"的转变，意味着个人不再是国家通过法律实现其社会政策的工具；意味着司法应当成为个人解决纠纷、寻求正义，进而维护自身合法权益的神圣路径；意味着任何时候为了国家、社会利益，

---

① ［德］马克思、恩格斯：《马克思恩格斯选集（第三卷）》，人民出版社1995年版，第71页。

② 李龙：《人本法律观研究》，中国社会科学出版社2006年版，第37页。

可以不惜牺牲个人利益的泛道德哲学应当退出历史舞台。从“权力本位”“义务本位”向“权利本位”的转变，意味着法治实践中应当高扬民主、人权的旗帜，实现从国家主导向民众主导的转变；意味着社会活动中权利对权力、权力之间的有效监督和制约；意味着诉讼活动中当事人主体地位的彰显与自我归责、自我服从程序运作机制的形成以及“为达目的不择手段”的唯结果论、程序工具论的彻底解体和消亡；意味着司法活动中要以民为本，体现一种人文关怀，这种“人文关怀来自于人文精神，表达了这样一种观念，即对真实的个人的价值与尊严、人格与精神、生存与生活、现实与理想、命运与前途的真情关切”。① 当然，必须明确，我们倡导“个人本位”“权利本位”，并非不要国家、不要权力、不要义务，并非认可国家利益与个人利益要等量齐观以及权利不受权力与义务的束缚等主张，更不是说在任何条件、任何情况下个人、权利都优位于国家、权力、义务，只是强调既然人是法律的目的与决定者，人是法律的主体与评价者，那么相对于国家与权力而言，“个人”“权利”应当处于一定的优势地位。

第三节　完善西部地区农村群体性纠纷解决机制的基本思路

农村群体性纠纷是贫富差距、城乡差距逐步拉大，干群关系愈加疏远等社会冲突的集中体现，对其预防、控制和化解对维护社会秩序、促进社会和谐具有重要的作用。在我们看来，立足我国现有国情，借鉴国内外立法经验，有中国特色的农村群体性纠纷解决机制之完善至少应从以下方面着手进行。

一、改造非诉制度，强化行政的纠纷解决地位

行政机关在实践中处理农村群体性纠纷的优势明显，因此，农村群体性纠纷非诉解决机制改革的重点应落脚于不断提升非诉纠纷解决机制的规范化

① 孙万胜：“司法理性、经济与司法良知”，载《法制日报》2001年5月27日，第3版。

程度、完善行政机关解决纠纷的制度设计。

（一）通过制度设计，提升诉讼外纠纷解决机制的规范化程度

在当前特殊背景下，农村群体性纠纷的预防、控制和解决需要特别强调诉讼外机制的作用，这是因为其常常具有效率高、成本低、认同感强、反应及时等优点。但适用诉讼外机制，要避免实践中常出现的情况：一旦发生群体性事件，不管性质如何，地方政府首先考虑动用警力，寄希望于通过震慑作用平息纠纷。这种单纯动用行政强制力解决农村群体性纠纷的方式，常常不仅不能化解纠纷，在许多情况下还会走向极端，导致矛盾激化、事件升级。因此，针对农村群体性纠纷，需建立和完善“党政统一领导、部门各负其责”的处理机制，针对重大的农村群体性纠纷及事件，建立以地方党政为中心、快速反应的处理和救济机制，包括矛盾排查、信息预警、应急处置和责任追究等机制。同时，应当着眼于提升各种诉讼外纠纷解决机制的规范化程度，通过立法之完善，充分挖掘人民调解、社区调解、仲裁等方式在农村群体性纠纷预防和化解方面的功能，也可以考虑针对农村群体性纠纷的预防、控制和处理设立专门性的ADR，使之与诉讼更好地衔接和配合。

（二）通过立法修正，提升行政解决农村群体性纠纷的能力

考虑到行政机关与民众联系的紧密性及职权行使的主动性、作用范围的广泛性等特点，应当特别重视行政主体在各种非诉纠纷解决机制中的主导作用。与此同时，由于行政权之行使存在滥用和误用的可能，还应尽可能将行政机关化解农村群体性纠纷方式、方法、步骤等通过立法加以规制，确保纠纷解决的有序性与合法性。属于行政职权范畴内的非诉纠纷解决机制，如行政调解、人事争议仲裁、行政裁决、行政复议等，都应根据农村群体性纠纷的特点，有针对性地进行改革完善，最大限度地提升行政解决农村群体性纠纷的能力。

以行政裁决为例，根据叶必丰等学者对截至2012年的立法统计，16项行政裁决制度分布在“自然资源和环境、知识产权以及民间纠纷三大领域，均为中央政府的法律、行政法规和部门规章所设定。行政裁决实施性规定多集中于与土地有关的行政裁决，地方政府并未充分发挥出细化法律、行政法

规和部门规章中行政裁决条款的作用，更没有制定专门的行政裁决规定。有关行政裁决的行政规范性文件高度集中于征地补偿裁决、拆迁补偿裁决和林地权属裁决。这些行政规范性文件的内容，集中在纠纷的化解而非行政裁决制度本身。”① 因此，就行政裁决制度的立法方式而言，应考虑由全国人大及常务委员会以法律的形式明确规定，行政法规、地方性法规、部门规章、地方政府规章等只能规定行政裁决的具体操作规程；就行政裁决的适用范围来看，应通过立法将社会保障、土地分配等常见的农村群体性纠纷纳入其中。就行政裁决的适用主体和程序来说，应考虑建立专门的行政裁判机构，保证行政裁决的独立性和公正性，强化行政裁决的程序保障，充分体现其准司法性。

再以行政调解为例，行政调解是行政机关居间解决与行政职权相关的民事纠纷的重要手段之一，其专业化、组织化优势应在化解群体性纠纷中得到体现。目前，关于行政调解制度的内容散见于各类单行立法中，如《道路交通安全法》② 《著作权法》③。但与此同时，立法对行政调解的方式、方法、程序、效力等并未作出明确规定；加之行政调解仅仅作为当事人可选择的纠纷解决方式之一，并非行政机关的强制性义务而必须履行，导致实践中行政调解适用频率不高，对纠纷特别是群体性纠纷的化解效果极为有限。因此，我们认为可以考虑将《人民调解法》修改为《调解法》，采用“三调合一”的方式，即把行政调解与人民调解、诉讼调解三种调解方式统一纳入到《调解法》之中，赋予其强制效力，进一步促进行政调解功能的有效发挥。

二、变革诉讼制度，提升司法的纠纷解决能力

司法作为现代社会最为重要的纠纷解决方式，也应根据农村群体性纠纷

---

① 叶必丰、徐键、虞青松：“行政裁决：地方政府的制度推力”，载《上海交通大学学报（哲学社会科学版）》2012 年第 1 期。

② 《道路交通安全法》第 74 条规定：“对交通事故损害赔偿的争议，当事人可以请求公安机关交通管理部门调解，也可以直接向人民法院提起民事诉讼。经公安机关交通管理部门调解，当事人未达成协议或者调解书生效后不履行的，当事人可以向人民法院提起民事诉讼。”

③ 《著作权法》第 55 条规定：“著作权纠纷可以调解，也可以根据当事人达成的书面仲裁协议或者著作权合同中的仲裁条款，向仲裁机构申请仲裁。当事人没有书面仲裁协议，也没有在著作权合同中订立仲裁条款的，可以直接向人民法院起诉。”

的特点进行变革，实现对纠纷的有效化解。

（一）应将法院附设 ADR 制度

法院附设 ADR，是指在法院主导下或者在法院委托、指派人员的主导下进行的，以非诉讼方式解决纠纷的活动。它与其他 ADR 方式的根本不同就在于是否有法院的介入，而且法院介入的时间经常在案件处理过程的“首尾”两端。所谓“首端”，是指当事人应当在法院立案，由法院作为诉讼案件处理主体；所谓“尾端”，是指纠纷解决后应当由法院通过相应方式（或者直接通过法律规定）赋予解决结果以执行力。①

2004 年 9 月 16 日，最高人民法院制定了《关于人民法院民事调解工作若干问题的规定》，规定了四种法院附设 ADR 制度，即协助调解人制度、独立调解人制度、和解协调人制度和调解协议（和解协议）司法确认制度。该规定把司法力量与非司法力量有机整合，将法院附设 ADR 的发展推向了一个新的阶段，体现了诉讼经济原则，降低了司法成本。对于矛盾复杂的农村群体性纠纷之解决而言，适用法院附设 ADR 制度，具有特殊的意义和价值。例如，对“案件处理过程中，可以由法院之外的其他力量介入甚至成为主导，以期达成解决方案，进入正式的庭审并由法官作出判决”的规定，使法院将诉讼外的纠纷解决渠道，与司法的强制力和正式的诉讼程序有机结合，极大地提高了农村群体性纠纷的解决效率。在实践中，大部分法院已经开始运用其中的一些方式解决纠纷，但也有法院重视这些措施。究其原因，主要是立案庭或者民庭没有指定专人管理相关工作；缺乏调解人、协调人资格认定的明确制度，也缺少对这类群体的培训制度；法院与其外部相关的组织、团体缺少互动，目前的司法机构还处于相对“超然”的地位，对其他资源的利用十分有限等。

因此，应充分挖掘调解、裁决等方式在法院内部之运用，除建立与以上四种制度相配套的措施，改善其执行的外部环境外，还应建立并完善诉前调解、诉前辅导、诉前风险评估等制度。人民法院自身也可发挥审判队伍资源

① 蒋惠岭：“法院附设 ADR 对我国司法制度的新发展”，参见 http://www.chinacourt.org/html/article/200501/10/145861.Shtml。

充足的优势，通过改革审前程序、设立法官助理、职责分类与人员分流等多项改革措施，加强对调解、协调、和解的力量投入。将部分农村群体性纠纷化解在审判程序的两端，不但有利于缓解法院通过正式程序处理案件的压力，降低诉讼成本，节约司法资源，而且有利于促进农村群体性纠纷的及时有效化解，维护当事人的合法权益。

（二）应进行程序再造，提高司法解决农村群体性纠纷的针对性和有效性

伯尔曼曾经指出："法之所以成为法，并与其他社会制度和解决社会问题的过程相区别，在于它的形式、程序化。正是法律程序的形式使得法律成为一种特殊的和独一无二的社会关系。"① 就农村群体性纠纷的诉讼解决而言，必须重视程序的针对性与有效性。在我们看来，绝大部分农村群体性纠纷均属民事争议的范围，进行程序再造，首先就是应对《民事诉讼法》的相关规定进行完善。其中，除了改革现有民事诉讼、行政诉讼中的简易程序与普通程序，提高纠纷解决效率外，尤为重要的是借鉴国外群体诉讼、集团诉讼的立法经验，完善现有民事诉讼中的代表人诉讼制度，同时进一步细化民事公益诉讼与行政公益诉讼。

1. 借鉴域外经验，完善我国代表人诉讼制度

中国的代表人诉讼与美国的集团诉讼区别较大。一是诉讼标的不同。集团诉讼以权利人在同一法律问题或事实问题上的联系为条件，而代表人诉讼要求诉讼标的相同或属同一种类。二是代表人的产生不同。在代表人诉讼中，代表人的产生由当事人推选或由法院与多数人一方商定；而集团诉讼代表人的产生除成员选任外，还可以默示的方式认可其代表地位，某些场合下少数人会在尚无全体共同利益人明示委托的情况下，提起旨在维护全体共同利益人的集团诉讼，只要集团成员未向法院声明退出该集团，判决就对其有拘束力。三是代表人的权限不同。集团诉讼中代表人处分实体权利无须经全体利害关系人的特别授权；而代表人诉讼中，代表人处分实体权利须经被代表的当事人同意。四是当事人的确定不同。代表人诉讼，当事人一方人数众多且

---

① 转引自吕世伦：《当代西方理论法学研究》，中国人民大学出版社1997年版，第263页。

起诉时仍未确定的，法律规定了不确定人数转为人数确定的登记程序，未登记人员被视为不参加诉讼；而集团诉讼，法院公告期间未明确申请排除于集团外的皆视为参加诉讼。五是法院裁判的扩张性不同。集团诉讼的判决具有直接扩张性，判决的效力直接及于所有集团成员；而代表人诉讼的判决仅具有间接扩张性，判决的效力原则上仅及于登记的权利人，未登记的权利人可在诉讼时效期间内另行起诉。①。

由上述区别，可以看出集团诉讼对于农村群体性纠纷解决的优势，借鉴美国立法经验可以对我国代表人诉讼制度加以完善：第一，完善代表人诉讼的程序规则，目前可通过最高人民法院司法解释实现规则的统一，进而在《民事诉讼法》此后的修改中加以详细规定。第二，放宽提起代表人诉讼的诉讼要件，可考虑将诉讼标的同一或同一种类修改为"有共同的事实问题或法律问题"。在涉及公益的代表人诉讼中，若受害人仅提起不作为之诉，则应适当放宽当事人的适格条件。即使一小部分人提起不作为之诉，也应视为全体受害者构成的具有共同利益的集团起诉，并简化诉讼程序，规定不作为之诉的代表人无须取得全体当事人同意，只要所代表的权利人在法院公告期间未声明退出集团、对代表人资格未提出质疑即为适当。第三，诉讼代表人处分实体权利需征求全体当事人同意，会导致程序不经济和诉讼拖延，因而应赋予代表人实体处分权，并建立制约其滥用处分权的机制，如代表人处分实体权利须经法院审查。第四，明确规定当事人更换诉讼代表人的事由和程序。第五，对于公告期内未登记的权利人在诉讼时效期间起诉的，规定须有正当理由（如确实不知登记权利的公告或虽然知道但因客观原因不能履行登记）方得受理，以激励当事人积极行使诉权。第六，人数不确定的代表人诉讼，未参加登记的权利人在诉讼时效内提起诉讼的，法院裁定适用已作出的裁判，允许上诉。②

2. 完善民事公益诉讼制度，保障农村群体性纠纷当事人的权益

---

① 张卫平：《诉讼构架与程式——民事诉讼的法理分析》，清华大学出版社 2000 年版，第 368～369 页。

② 徐昕：《迈向社会和谐的纠纷解决》，中国检察出版社 2008 年版，第 100～101 页。

在大量新型公害性案件中，民事公益诉讼理应发挥更多的优势。第一，应当考虑赋予普通民众民事公益诉讼的资格。受到传统诉讼中“适格当事人”理论的束缚，农村群体性侵权案件中由于受害人众多，单个主体常常只能提起关乎自身利益的诉讼，无法通过公益诉讼方式使侵权人承担巨额赔偿责任。将公民这一主体纳入公益诉讼当事人的范畴，是赋予公民保护私益和公益、进而惩戒侵权责任人极为重要和基本的形式保障。第二，完善民事公益诉讼具体程序规定，减少社会管理成本。“公益诉讼实际上是不特定多数人愤懑、不满情绪在法制框架内正当的释放途径。如果正当的释放途径被封堵，法外释放方式的‘阀门’将被‘撞开’，迎合群众非理性维权冲动的民粹主义将很容易获得认同。”[①] 因此，在我国《民事诉讼法》已有民事公益诉讼基本规定的前提下，应当考虑通过修法或者司法解释的方式对民事公益诉讼相关程序进行完善细化，便于人民法院及当事人遵照执行。第三，建立民事公益诉讼激励机制。为了防止“搭便车”的现象，可以考虑对于提起公益诉讼的个人及单位给予必要的物质奖励。例如，建立合理的诉讼费用交纳机制，将因提起公益诉讼要负担的住宿费、误工费、资料费等都纳入诉讼成本范围，明确原告胜诉后由败诉方承担，败诉后则可向政府相关职能部门申请拨款；也可以建立公益诉讼基金，由相关社会团体、政府部门、企业单位共同负担，一旦个人或单位提起公益诉讼，只要为法院所受理，则产生的费用从公益基金中支出，以此鼓励农村群体性纠纷当事人通过民事公益诉讼这一法治途径解决社会冲突。此外，民事公益诉讼与私益诉讼并非相互排斥或冲突，“如果有关机关与组织提起不作为之诉败诉，这时公益诉讼对大众并没有约束力，消费者仍然可以就自己受到的损失提起赔偿。而且，我们也可以设立一些相关的制度，如设置公民投诉与监督机制”。[②]

3. 完善行政公益诉讼制度，强化农村群体性行政纠纷的诉讼解决能力

第一，明确行政公益诉讼原告资格。在探索检察机关提起公益诉讼的过

---

① 韩波：“公益诉讼制度的力量组合”，载《当代法学》2013 年第 1 期。

② 陈贤贵：“台湾团体诉讼制度比较研究——以消费者诉讼为中心”，载《西北工业大学学报（社会科学版）》2012 年第 1 期。

程中，确立检察机关作为公共利益代表的身份定位，赋予检察机关原告主体资格。以环境公益诉讼为例，应修改相关法律、司法解释，使检察机关对于环保行政机关的不作为或违法作为进行监督，一旦出现没有行政相对人或相对人人数众多的情况，检察机关即可启动行政公益诉讼。由检察机关作为提起公益诉讼的适格主体，还可以发挥检察机关在人员业务素质、技术力量、财政保障等多方面的优势，也可避免重复诉讼、“捣蛋者诉讼”等问题。此外，还可考虑赋予社会团体、公益组织行政公益诉讼原告资格。第二，合理界定行政公益诉讼的对象和范围。行政公益诉讼是为解决侵犯公益的行政行为的可诉性问题而设立的。行政公益诉讼范围并非包罗万象，借鉴国外立法经验，将其限定于环境与资源保护、国有资产保护、消费者权益保障等领域，使有限的司法资源用于最易引发群体性纠纷的事项中，确保诉讼收益的最大化。第三，明确行政公益诉讼的程序设计。在未来《行政诉讼法》修订中，应当考虑对公益诉讼的方式、方法、步骤、时限、顺序等作特别规定，确保诉讼当事人能有效行使权利，避免制度在实践中因不具操作性而无法实施。第四，明确行政公益诉讼的效力。对于检察机关等适格主体提起的行政公益诉讼，法院在受理后应及时作出裁决。裁决结果应具有普遍约束力，不仅行政机关应根据裁决结果调整自己的行为，对于普通民众而言，还可以根据裁决结果决定是否提起行政赔偿诉讼，以充分维护自身的合法权益。

4. 还应完善刑事诉讼法中的相关程序规定

在调查方式上，应强调强制执行措施的慎用；在调查取证阶段，应充分考虑证据内容的全面性与合法性；在起诉程序阶段，对于维权抗争型农村群体性纠纷中出现的过激行为，在没有造成严重后果的情况下可考虑做不起诉处理，或根据后果的轻重酌情起诉；在定罪量刑问题上，应综合考虑群体性纠纷的产生原因、被告人的主观过错程度、行为后果的严重程度、犯罪后的悔罪表现等因素，给予必要的刑事制裁。这样将有利于避免群众矛盾的激化，符合“宽严相济”刑事政策之要求。

（三）推进司法改革，确保司法权的有效行使

在关于法治的各种解读中，古希腊先哲亚里士多德在《政治学》一书中

的概括得到普遍认可，“法治应包含两重意义：已成立的法律获得普遍的服从，而大家所服从的法律又应该本身是制定得良好的法律”。[①] 这一论断深刻地指出了立法、执法、司法、守法在法治实现中的地位。

改革开放之初，中国共产党第十一届三中全会提出了法制建设的16字方针“有法可依、有法必依、执法必严、违法必究”，这一表述开启了后世中国依法治国的序幕。此后，随着法学理论研究的日臻成熟与法治建设实践的不断深入，16字方针的内涵得以逐渐丰富和深化。十八大报告在此基础上明确提出了“科学立法、严格执法、公正司法、全民守法”的新16字方针。我们认为，新16字方针对法治中国之理解符合当前国情，具有深刻的理论内涵与强大的现实生命力，历史发展已经并将继续充分证明这一点。经过三十多年的发展，我国法治建设取得了长足进步，主要表现为确立了依法治国基本方略，全民接受了依法治国理念，弘扬了社会主义法治精神，立法成绩显著，依法行政稳步展开，司法改革初见成效，法律服务日益增多，法学教育迅猛发展等。[②] 在这些成就中，最为突出的是在立法层面。2013年5月，国务院新闻办发表的《2012年中国人权事业的进展》透露：“截至2012年年底，中国已制定现行宪法和有效法律243部、行政法规721部、地方性法规9200部，涵盖社会关系各个方面的法律部门已经齐全，各个法律部门中基本的、主要的法律已经制定，相应的行政法规和地方性法规比较完备，法律体系内部总体做到科学和谐统一。”也正是因为如此，时任全国人大常委会委员长的吴邦国在第十一届全国人大四次会议第二次全体会议上庄严宣布：“以宪法为统帅，以宪法相关法、民法商法等多个法律部门的法律为主干，由法律、行政法规、地方性法规等多个层次的法律规范构成的中国特色社会主义法律体系已经形成。”由此，尽管我国现行法律体系还存在这样那样的问题，但从理性角度审视，我国社会方方面面已基本做到了“有法可依”，在法治建设中“科学立法”的目标也初步实现。

在此背景下，法治建设的重心与基点必然出现迁移——由“立法中心主

---

① ［古希腊］亚里士多德：《政治学》，吴寿彭译，商务印书馆1965年版，第199页。

② 李林：“新中国法治建设的主要成就”，载《中共中央党校学报》2009年第5期。

义”向“执法与司法中心主义”转变，司法在国家法治建设中的地位必将日益凸显。这其中的缘由不难解释：首先，从理论上分析，“徒法不足以自行”，仅有科学立法，没有严格司法，法律只是一纸空文，法治的蓝图无从谈起。其次，从实践层面审视，当前我国法治建设的突出问题在于有法不依、违法难究，作为社会关系平衡器与稳定器的司法，理应成为社会公正的最后一道防线，通过诉讼活动将“纸面上的法”转变为“行动中的法”。最后，西方国家法治建设的经验表明，法治之实现的关键不在于法网的严苛与残酷，而在于其对违法行为追究的有效性与不可避免性。这一点，意大利近代法学先驱贝卡利亚曾有过非常经典的阐述。贝卡利亚在《论犯罪与刑罚》一书中指出：“对于犯罪最强有力的约束力量不是刑罚的严酷性，而是刑罚的必定性……因为，即便是最小的恶果，一旦成了确定的，就总令人心悸。刑罚的威慑力不在于刑罚的严酷性，而在于其不可避免性。”① 尽管贝卡利亚是针对犯罪之追究而言的，但在我们看来，其蕴含的法治思想具有普适价值与现实意义。在此背景下，司法改革在《中共中央关于全面深化改革若干重大问题的决定》（以下简称《深化改革决定》）及《中共中央关于全面推进依法治国若干重大问题的决定》（以下简称《依法治国决定》）中被重点阐述就具有非常重要的意义了。

在我们看来，未来我国司法改革应着眼于内外两方面建设。从外部看，应当营造有利于司法权行使的外部环境。例如，《依法治国决定》要求“建立领导干部干预司法活动、插手具体案件处理的记录、通报和责任追究制度”，这就能够在很大程度上避免地方党政领导干预检察机关独立行使检察权，人民法院独立行使审判权。再如，《深化改革决定》提出，要推动省以下地方法院、检察院人财物统一管理，这对于消除司法的等级化、行政化、地方化倾向无疑具有重要的意义。从内部看，应当围绕制约司法权有效行使的因素进行改革。例如，《依法治国决定》提出，要加强司法队伍建设，建立一支独立、公正、专业的司法队伍，这就是针对司法权行使主体而设定的

① ［意］贝卡利亚：《论犯罪与刑罚》，黄风译，中国大百科全书出版社 1993 年版，第 45 页。

改革要求。再如，设立巡回法院、建立法院跨区域管辖制度在《依法治国决定》与《深化改革决定》中被反复提及，这是关于司法权作用范围的规定，能够有效消除司法权行使的地域限制。

从总体上讲，司法改革应当确保实现司法独立与司法公正。在两者的关系问题上，主流观点认为，独立是司法活动的基础，公正是司法活动的目标，两者密不可分，具有内在的统一性。从应然逻辑推导，中国司法改革应将司法独立和司法公正作为基本目标，这既是基于现实国情的考量，也是借鉴西方法治发达国家成功经验的必然选择。

长期以来，由于特有的国情和传统导致司法独立与司法公正在我国之推进受到很大制约。一方面，立法对司法独立之规定受到了当时社会背景的制约，存在这样或那样的不足。例如，《宪法》《法院组织法》《检察院组织法》《法官法》《检察官法》等规定的是法院、检察院的整体独立、系统独立而不是个体独立。在行政权居于主导地位的政治生态下，法官、检察官办理案件时既难以独立于司法机构的行政首长（院长、检察长、庭长等）与上级法院、检察院，又难以独立于掌控其财权与人权的地方行政机关，依法办案、独立承担责任也就难以落到实处。另一方面，就司法公正而言，长期以来立法重心都在实体公正上，对程序公正则重视不够，引发实践中程序虚无主义、程序工具主义及程序违法现象屡见不鲜，严重减损了司法的权威与公信力；而且即便是实体公正，由于司法腐败较为普遍地存在，导致在公众眼里，我国的司法机关似乎成了一个“公共病人”。① 这一点在最高人民法院、最高人民检察院每年工作报告中披露的大量司法人员违法犯罪问题上表现得特别明显。最高人民检察院 2014 年工作报告显示，2013 年，全国检察机关查处的以权谋私、贪赃枉法、失职渎职的司法人员就达 2279 人。而反观一些法治发达国家，司法腐败现象在实践中则极为罕见。例如，新加坡从独立以来至 1994 年，没有一名法官犯罪；德国自 20 世纪 60 年代以来也没有听说过法官因犯罪而被免职；美国自独立以来 200 多年间，联邦三级法院的法官被弹劾

① 林喆：“司法公正与司法腐败”，载《政治与法律》1998 年第 3 期。

的只有 10 人，其中 5 人被判无罪，4 人被判有罪，1 人提出辞职。①

不难看到，《依法治国决定》与《深化改革决定》深刻洞察司法独立与司法公正对于司法活动的重要意义，在此问题上明确阐述了未来的改革方向。比如，对于司法独立问题，《深化改革决定》强调，要“改革审判委员会制度，完善主审法官、合议庭办案责任制，让审理者裁判、由裁判者负责。明确各级法院职能定位，规范上下级法院审级监督关系”。面对实践中司法不公的病症，《深化改革决定》也开出了解决药方——“优化司法职权配置，健全司法权力分工负责、互相配合、互相制约机制，加强和规范对司法活动的法律监督和社会监督”。同时，《依法治国决定》与《深化改革决定》还对实践中司法活动透明度不够、法律文书说理性不强、刑罚执行环节乱象频发、民众参与司法渠道不畅等问题提纲挈领地提出了改革举措。因此，在我们看来，尽管《依法治国决定》与《深化改革决定》之落实还有一个逐步推进的过程，但其高扬的司法独立与司法公正之旗帜必将引领今后我国司法改革的基本方向。

三、健全配套机制，净化纠纷解决的外部环境

如前所述，农村群体性纠纷之解决是一项系统工程，除了重视纠纷解决机制自身的完善外，还应整合社会资源，强化包括利益表达机制、纠纷预警机制、现场处置机制及信息反馈机制在内的配套机制的建设。健全配套机制，提升社会应对农村群体性纠纷的综合能力。这些配套机制都在立法上有所体现并在实践中不同程度地发挥着作用。目前，当务之急是提升这些配套机制的法治化程度，通过法律、行政法规、地方性法规、部门规章等不同层面的立法，规范有关的运作主体及运作程序，实现纠纷解决机制与外部配套机制之间的良性沟通，提升对农村群体性纠纷的综合治理能力。

（一）健全农村群体性纠纷的预警机制

农村群体性纠纷的防控工作难度大，需要坚持预防为主的工作方针，而

① 肖扬主编：《当代司法体制》，中国政法大学出版社 1998 年版，第 54 页。

健全农村群体性纠纷预警机制则是其中关键的一环。这就要建立高效、灵敏的情报信息网络，扩大信息收集的范围，增强信息分析的深度和广度，提高信息传送的效率，加强对社会不稳定因素的掌握和研判，逐步形成完善的农村群体性事件预警机制。对可能发生的农村群体性事件的预警信息，特别是苗头性信息应进行全面评估和预测，做到早发现、早报告、早控制、早解决，将事件控制在萌芽阶段，控制在基层，及时采取预警行动，消除诱发农村群体性事件的各种因素。由此出发，《突发事件应对法》等立法应对预警机制的主体、范围、程序、后果等内容作出较为全面的规定，以满足预防群体性纠纷之发生的实践需要。

（二）完善政府信息公开机制

信息公开是公民知情权的合法保护，也是行政权力合法运行的重要保障。实践中，大量农村群体性纠纷的发生、发展及演变升级，与当地政府信息“不对称、不透明、不公开”有密切关系。本书第四章的实证分析也充分说明了这一点。因此，农村群体性纠纷的处置过程中更应注意信息的及时公开和传播，这是对农村群体性纠纷参与者特别是弱势群体最大的支持，也能对纠纷处理机构施加外部压力，可促使其更公正地解决纠纷。① 在我们看来，我国群体性纠纷处置过程中的信息公开机制之完善应从以下几方面着手。

1. 制定政府信息公开法，完善信息公开的二元法律体系

群体性纠纷处置中政府信息公开制度必须立足于完备的法律体系之上。基于此，首先应当考虑在总结《政府信息公开条例》立法经验的基础上制定政府信息公开法，这将能有效解决政府信息公开基本法律位阶过低的尴尬局面，减少立法的相互抵牾与矛盾，增强政府信息公开立法规定的权威性，为群体性纠纷处置中政府信息公开提供基本的法律依据。

其次，还应考虑整合现有立法规定，使之形成有机的法律体系。在立法体系架构上，我们倾向于保留现有的二元化模式，即政府信息公开法作为“普通法”，重点对包括常态状况与突发事件情形在内的政府信息公开的基本

---

① 徐昕：《迈向社会和谐的纠纷解决》，中国检察出版社 2008 年版，第 101～102 页。

原则、基本制度、基本程序作出规定；《突发事件应对法》作为“特别法”，在吸收整合《传染病防治法》《防震减灾法》《国家突发公共事件总体应急预案》相关规定的基础上专列一章规定政府信息公开的特殊问题，重点着眼于对信息公开的内容、主体、方式、方法、步骤、时限等进行规定。在具体适用上，依据“特别法优于普通法”的原则，群体性纠纷处置中的政府信息公开应首先适用《突发事件应对法》，在该法没有规定或规定不明时，则考虑适用政府信息公开法。

最后，还应修改完善《保密法》《档案法》等配套立法。无论何种情况下，政府信息公开都不是绝对的，还要受到其他立法的制约。但总体而言，现行《保密法》的有关内容早已过时，其修改的基本思路应是“保密法的原则应服从于信息公开法”，因为“信息公开法是保障公民宪法权利的基本法，信息公开是法治政府的常态，保密法只不过是服从于保障公民信息自由和知情权的一个具体的、只约束国家特定人员的内部规则”。[①] 与此相关，《档案法》的有关内容也应进行修改。此外，在政府信息公开过程中，行政主体在调查、收集、公开信息时，必然涉及公民个人的秘密和隐私信息。[②] 不保护公民的隐私，便存在政府以公开为借口肆意侵害公民隐私权的可能，因而在世界范围内个人隐私一直是政府信息不公开的事项之一。[③] 我国未来制定《隐私权法》或《民法典》时，也应对个人隐私权保护作出明确规定，合理限定政府信息公开的边界。

2. 细化信息公开的基本内容，合理框限不公开的范围

在信息公开问题上，“判断一部法律是良法还是恶法的一个方法就是，良法的逻辑起点是推定所有的信息都是公开的，然后才存在排除情况。而恶法恰恰作相反的推定，然后去界定哪些是应当公开的”。[④] 具体到群体性纠纷处置中政府信息公开的范围问题上，我们认为，应当立足于政府信息“最大

---

① 蔡定剑：“国家秘密！国家秘密？——保密法应与政府信息公开的立法通盘考虑”，载《南方周末》2009 年 8 月 6 日，第 B10 版。

② 胡东：“政府信息公开与公民隐私权的保护”，载《黑龙江社会科学》2008 年第 4 期。

③ 章剑生：“阳光下的‘阴影’——〈政府信息公开条例〉中‘不公开事项’之法理分析”，《政法论坛》2009 年第 6 期。

④ Ramsey Bamerman, The Presumption of Openness, www. Localopengovernment. com.

限度公开”或“推定公开”的基本原则，遵循“公开为原则、不公开为例外”的思路来进行制度设计。

首先，为了尽快稳定民众情绪，防止事态扩大以及获得民众对政府应对举措的理解与支持，应尽可能多地公布与事件相关的信息。具体来说，这些信息包括：一是事前的应急预案与预警信息。其中，应急预案是政府为应对和处理群体性事件预先设计的方案，包括了总体应急预案、专项应急预案、部门应急预案、地方政府应急预案、企事业单位应急预案与专项活动应急预案等；预警信息是指对各种可能发生的突发事件所进行的预先警示信息，其内容包含群体性事件的性质、类别、预警级别、起始时间、可能影响范围、警示事项、应采取的措施和发布机关等。二是事中的处理和应对信息，其内容包含事件的产生与进展情况、政府的应对举措与客观效果、公众的防范措施与服从义务以及相关法律责任等。三是事后的善后与重建信息，其内容包括善后工作的开展情况、对事件的调查与评估，以及恢复与重建的总体思路、具体举措及进展情况等。

其次，群体性纠纷处置中还应要求政府对一些特殊信息承担保密义务，不予公开。从立法的严肃性看，这些例外只能由法律加以明确限定。考虑到群体性事件的特殊性，这些例外应主要包括以下情形：公开可能泄露国家重大秘密与危及国家安全的信息；公开可能直接阻碍事件处理与应对的信息；公开可能导致个人生命权受到威胁的信息；其他可能造成严重后果不宜公开的信息。此处没有将常态状况下免于公开的涉及“商业秘密”及“个人隐私”的事项纳入其间，主要是由于在群体性事件中，基于紧急情况下价值权衡的考虑，甄别、强调商业秘密与个人隐私已显得不合时宜。除了立法直接列举禁止公开的内容外，还可考虑通过设置完备的程序对不公开情形进行限制，防止政府滥用权力，如规定应当报请上一级人民政府批准后方可对相关信息不予公开。

3. 明确公开的义务主体，强化信息公开的统一性

为了保障信息公开工作的有序推进，立法应当明确群体性纠纷处置中政府信息公开的义务主体。我们认为，立足于信息公开的统一性要求，从现实国情出发，借鉴应对 SARS 与“5·12 汶川大地震”的经验，政府信息公开

的义务主体应当与处理、应对事件的行政主体保持一致，即履行统一领导职责或者组织处置事件的县级以上人民政府及国务院所属工作部门应承担信息发布的义务。具体而言，义务主体应包括国务院、国务院工作部门以及县级以上地方人民政府。之所以没有将乡镇人民政府纳入其中，主要是考虑到其级别较低，管辖区域有限，作为信息公开主体的权威性不够；而各级地方人民政府工作部门主要局限于某方面行政事务的处理，一般无法单独应对事件的复杂情况，因而其收集、掌握信息的全面性不够，不宜作为信息公开的义务主体。当然，需要说明的是，地方各级人民政府工作部门虽不是事件中信息公开的义务主体，但根据地方政府的授权，可以直接以地方政府名义发布信息，或者派人出席地方政府召开的信息发布会并发布信息。此外，立法还应明确规定，在群体性纠纷处置中，除了法定的义务主体，其他任何机关、团体、个人都无权发布与事件相关的政府信息，以保持信息公开的统一性。

4. 健全公开的程序内容，保障公开行为的规范行使

“正是程序决定了法治与恣意的人治之间的基本区别”。[①] 健全群体性纠纷处置中政府信息公开的基本程序应当成为完善相关立法时必不可少的重要内容，主要包括：

一是规定政府信息公开的时限。鉴于群体性纠纷发生的特殊环境，立法可考虑明确规定，义务主体应当最迟在启动事件处置预案后 2 小时内发布已掌握的事件基本事实及现状等相关信息；有特殊情况需要延时公开的，应当报请上一级人民政府审核批准。

二是规定政府信息公开的方式。公开的方式决定了公开的效果，从广泛性要求出发，应当考虑将《国家突发公共事件总体应急预案》中的相关内容直接纳入立法条文，即明确规定，义务主体应当通过广播、电视、报刊、通信、信息网络、警报器、宣传车或组织人员逐户通知等方式尽可能广地公开信息，对老、幼、病、残、孕等特殊人群以及学校等特殊场所和警报盲区则应采取有针对性的方式发布信息。

---

① 原为美国联邦最高法院首席大法官的威廉·道格拉斯语，转引自季卫东：《法治秩序的建构》，中国政法大学出版社 1999 年版，第 1 页。

三是规定政府信息公开的操作步骤。健全群体性纠纷处置中政府应当依职权主动公开信息，考虑到应对事件的紧迫性，可将政府信息公开的操作步骤简化为以下三个环节：信息的收集整理——信息公开的审批——信息公开的实施。立法应对每一操作环节的内容作出具体规定，这样便于实践中义务主体依法有序开展信息公开工作。

国家之治理可分为常态治理和应急治理两种模式。在这两种不同的治理模式中，行政权的裁量空间、运作程序、行使方式等都有着重要差异。当农村群体性纠纷发生时，由于其可能或已经造成严重的社会危害，需要采取应急处置措施予以应对，因此行政紧急权力在农村群体性纠纷应对中的重要性毋庸置疑，通过立法对行政紧急权力进行规制具有正当性和必要性。我们认为，行政紧急权力是行政主体在紧急状态下依照宪法和相关法律法规，为应对突发事件，维护社会秩序，保障公民权利而采取的应急性、强制性权力的总称，是与常态下行政权力相异的国家权力。①

我国有关行政紧急权力的立法发端于20世纪90年代，《戒严法》在形式上确立了行政紧急权力的法律地位。此后，颁布了《防震减灾法》《传染病防治法》等单行法，国家亦出台了《突发公共卫生事件应急条例》等大量的行政条例和突发事件应急预案，均体现了“一事一办”的特征。2004年修宪时，立法机关将宪法中第67条、第80条和第89条规定的“戒严”改为“紧急状态”，但是没有涉及“行政紧急权力”这一概念。随后，在总结单行立法规定及应对“非典”经验的基础上，我国于2007年颁行了《突发事件应对法》，其目的是通过该法构建起统一领导、综合协调、分类管理、分级负责、属地管理为主的应急管理体制。虽然作为应对突发事件的专门法，该法对行政紧急权力的适用条件、范围、程序等问题有所涉及，但内容仍显单薄，且操作性不强。

我们认为，我国行政紧急权力之立法规制涉及方方面面的问题，具有长期性与系统性，但立法模式居于引领地位，发挥着提纲挈领的作用。统一立

---

① 吴卫军、谈讯：“论法治视野中行政紧急权力的规制模式”，载《中国党政干部论坛》2013年第2期。

法与分散立法相结合之模式是符合中国国情的必然选择。由此出发，需要对我国行政紧急权力立法规制进行如下规定。

首先，确立宪法保留体例。由于宪法规范的缺位，导致行政紧急权力的确立与规制缺乏最高位阶立法之支撑，存在正当性不足的问题。在此后的改革中，应当考虑确立宪法保留体例，在宪法层面对行政紧急权力的存在与运用做宏观层面的界定。行政紧急权力的行使必然会牵涉人权克减问题，但是人权克减至何种程度，应该有一定的底线，“即便是紧急状态下的人权克减也应该符合宪法原则和宪法规定”。[①] 确定最基本人权不可克减原则，这正是宪法理应所为之事。因此，在宪法中明确行政紧急权力就有了如下两个明显的优势：其一，使行政紧急权力之存在具有宪法依据；其二，对紧急状态中人权克减的内容进行宪法保留，避免滥用行政紧急权力危及基本人权的情况。

其次，重塑一事一议模式。有学者认为，“以单行的法律、法规形式规定某种危机事件及其应对措施当然有其明显优势：一是制定相对简单，出台及时，可以暂时避开某些困难问题或研究不成熟的问题；二是针对性强，能及时应对某类紧急危机；三是突出了不同危机事件及其应对措施的特点，使每类危机事件及其应对措施规定得比较细致”。[②] 但是，一事一议模式的局限性非常明显：其一，某些行政紧急权力在各种紧急状态中是普遍适用的，一事一议造成了立法资源的浪费；其二，忽视了行政机关的协调性，不利于行政紧急权力的及时行使；其三，可能出现同一行政紧急权力却有不同实体内容和程序手段的情况。当前，我国对行政紧急权力的规制，正呈现出这样的乱象。因此，要清理大量一事一议的立法规定，使各种不同的单行立法融入到自然灾害类法、事故灾难类法、公共卫生事件类法、社会安全事件类法、战争与动员类法等几部综合性法律中，减少一事一议模式的立法弊端。

---

① 陈聪：“紧急状态下人权克减的法律规制”，载《北方法学》2009 年第 6 期。

② 戚建刚：“我国危机处置法的立法模式探讨”，载《法律科学（西北政法学院学报）》，2006 年第 1 期。

最后，制定统一的《紧急状态法》，弱化现有立法中的集权特征。我国当前没有统一的《紧急状态法》，这既制约了行政紧急权力的作用范围，也使立法规制行政紧急权力的效果大打折扣。因此，一种可行的建议是将《戒严法》《突发事件应对法》进行整合，重新制定出一部具有中国特色的《紧急状态法》。这部紧急状态法应摈弃一事一议的做法，体现一阶段一法的特征，即对紧急状态中各个阶段（如预警阶段、发生阶段、应对阶段、善后阶段）中各种行政紧急权力（军事管制、宣布紧急状态、宵禁、行政强制、行政征收、行政征用、行政指导、行政公开、限制公民人身自由等）的实体内容与程序机制作出明确规定，体现立法的针对性与操作性。同时，在《紧急状态法》中，在保留中央政府最终权威的基础上，通过一定的授权程序，充分调动地方政府行使紧急权力应对紧急状态的积极性，实现集权型模式与自治型模式的有机整合。

附录一：
调查问卷与访谈提纲

“我国西部地区农村群体性纠纷及其解决状况”调查问卷（一）

您好！我是国家哲学社会科学基金项目“西部地区农村群体性纠纷及其解决机制研究——基于实证视角的描述与分析”的调查员。我正在从事一项有关我国西部地区农村群体性纠纷及其解决机制状况的调查研究。本次调查通过无记名方式进行，答案没有对错之分，您只需在题目“______”处填上答案即可。若您不明白问卷中的相关内容，可向调查员咨询。调查获取的信息经加工整理后由课题组在研究时使用，不会泄露您的任何个人隐私与观点、看法。除特别说明外，问卷题目都是单项选择，请您看清题目后仔细作答。

谢谢您的配合！

您的个人基本信息

一、您的年龄：________

A. 18 周岁以下；B. 19 ~ 45 周岁；C. 46 ~ 60 周岁；D. 61 周岁及以上

二、您的性别：________

A. 男；B. 女

三、您的政治面貌：________

A. 中共党员；B. 团员；C. 群众；D. 民主党派

四、您的文化程度：________

A. 小学及以下；B. 初中；C. 高中、中专；D. 大学专科、本科；E. 研究生

五、您的家庭年收入：________

A. 5000 元以下；B. 5001～10000 元；C. 10001～20000 元；D. 20001～50000 元；E. 50001 元以上

问卷调查内容：

一、据您了解，近五年（2008～2012 年）您所在的行政村发生的群体性纠纷（事件）的数量大概有________。

A. 0 件；B. 1～5 件；C. 6～10 件；D. 10 件以上

二、据您了解，近五年（2008～2012 年）您所在的行政村以外周边乡村发生的群体性纠纷（事件）的数量大概有________。

A. 0 件；B. 1～5 件；C. 6～10 件；D. 10 件以上

三、据您了解，近五年（2008～2012 年）您所在的行政村及周边乡村群体性纠纷（事件）发生的总体趋势是怎样的？________

A. 越来越少；B. 越来越多；C. 维持不变；D. 不清楚

四、据您了解，近五年（2008～2012 年）您所在的行政村及周边乡村发生的群体性纠纷（事件）中排在前三位的类型是________、________、________？

A. 征地拆迁类；B. 环境侵权类；C. 土地、矿产资源类；D. 集资金融类；E. 民族宗教类；F. 其他类型

五、您在近五年（2008～2012 年）参加过的群体性纠纷的次数是________？

A. 0 次；B. 1 次；C. 2 次；D. 3～4 次；E. 5 次及以上

六、据您了解，近五年（2008～2012 年）您所在的行政村及周边乡村发生的群体性纠纷（事件）主要发生在以下哪两方之间？________

A. 村民与基层政府、政府部门之间；B. 村民与企事业单位之间；C. 村民与村民之间

七、据您了解，近五年（2008～2012 年）您所在的行政村及周边乡村发生的群体性纠纷（事件）中一方参与人人数众多时，具体人数大概是多少？________

A. 不足10人；B. 10～50人；C. 51～100人；D. 101人以上

八、您知道群体性纠纷（事件）发生后，各方可通过在法院诉讼的方式解决吗？________

A. 知道；B. 不知道

九、您了解的解决群体性纠纷（事件）的诉讼外的方式有哪些？（多选题）________

A. 到政府部门信访；B. 进行集会、游行、示威等；C. 调解或和解；D. 行政裁决或行政复议；E. 仲裁（包括劳动仲裁、民商事仲裁、农村土地承包经营仲裁等）

十、据您了解，当地群体性纠纷（事件）发生后，主要通过哪一种方式进行解决？________

A. 到法院诉讼；B. 诉讼外的方式；C. 诉讼和诉讼外的方式相结合；D. 不知道

十一、据您了解，地方党委政府及其所属部门在当地群体性纠纷（事件）解决中的作用怎么样？________

A. 极大；B. 大；C. 较大；D. 小；E. 没有；F. 不清楚

十二、据您了解，地方法院在当地群体性纠纷（事件）解决中的作用怎么样？________

A. 极大；B. 大；C. 较大；D. 小；E. 没有；F. 不清楚

十三、您所知道的群体性纠纷（事件）从产生到基本解决或平息，一般大概持续的时间为多长？________

A. 一个月以内；B. 半年以内；C. 一年以内；D. 一年以上；E. 不清楚

十四、您了解的群体性纠纷（事件）的最终结果如何？________

A. 全部得到妥善解决；B. 大部分得到妥善解决；C. 一部分得到妥善解决；D. 大都未得到妥善解决；E. 全部未得到妥善解决；F. 不清楚

十五、您对曾经参与的群体性纠纷（事件）的结果总体上评价如何？________

A. 很满意；B. 满意；C. 一般满意；D. 不满意；E. 很不满意；F. 不清楚

“我国西部地区农村群体性纠纷及其解决状况”调查问卷（二）

您好！我是国家哲学社会科学基金项目“西部地区农村群体性纠纷及其解决机制研究——基于实证视角的描述与分析”的调查员。我正在从事一项有关我国西部地区农村群体性纠纷及其解决机制状况的调查研究。本次调查通过无记名方式进行，答案没有对错之分，您只需在题目“________”处填上答案即可。若您不明白问卷中的相关内容，可向调查员咨询。调查获取的信息经加工整理后由课题组在研究时使用，不会泄露您的任何个人隐私与观点、看法。除特别说明外，问卷题目都是单项选择，请您看清题目后仔细作答。

谢谢您的配合！

您的个人基本信息

一、您的年龄：________

A. 18 周岁以下；B. 19 ~ 45 周岁；C. 46 ~ 60 周岁；D. 61 周岁及以上

二、您的性别：________

A. 男；B. 女

三、您的政治面貌：________

A. 中共党员；B. 团员；C. 群众；D. 民主党派

四、您的文化程度：________

A. 小学及以下；B. 初中；C. 高中、中专；D. 大学专科、本科；E. 研究生

五、您所在的单位类型：________

A. 乡镇政府；B. 县级政府；C. 县级政府所属部门；D. 立法机关；E. 法院、检察院

六、您的行政级别

A. 科员；B. 副科级；C. 正科级；D. 副处级；E. 处级及以上

问卷调查内容：

一、据您了解，近五年（2008～2012年），您所在的县级行政区划范围内，发生在农村的群体性纠纷（事件）的数量大概有________？

A. 0件；B. 1～5件；C. 6～10件；D. 11～20件；E. 20件以上

二、据您了解，近五年（2008～2012年），您所在的县发生的群体性纠纷（事件）中排在前三位的类型是________、________、________？

A. 征地拆迁类；B. 环境侵权类；C. 土地、矿产资源类；D. 集资金融类；E. 民族宗教类；F. 其他类型

三、据您了解，近五年（2008～2012年），您所在的行政村及周边乡村群体性纠纷（事件）发生的总体趋势是怎样的？________

A. 越来越少；B. 越来越多；C. 维持不变；D. 不清楚

四、据您了解，近五年（2008～2012年），您所在的县发生的群体性纠纷（事件）主要发生在以下哪两方之间？________

A. 村民与基层政府、政府部门之间；B. 村民与企事业单位之间；C. 村民与村民之间

五、据您了解，近五年（2008～2012年），您所在的县发生的群体性纠纷（事件）中一方参与人数众多时，具体人数大概是多少？________

A. 不足10人；B. 10～50人；C. 51～100人；D. 101人以上

六、您知道群体性纠纷（事件）发生后，各方可通过在法院诉讼的方式解决吗？________

A. 知道；B. 不知道

七、您了解的解决群体性纠纷（事件）的诉讼外的方式有哪些？（多选题）________

A. 到政府部门信访；B. 进行集会、游行、示威等；C. 调解或和解；D. 行政裁决或行政复议；E. 仲裁（包括劳动仲裁、民商事仲裁、农村土地承包经营仲裁等）

八、据您了解，当地群体性纠纷（事件）发生后，主要通过哪一方式进行解决？________

A. 到法院诉讼；B. 诉讼外的方式；C. 诉讼和诉讼外的方式相结合；

D. 不知道

九、据您了解，地方党委政府及其所属部门在当地群体性纠纷（事件）解决中的作用怎么样？________

A. 极大；B. 大；C. 较大；D. 小；E. 没有；F. 不清楚

十、据您了解，地方法院在当地群体性纠纷（事件）解决中的作用怎么样？________

A. 极大；B. 大；C. 较大；D. 小；E. 没有；F. 不清楚

十一、您所知道的群体性纠纷（事件）从产生到基本解决或平息，一般大概持续的时间为多长？________

A. 一个月以内；B. 半年以内；C. 一年以内；D. 一年以上；E. 不清楚

十二、您认为发生在当地的群体性纠纷（事件）的解决难度如何？________

A. 难度极大；B. 难度大；C. 难度一般；D. 难度小；E. 没有难度；F. 不清楚

十三、您所了解的群体性纠纷（事件）解决过程中，地方党委政府最有效的策略主要有哪三种？（多选题）________

A. 听取各方代表陈述意见；B. 拟订方案要求各方接受；C. 组成工作组联村包户；D. 直接对涉及企业或项目进行停产停工；E. 及时发布信息；F. 出动警力进行处置；G. 要求法院受理或不受理相关案件；H. 要求纪检监察、司法机关介入调查

十四、您认为地方党委政府在解决群体性纠纷（事件）中最有待改进的方面是以下哪一项？________

A. 缺乏有效应急机制及预案；B. 信息及时、全面公开不够；C. 不当动用警力；E. 不当干预司法；F. 不适当的妥协让步；G. 不合理的责任追究与问责；H. 其他工作

十五、您了解的群体性纠纷（事件）的最终结果如何？________

A. 全部得到妥善解决；B. 大部分得到妥善解决；C. 一部分得到妥善解决；D. 大都未得到妥善解决；E. 全部未得到妥善解决；F. 不清楚

十六、您对曾经参与的群体性纠纷（事件）的结果总体上评价如何？________

A. 很满意；B. 满意；C. 一般满意；D. 不满意；E. 很不满意；F. 不清楚

“我国西部地区农村群体性纠纷及其解决状况”访谈提纲

一、您是如何看待和认识群体性纠纷（事件）的？

二、地方党委、政府对群体性纠纷（事件）的预防、处置有无专门的文件规定？若有，请提供。

三、如何预防农村群体性纠纷（事件）的发生？

四、近些年来，当地引发农村群体性纠纷（事件）的主要原因是什么？主要表现形式有哪些？

五、农村群体性纠纷（事件）发生后，地方党委、政府一般是如何处理和解决的？

六、农村群体性纠纷（事件）比城市群体性纠纷（事件）是否更易处置？

七、地方党委、政府以外的各种主体（如村委会、村党支部、村民小组长、族长等）在解决农村群体性纠纷（事件）中的作用如何？

八、法院在解决农村群体性纠纷（事件）中的作用如何？

九、农村群体性纠纷（事件）的延续时间有多长，后果是否严重？

十、农村群体性纠纷（事件）一般是否都能得到比较妥善的解决？

十一、请详细描述您了解的一起农村群体性纠纷（事件）的发生及解决情况。

十二、您认为地方党委、政府在解决农村群体性纠纷（事件）中的经验和教训各有哪些？

十三、法院内部关于受理和审判农村群体性纠纷（事件）有无专门的文件？若有，请提供。

十四、法官审理农村群体性纠纷（事件）时有无特别的请示汇报程序，主要受到哪些内部或外部的干预、影响？

十五、法官一般怎样审理农村群体性纠纷（事件）？与审理城市群体性纠纷（事件）相比有无区别？

附录二：

四川部分地区群体性纠纷及其解决情况调研报告*

一、绪论

党的十六大报告将社会更加和谐作为全面建设小康社会的目标之一，首次把和谐社会的概念写进党的纲领性文件。这是党中央从全面建设小康社会、开创中国特色社会主义事业新局面出发提出的一项重大任务，适应了我国改革发展进入关键时期的客观要求，体现了广大人民群众的根本利益和共同愿望，标志着我们党对建设中国特色社会主义的认识达到了一个新的高度。这对于全面推进中国特色社会主义建设具有重大而深远的意义。

和谐社会的构建离不开纠纷的有效化解，只有建立了多元化纠纷解决机制并在此基础上形成了完善的纠纷解决体系，才能从根本上保障和谐社会的实现。纠纷有效解决的程度以及纠纷解决体系的完备与否成为衡量和谐社会的重要标尺和评判准则。近年来，随着我国经济的不断发展和社会的不断进步，社会利益重新分配引发的矛盾不断加剧，转型时期特有的国情导致各种群体性矛盾、群体性纠纷日益增多。四川作为西部大省，近年来也面临着群体性事件不断增多的态势。基于以上情况，理性审视、妥当评估转型期群体性纠纷及其解决机制就成为当下国内学术界不容回避的重要课题。课题组认为，立足于四川省情，在实证调研基础上，从法学与社会学的视角出发，详细描述转型期省内部分地区群体性纠纷的数量、表象、特征、发展态势，系

---

* 本文系四川省哲学社会科学研究规划项目（编号 SC07B054）、四川省哲学社会科学重点研究基地、四川省犯罪防控研究中心资助项目（FZFK07－10）的部分研究成果。因与本书内容直接相关，特收录于此。

统分析各种纠纷解决机制在其间的运作机理与现实功效，进而有针对性地提出改革构想显得尤为必要，这能在一定程度上丰富省内法学理论的研究成果，进而为立法完善提供操作建议，具有较为重要的理论意义与实践价值。

为了深入了解四川省内部分地区群体性纠纷及其解决的真实状况，课题组分别于2007年11~12月、2009年2~3月组织调研组，围绕课题的中心内容，通过文献查阅、个别访谈、问卷调查等方式对四川省一些政府部门及省内两个县（区）的有关单位及个人进行了实地调研，同时还较为完整地收集了两个群体性纠纷的个案材料，现将有关调研情况分析整理如下。

二、四川部分地区群体性纠纷及其解决情况的数据分析

如前已述，群体性纠纷与群体性事件的统计数据在四川省党政系统属于不对外公开的事项，对这些数据的获取非常困难，获取后的使用更要受一系列法律法规及内部文件的制约，这就大大限制了课题组的实证调研工作，对本报告的最终撰写也产生了较为不利的影响。即便如此，通过对直接或间接获取的调研资料进行分类整理，也能够大体描绘出全省及省内部分群体性纠纷存在的真实情况。

（一）全省群体性纠纷的概况

如前已述，本报告将群体性纠纷与群体性事件作为同义语使用。由于全省群体性事件的统计数据属于高度保密的事项，课题组在调研过程中无法获得第一手资料，只能通过对公开及半公开出版物上有关论文的信息经过加工整理，[①] 以获得撰写本报告所需要的数据。

经过整理，四川省近些年来群体性事件的情况见下表。

---

① 这些论文主要包括：中共四川省委组织部课题组："正确分析和处理群体性突发事件"，载《马克思主义与现实》2001年第2期；四川省公安厅："关于当前四川省征地拆迁引发群体性事件的调研报告"，载《公安研究》2004年第1期；中共四川省委维稳办课题组："人民内部矛盾发展态势及成因简析"，载《四川政法》2009年2月。

表 1：四川省近年来的群体性事件统计①

	2001 年 1 ~ 9 月（全年估计数）	2002 年 1 ~ 9 月（全年估计数）	2003 年 1 ~ 9 月（全年估计数）	2008 年 1 ~ 11 月（全年估计数）
群体性事件数量	1100 起（1467 起）	913 起（1217 起）	1110 起（1480 起）	730 起（796 起）
因征地拆迁引发的群体性事件（占同期群体性事件的比例）	132 起（12%）	137 起（15%）	181 起（16.3%）	—

除此之外，公开资料中还有关于四川省群体性事件的一些零星统计数据，比如四川省 1999 年发生 50 人以上的群体性事件 675 起，比上年增加 141.9%，参与人数增加 156.6%。其中，阻断铁路交通的群体性事件 7 起，比上年增加 4 起；阻断公路交通的 278 起，占 41.2%；围堵、冲击党政机关的 121 起，占 17.9%；打砸抢烧及暴力抗拒执法的 37 起，占 5.5%。2000 年上半年发生群体性事件 379 起，比上年同期增加 16.3%。其中，参与人数达到 50 ~ 100 人的 207 起，101 ~ 500 人的 164 起，501 人以上的 8 起；参与人数共 52207 人；事件共导致 4 人死亡、96 人受伤，直接经济损失 153.61 万元。②

（二）省内部分地区群体性纠纷及其解决情况

出于众所周知的原因，本文将实地调研的两个县级区域分别称之为 A 区、B 县，两个区域的群体性事件及其解决情况如下。

1. A 区群体性事件及其解决情况

A 区位于四川省省会城市，辖区面积 110.6 平方公里。截至 2008 年年末，该区下辖 14 个街道办事处，总人口 61.92 万人，全部为非农业人口，当

① 表中大部分数据直接来自于《正确分析和处理群体性突发事件》《关于当前四川省征地拆迁引发群体性事件的调研报告》《人民内部矛盾发展态势及成因简析》等三篇论文，但全年数来自于课题组的估计。具体估计办法是：大体算出当年每月的数据，然后乘以 12 个月得出总数。

② 中共四川省委组织部课题组：“正确分析和处理群体性突发事件”，载《马克思主义与现实》2001 年第 2 期。

年全区 GDP 达到 292.6 亿元。该区近几年的群体性事件见下表：

表 2：A 区近三年的群体性事件统计

	当年群体性事件	同比增长比例
2006 年	105 起	—
2007 年	101 起	-3.81%
2008 年	99 起	-1.98%

这些群体性事件的解决情况及解决结果没有出现在相关政府部门的统计数据中。为了进一步了解这些群体性事件与诉讼的关系，课题组在该区人民法院进行调研，了解了该法院近几年来民事审判庭受理与审判群体性纠纷的情况。

表 3：A 区法院近三年群体性纠纷的受理情况

	当年受理群体性纠纷	同比增长比例
2006 年	16 起	—
2007 年	21 起	31.25%
2008 年	24 起	14.28%

2. B 县群体性事件及其解决情况

B 县位于四川盆地南部，辖区面积 1532 平方公里。截至 2008 年年末，该县下辖 19 个乡镇，总人口 106.97 万人，其中农业人口 97.5 万人，约占总人口的 91.15%，当年全县 GDP 接近 100 亿元。该县近几年的群体性事件见下表：

表 4：B 县近三年的群体性事件统计

	当年群体性事件	同比增长比例
2006 年	11 起	—
2007 年	9 起	-18.81%
2008 年	10 起	-11.11%

这些群体性事件的解决情况及解决结果同样也没有出现在相关政府部门的统计数据中。为了进一步了解这些群体性事件与诉讼的关系，课题组在该县人民法院进行调研，了解了该法院近几年民事审判庭受理与审判群体性纠纷的情况，见下表：

表 5：B 县法院近三年群体性纠纷的受理情况

	当年受理群体性纠纷	同比增长比例
2006 年	2 起	—
2007 年	4 起	100%
2008 年	5 起	25%

（三）初步的结论

通过对以上数据的整理分析，结合实证调研过程中获取的其他信息，课题组认为，在研判四川全省及省内部分地区群体性纠纷及其解决状况的问题上，至少有以下几个方面的情况值得关注。

1. 省内部分地区群体性纠纷近三年没有呈现明显增长态势

在进行实证调研前，就我们查阅的研究成果看，绝大多数论者都将“数量日益上升”视为近年来国内群体性事件的主要特征之一。[①] 也正是基于这样一种认识，本报告在第一部分也将“数量激增、规模扩大”作为群体性纠纷的主要特征进行介绍，但调研获取的数据显示，无论是在全省范围内（2001～2003 年、2007～2008 年），还是在部分地区（2006～2008 年），群体性纠纷的数量并未呈现明显增长的态势；相反，就 A 区和 B 县而言，这三年还在逐步减少，其中 A 区下滑幅度不大，只有 3.81% 和 2.98%；B 县由于基数少，在绝对数没有大幅下降的情况下，下降比例却相对较高，分别达到了 18.81% 和 11.11%。四川全省 2008 年 1～11 月的统计数更是“同比大幅下降”。[②] 进一步剖析其缘由，可能主要是由于以下两方面因素的影响。

首先，在客观方面，社会中导致群体性纠纷激增的诱因正逐步减少。20 世纪 90 年代至 21 世纪初的 10 年时间里，国内各方面改革处于攻坚克难的关键时期。在市场经济逐步建立、民主政治日益深入的背景下，社会转型加剧，因而不可避免导致利益分配格局严重失衡，各种矛盾错综复杂，社会不公和权力腐

① 相关成果可参见徐昕：《迈向社会和谐的纠纷解决》，法律出版社 2007 年版，第 166 页；陈晋胜：《群体性事件研究报告》，群众出版社 2004 年版，第 38 页。

② 中共四川省委维稳办课题组：“人民内部矛盾发展态势及成因简析”，载《四川政法》2009 年 2 月。

败日益突出，各种政治和社会问题频繁发生，由此引发的争议必然增多，到90年代后期达到顶峰，这可以从法院近些年来民事案件受理量的变化得到验证。

表6：1994～2006年全国法院受理的一审案件①

年份	刑事案件（单位：件）		民事案件（单位：件）		行政案件（单位：件）		收案总数
	收案	占总数%	收案	占总数%	收案	占总数%	
1994	482 927	12.21	3 437 465	86.90	35 083	0.89	3 955 475
1995	495 741	10.91	3 997 339	87.93	52 596	1.16	4 545 676
1996	618 826	11.65	4 613 788	86.85	79 966	1.50	5 312 580
1997	436 894	8.26	4 760 928	90.03	90 557	1.71	5 288 379
1998	482 164	8.91	4 830 284	89.27	98 350	1.82	5 410 798
1999	540 008	9.49	5 054 857	88.80	97 569	1.71	5 692 434
2000	560 432	10.46	4 710 102	87.94	85 760	1.60	5 356 294
2001	628 996	11.77	4 615 017	86.34	100 921	1.89	5 344 934
2002	631 348	12.30	4 420 173	86.13	80 728	1.57	5 132 199
2003	632 605	12.33	4 410 236	85.96	87 919	1.71	5 130 760
2004	644 248	12.78	4 303 744	85.39	92 192	1.83	5 040 184
2005	683 997	13.31	4 360 184	84.83	95 707	1.86	5 139 888
2006	701 379	13.54	4 382 407	84.61	95 617	1.85	5 179 403

在这样一种背景下，与之相关的群体性纠纷必然激增。② 无论是20世纪

① 数据来源：《中国法律年鉴》（1995～2006），中国法律年鉴出版社；“2004～2006年最高人民法院工作报告”，http://justice.fyfz.cn/blog/justice/index.aspx?blogid=203734。1994～2000年民事案件数为当年统计的民事案件与经济案件之和。

② 一项研究表明，造成“群体性突发事件”的深层原因包括：一是基层组织软弱涣散，官僚主义作风和腐败现象严重；二是经济发展程度不够，体制转型与利益格局调整引发一系列矛盾；三是改革措施不到位，政策未落实；四是一些地方政策出台不周，执行不力，且缺乏有效的思想政治工作；五是行政管理体制改革落后，缺乏社会自我调节机制；六是一些领导干部缺乏应有的政治敏锐性和责任意识；七是一些群众观念滞后，法制意识淡薄；八是个别事件有境内外敌对势力插手、煽动、操纵，加剧矛盾的复杂化。参见王健：“社会转型时期‘群体性突发事件’问题研究”，http://www.jlpopss.gov.cn/templateviapic.asp?newsid=551；http://www.jlpopss.gov.cn/templateviapic.asp?newsid=552。

末因国有企业改制引发的国企职工“集体闹事”，还是21世纪初因城市化加快引发的“圈地争议”，都充分说明了这一点。近三年来，尽管社会转型仍在持续之中，各种新的利益冲突和社会矛盾在不断涌现，但相对于前十年“暴风骤雨”般的“跃进”，改革的步伐渐趋稳健，由此引发的群体性纠纷不会像过去一样呈现激增的态势。

其次，在主观方面，各级政府的高度重视导致群体性纠纷发生的概率降低。党的十六大以来，构建和谐社会成为执政党执政的重要愿景，而和谐社会六个特征①中的公平正义即强调社会各方面的利益关系得到妥善协调，人民内部矛盾和其他社会矛盾得到正确处理，公平和正义得到切实维护和实现。在这样的社会背景下，如前已述，各级政府空前重视对社会矛盾的化解，预防和处理社会矛盾特别是剧烈社会矛盾——群体性纠纷——的水平也成为衡量和考核各级政府、各级官员的重要指标。例如，早在2004年中共中央办公厅就制定并下发了《关于积极预防和妥善处置群体性事件的工作意见》，要求各地高度重视并妥善应对各种群体性事件。2007年1月25日，四川省专门下发了《关于进一步落实从严追究领导干部在维护社会稳定工作中失职渎职责任的规定》。根据该规定，凡管辖范围内发生群体性事件、在全国造成恶劣影响和严重后果的，当地党委、政府和领导机关负有主要责任的领导应引咎辞职，对主要负责人及时给予组织处理。该规定还指出，对因领导责任不落实、工作责任不落实而引发群体性事件的，从严追究领导机关和领导干部的责任；对管辖范围内长期存在的不稳定因素不重视、不处理，对群众多次反映的合理要求拖延、推诿、不主动去做工作，从而引发群体性事件的，免去直接责任人的职务；对主要领导及时停职反省，接受组织调查处理；凡管辖范围内发生重特大事件，经查属领导工作中存在知情不报、敷衍塞责、弄虚作假、处置不当，延误时机的，对直接责任人依纪依法处理，对党政主要领导追究领导责任。实践中，四川省对大竹“1·17事件”等群体性纠纷责任人的处理和公示已充分说明了上级政府在该问题上的态度。在实地调研

① 六个特征包括：民主法治、公平正义、诚信友爱、充满活力、安定有序、人与自然和谐相处。

中，接受我们访谈的政府官员，特别是有关部门的一把手，都无一例外地反复强调了“维稳”工作的重要性，在某些特定时期或特殊区域甚至成为压倒一切的头等大事。[①] 由此，无论是从“促民生”的角度出发，还是出于“出政绩”“保乌纱”的功利动机，各级政府及官员往往特别重视对重大不稳定因素的预防和处理，这样必将减少各类群体性纠纷发生的概率。

2. 群体性纠纷的分布在四川省内具有极不均衡性

前述调研资料显示，A 区位于省会城市，61.92 万人全部为非农业人口，为典型的基本完成城市化、经济相对比较发达的地区，而 B 县位于四川中南部，106.97 万人中农业人口约占 91.15%，属于典型的农业县。在总人口只有 B 县的 60%，辖区面积还不及 B 县的 10% 的情况下，A 区近三年发生的群体性纠纷是 B 县的 10 倍。期间蕴含的判断是，近些年来，群体性纠纷主要发生在城市化进程比较快的区域，或者说，群体性纠纷在城市发生的概率要比在农村大得多，群体性纠纷在四川省内的分布具有非均衡性。

进一步分析，存在这种情况的原因可能主要在于社会转型期的城市与农村相比更适合群体性纠纷的生成和演变。由于统计资料的不完整，我们无法根据群体性纠纷产生的原因，将 A 区、B 县发生的群体性纠纷进行细分，由此判断各类纠纷在城市与农村，或在不同领域发生的概率。但从经验来讲，城市人口密度更大、社会交往更频繁、经济活动更密切、通讯联络更方便、交通往来更便捷，这些都给群体性纠纷的生成和演变提供了更丰厚的土壤、更成熟的社会环境。近年来，出现频率最高的几类群体性纠纷，如因劳资关系、城市拆迁、企业改制重组引发的群体性纠纷更可能发生在城市而不是农村，至于因偶发性社会事件（如城管执法、交通肇事）引发的群体性纠纷，则发生在农村的概率就更低了。除此之外，还有一个必须纳入考量范围的因素，那就是农村的人口结构在很大程度上抑制了群体性纠纷的产生。近些年来，

---

① “维稳”是“维护稳定”的习惯性简称。访谈中，A 区政府某部门的负责人告诉我们，“维稳”的中心工作和主要任务就是确保不发生群体性上访、聚众闹事、集体罢工、罢课、罢市等群体性事件。越是敏感时期（如国家举办奥运会、当地开各种博览会或展销会，甚至人大、政协开会等）和敏感日子（如每年 10 月 1 日、6 月 4 日等），“维稳”越是压倒一切的大事。B 县政府甚至出台文件规定了“维稳”工作的“一票否决制”，即对于重大群体性事件负有直接责任的单位和个人，年底考核时不能评先进、晋升工资和提干。

随着大量青壮年农民工涌入城市，农村出现了“空巢现象”，“留守老人”“留守儿童”成为农村的主要人口；从生理和心理特征上分析，老人、儿童显然更不容易聚集和集体行动，这在相当程度上减少了群体性纠纷发生的概率。

3. 诉诸诉讼的群体性纠纷近年来呈现逐渐增多的趋势

如前已述，近三年来，群体性纠纷的数量不升反降，但法院解决的群体性纠纷却呈现逐步增多的趋势。在前述统计表中，A 区法院受案数由 16 件增加到 24 件，增长幅度为 50%。B 县由 2 件增加到 5 件，增长幅度为 150%。调研显示，之所以出现这种情况主要是政府引导和支持的结果。从整体上看，转型期群体性纠纷的复杂性与尖锐性决定了法院并不是解决群体性纠纷最合适的主体，后文中我们将对此进行详细分析；但诉讼本身所具有的规范、理性、平和、中立等特点，决定了群体性纠纷一旦进入司法渠道，不仅能够在法治的关照下得到更为公正、合理的解决，同时还可有效避免纠纷当事人因情绪激化而导致事态失控。调研过程中，我们发现，对于可以通过诉讼解决的群体性纠纷，各级党委、政府不仅鼓励和支持纠纷当事人向法院提出诉讼，而且常常通过指示和命令等方式要求当地法院优先立案、优先审判、优先执行，这一点在涉及劳资关系的群体性纠纷中表现得尤为明显。此外，在调研过程中我们还发现，法院对于群体性纠纷的审理和裁判特别慎重，不仅在是否立案的问题上主动征求地方党委、政府的意见，对怎样判决、判决后如何执行等问题也要事先向地方党委、政府进行请示、汇报，以求“实现社会效果与法律效果的高度统一”。①

三、四川部分地区群体性纠纷及其解决情况的个案分析

如前已述，一方面本课题研究的目的在于秉持“小叙事大视野”的法社会学立场，通过实证分析，审视法律（文本）的制度设计是如何在宏大的社会背景与微观的权力关系网络中作为一种技术进行实践的；另一方面，调研过程中实证数据的获取非常艰难，且数据本身存在不客观、不全面的情况，

---

① 这是调研过程中，A 区法院民事审判庭一位资深法官说的话。他还进一步解释到，审理群体性事件不向地方党委、政府请示汇报是不讲政治的表现，但肯定要犯错误的。

这样有关群体性纠纷解决机制实践运作的个案解剖就显得尤为重要了。本报告拟通过两个案例来揭示群体性纠纷及其解决机制在实践中的运作情况，期望通过案件剖析来揭示制度文本之外的社会现实，以为发现问题及改革制度提供更加坚实的支撑。其中第一个案例来自于第二手资料，展现了法院通过诉讼方式解决群体性纠纷的全过程；第二个案例来自于课题负责人两年多以前全程参与获取的第一手资料，力图再现实践中群体性纠纷的演进过程，揭示各参与方在群体性纠纷化解中的博弈情况。

（一）案例一：合川土地承包案①

1. 基本案情

合江县先滩镇梨子湾村是个偏僻的山村，有一林场，但因管理不好，效益很差。2005 年 11 月 16 日，梨子湾村村民委员会征求大多数村民意见后，与先滩镇居民唐德位签订承包合同，将村林场 3395 亩的林木经营权承包给唐德位，双方约定承包期为 50 年。由唐德位负责归还该林场的全部贷款本息并为梨子湾村修建一条乡村公路，另外每年向梨子湾村委会交纳每亩 3.4 元的承包费合计 11543 元。合同签订后，唐德位按约交纳了前 5 年的承包费 57715 元，归还了少部分原林场造林贷款，并投资进行了造林、护林和管护设施改造。由于种种原因，该合同未取得镇政府批准，部分村民以承包合同严重损害自身利益为由，强烈要求确认合同无效，收回村林场。承包人唐德位和梨子湾村委会却坚持合同有效，双方各执己见、互不相让。10 多位具有影响的村民成立了所谓“还山委员会”，组织、煽动村民多次到镇政府和市县上访，决心不达目的誓不休，要与林场共存亡。眼见北京奥运会即将举行，群情激愤的村民们更是越发躁动，积极酝酿着进京上访，一起群体进京上访事件一触即发。

2. 化解过程

合江县法院得悉梨子湾村林场的恶性纠纷信息后，以强烈的政治敏锐性和维稳责任感，主动与先滩镇党委领导取得联系，交换看法，积极引导村民

---

① 以下关于“基本案情”及“化解过程”的材料出自泸州市委政法委：“金色天平情系百姓 善化矛盾息诉罢访——合江县人民法院成功化解 229 户村民群体进京上访隐患”，载《四川政法》2008 年 10 月刊。

运用法律武器，通过诉讼处理争议。在法院和先滩镇的共同努力下，2007 年 7 月 10 日，赵志良、杨德武等 229 户村民推选诉讼代表人将纠纷起诉到县法院，要求解除村民委员会与唐德位签订的承包合同，归还林场。

合江县法院当即受理了原告为赵志良等 229 户村民的承包合同纠纷案，并为村民缓交一切诉讼费用，由一名分管副院长具体组织、指导、抽派审判骨干组成合议庭办理案件。受案后，合议庭法官深入调查，吃透案件，明晰双方争议焦点，认真研究制定了《关于赵志良等诉先滩镇梨子湾村委会、唐德位承包合同案审判预案》，明确办案分工和协调。诉讼中，二被告向法院递交了 136 户村民的撤诉签名，这样，起诉村民就只有 93 户，达不到起诉主体要求的人数，案件就要被驳回起诉。为了解撤诉村民的真实意思和全村民众对承包合同的意见，掌握审判工作主动，法院并未简单作出驳回起诉的裁定，而是组织法官分组到梨子湾村 1～5 社分 5 个会场召开各社社员大会，开展对林场承包事项的民主表决。经过表决和法院详细调查，全村 5 个社的村民大部分意见是作无效处理。在弄清村民的真实意愿和案情后，法院坚定了作合同无效处理的思路。但合同作无效处理后，需要解决被告唐德位的投资款、承包费的返还问题。唐德位提出“少了 20 万不干，并且必须当场兑现，否则也要进京上访讨说法”。梨子湾村是贫困山村，短期内根本拿不出如此巨款。唐德位的要求与其实际投入相比也明显过高。法院苦苦寻求双方诉求的平衡点，决心争取调解结案，达到彻底息诉罢访，案结事了的目的。

最终，在合江县人民法院法官动之以情、晓之以理、释之以法的反复调解下，当事人双方愉快地达成了调解协议：解除被告先滩镇梨子湾村村民委员会与被告唐德位签订的《承包合同》。唐德位于 2008 年 7 月 28 日退还所承包的先滩镇梨子湾村村民委员会 3395 亩林场；先滩镇梨子湾村村民委员会返还唐德位承包费及造林、育林投资款 15 万元。返还款 15 万元当场兑现，双方皆大欢喜，一起严重上访隐患案件最终画上了圆满的句号。

（二）案例二：C 公司转制补偿案

1. 纠纷的背景：必要的铺陈与介绍

这起个案属于当前社会比较常见的因企业改制、员工身份转变而引发的群体性纠纷。当然，由于群体性纠纷固有的复杂性，该个案也夹杂着员工薪酬待遇不高、高管人员工作作风不民主、企业内部私人矛盾激化等诸多复杂的因素。在详细描述这起个案的产生、发展、演变及解决过程之前，有必要简单介绍相关的背景材料。

该群体性纠纷发生在省内某国有金融企业，出于众所周知的原因，我们暂且称其为 C 公司。C 公司前身为 1988 年经省政府批准、A 机关出资组建的全民所有制企业。截至 2001 年年底，企业员工共有 60 余人，主要包括以下几类：从 A 机关选调的公务员、从 A 机关下属事业单位调入的在编人员、从其他全民所有制企业调入的人员、从社会招聘的合同制人员。其中，前三类约占员工队伍的 90%，共计 51 人。

2001 年年底，经省政府及中央主管机关批准，该企业在吸收合并若干地市州小企业的基础上，按照《公司法》《证券法》的规定，正式改组为有限责任公司，成为从事证券业务的金融企业。由于时间仓促，C 公司在改制成立时，虽然也力图解决员工身份转变问题，并向 A 机关递交了专题报告，但由于种种原因未果。

还需要交代的是，C 公司在改制前，人事、党团、工会等关系均直接隶属省政府下属的 A 机关，企业主要领导为处级干部，由 A 机关通过组织程序进行任免。企业没有设立股东会、董事会及监事会，内部重大事项由公司领导报 A 机关讨论决定。改制完成后，C 公司由 5 家股东单位出资组建，并依据《公司法》建立了“三会”制度。① 但是，由于历史上形成的隶属关系，特别是由于 C 公司第一大股东 B 公司（处于绝对控股地位）仍是 A 机关下属的控股公司，所以尽管在形式上完成了与 A 机关的脱钩，但 C 公司重大事务还是通过 B 公司报告给 A 机关，并由 A 机关分管领导或党组讨论决定。A 机关、B 公司、C 公司之间的关系见下图：

图 1：C 公司控制关系图

---

① 这里的“三会”指《公司法》所规定的股东会、董事会及监事会。

在这样一种权力背景之下，A 机关在涉及 C 公司事务问题上的权威毋庸置疑。“权威是实践性概念。这意味着谁对谁拥有权威的问题是实践性问题，这些问题关涉他（拥有权威之人）应该做什么”。[①] 由此出发，C 公司这起群体性纠纷的演变历程及其间参与者的行为意识和行动逻辑都深深打上了当代中国转型时期的深刻烙印，成为分析我国当前群体性纠纷现实状况的一个样本。

2. 纠纷的过程：产生与发展

C 公司改制成立后不久，国内证券市场即进入熊市，受整个行业的影响，公司连续多年亏损，为此省政府曾开会研究，要求 C 公司进行增资扩股、实现国有资本的逐步退出，但因各种原因特别是员工身份转变问题一直没有落实。2006 年下半年开始，证券市场回暖，公司经营好转，出现盈利。此时，根据 B 公司指示，为引入战略投资者、扩大公司规模、实现公司长期可持续发展，公司经理层决定借助经营好转的时机解决员工身份转变问题，以推动增资扩股工作的开展。2006 年 10 月，C 公司召开老员工大会（公司改制后聘用的新员工已实行合同制），宣布启动该项工作，并按四川省有关政策规定，公布了员工身份转变的补偿标准。根据该标准，公司老员工按其工作年限及原工资标准，每人将获得 3 万 ~ 15 万元不等的补偿金。老员工领取补偿金后，原有公务员、事业单位编制人员及全民所有制企业员工的身份将不再保留，而公司将按《劳动法》与员工建立劳动合同关系。

消息公布后，在公司 50 名老员工中间（1 人已因病去世）引发了强烈反响。老员工普遍认为：补偿标准过低，特别是与同行业其他企业相比更是如此；公司改制时没有召开员工大会讨论有关事项，多年后才进行身份转变工作，程序不合法；公司组建之初，A 机关从各单位选调人员时曾承诺可以调回原单位，而本次改制方案没有给员工提供选择的机会；公司主要领导的人事关系都留在了 A 机关，而其余员工的人事档案全部转到了人才交流中心，此时进行身份转变，对普通员工不公平。为此，经过讨论，绝大部分老员工表示不接受该方案，在向 C 公司领导提出以上意见的同时，还决定通过其他

① ［英］约瑟夫·拉兹：《法律的权威》，朱峰译，法律出版社 2005 年版，第 9 页。

方式集体表达自己的意见。

2006 年 11 ~ 12 月，老员工们采取的集体行动主要有：通过私下讨论，形成了不参加员工大会、不领取补偿金的一致意见；向有关部门递交联名信，表示不接受身份转变，要求原 A 机关兑现承诺，调回原单位工作；通过信访及其他渠道，集体或个别地与 A 机关分管领导或主要领导对话，反映意见；与律师协商，讨论提起诉讼或申请人事争议仲裁的问题。

事件发生后，考虑到在当前特定的社会环境下，一旦处理不慎，将可能引发社会问题。为此，A 机关、B 公司、C 公司都高度重视，采取了积极的应对措施。A 机关领导在与老员工的对话中，承诺妥善解决问题，一方面要求员工坚守工作岗位，不能擅离职守；另一方面要求 C 公司领导在符合国家有关政策的基础上，作好员工思想工作，避免激化矛盾，否则将依法严肃追究责任。为此，C 公司董事长出面，与公司 50 名老员工一一进行了个别谈话。由于员工提高补偿标准的要求与省政府有关文件精神不符，同时调回原单位已事实上不可能，因此，为避免矛盾激化，经过请示 A 机关、B 公司，C 公司员工身份转变工作暂时停止下来，原定的后续工作也没有进一步开展。

2007 年年初，根据上级党组织统一安排，C 公司内部进行的保持共产党员先进性教育活动进入到新的阶段。通过党支部会议，公司党员向公司领导提出了改进工作作风、提高员工薪酬待遇等意见；与此同时，A 机关党组织也派人参加了公司民主生活会，听取了党员及普通员工对公司领导的意见。根据党员及群众提出的意见，A 机关领导要求 C 公司经理班子积极进行整改。

为了回应员工要求，C 公司根据经营状况好转、盈利大幅提升的实际情况，从 2007 年 4 月起，通过按月预发年终绩效奖的方式，保证员工收入与往年相比有了较大的提升。尽管如此，与行业中其他公司相比，C 公司员工的薪酬一直处于较低水平，员工中的不满情绪还在继续增加。

2007 年 7 月，经过私下协商与串联，公司总部几个部门及下属多个分支机构的员工都分别向公司领导递交了联名信，陈述员工基本薪酬过低、工作量繁重，提出了增加薪酬、提高待遇的要求。消息传到 A 机关后，分管领导批示要求妥善解决，并批评公司领导不关心员工利益。为此，2007 年 8 ~ 9

月，C公司经理班子在总裁D的带领下开展了调研工作，一方面召开内部座谈会，进一步听取员工对经营活动及薪酬待遇的意见；另一方面进行外部调研，深入了解行业平均薪酬水平，为调整公司薪酬结构做准备。此后，由于证券市场行情持续向好，公司内部经营管理工作繁多，提升员工薪酬待遇工作一直没有出台实质性举措，公司人力资源部提出的发放交通费补贴、电话费补贴等变相提高员工收入的方案也由于种种原因没有落实。对此，公司总裁D在内部会议中解释道：算上预发的绩效工资，员工薪酬待遇相比以往，已经有了大幅提升，与行业相比差距不大；另外，提升员工薪酬待遇是一个系统工作，根据公司内部决策程序，需要在详细调研基础上出台方案，并经董事会批准后实施，而这在短时间内都不可能完成。这种解释没有得到员工的认同，反而在一定程度上加剧了员工的不满。此时，内部又传出公司要引入战略投资者，进行重组的消息。不少员工认为，公司领导可能会不顾员工利益，强行进行身份转变工作。种种因素集中在一起，C公司内部长期积累的矛盾终于激化了。

2007年9月12日上午，C公司每一名员工的内部邮箱都收到了一封名为“讨贼檄文”的匿名邮件，矛头直指公司现任总裁D。邮件列举了D的十大罪状，其中既有不遵守劳动纪律、工作作风不民主，也有重大经营决策失误、财务不公开、设备采购过程不透明，还有生活作风腐化堕落、随意处置公司资产等。据此，邮件提出了包括召开职工大会、大幅提高员工待遇、组织调查组进行调查等四条要求。纵观整个邮件，用语激烈、措辞严厉，已经在很大程度上超出了正常表达意见的范畴。① 邮件最后声称：

“以上合理要求在9月15日前得不到妥善解决的话，就是我们全体同胞手挽着手，高唱国际歌团结起来采取行动的时候了！同胞们，千万不要怕被打击报复，反正我们已经没有什么可以失去的了，没有必要为了那几百元钱再畏畏缩缩地活着了！”

---

① 比如，邮件的第一句话是：“起来，不愿做奴隶的C公司员工！我们不是在沉默中爆发，就会在沉默中灭亡！”

当天及随后几天，A 机关、B 公司及行业监管部门、国资管理部门都收到了相同内容的邮件或信件。此时，该起群体性纠纷在各种因素促进下已完全爆发，并因“9·12 邮件事件”而达到了顶点。

3. 纠纷的解决：参与各方的博弈

“9·12 邮件事件”发生后，立刻引来了方方面面的关注。由于 C 公司作为证券公司，是证券交易的提供商与服务商，在市场行情火爆的背景下，一旦因员工工作懈怠甚至罢工而导致交易中断，必将引发成千上万投资者的情绪波动，带来非常严重的社会问题。为此，A 机关、B 公司、C 公司乃至行业主管部门行动起来，积极介入该事件的处理工作。

9 月 12 日，在获悉邮件内容后，C 公司董事长立即会同 B 公司主要负责人，向 A 机关领导做了紧急汇报。A 机关领导当即指示，C 公司应迅速召开临时董事会会议，通过法定程序商议邮件事件的处理对策，同时要求 B 公司、C 公司采取紧急措施，稳定员工情绪，防止矛盾进一步激化，维护公司正常经营秩序。同日，行业监管部门领导也通过电话向公司发出了类似的指示。

9 月 13 日，公司召开临时董事会会议，会议通报了“9·12 邮件事件”的情况，传达了 A 机关及行业监管部门领导的指示精神。经过讨论，公司董事会作出了专门决议。决议指出：

“董事会认为，任何危及社会稳定的非组织活动，都是错误的。公司全体员工必须以高度的政治责任感，确保公司正常经营秩序，坚决维护社会稳定，绝不允许并坚决反对任何危及稳定的非组织活动。对继续进行类似行为并造成严重后果的人员，将按照党纪、政纪和法律的规定，进行严肃处理。”

决议要求员工通过合法、正当渠道反映意见；① 对邮件反映的总裁 D 的问题，决定由控股股东代表及董事、监事代表组成调查组，开展调查工作，

---

① 对此，决议的相关表述是：“公司员工在法律法规允许的范围内，以合法、正当的渠道和方式反映意见和情况，对公司经营管理活动以及各级管理人员的行为进行民主监督是正当的，董事会给予高度重视和尊重。”

并将调查结果在公司内公布；要求经理班子迅速研究员工薪酬待遇问题，拿出明确的实施方案。与此同时，根据实际情况，董事会还同意了D提出的休假申请，由董事长代行公司总裁职责。会后，该次董事会纪要送至A机关，由分管领导亲自改定后在公司内部进行了传达和公布。

9月14日，根据A机关领导指示，C公司内部分别召开了中层干部、员工代表通气会及全体党员大会，B公司、C公司主要负责人及A机关党组织负责人分别出席会议，并发表讲话，要求公司各级管理人员和全体员工以大局为重，坚守岗位，认真负责地履行职责，做好各项本职工作，保持公司稳定；同时要求全体党员发挥先锋模范作用，旗帜鲜明，立场坚定，以身作则，为维护稳定发挥应有的表率作用。会议还重申，对于在非常时期破坏公司稳定的人员，将依据内部规章制度及党的组织纪律进行严肃处理。

9月15日，C公司召开高层会议，传达董事会决议精神，并决定在公司内部成立二级应急小组，制订应急方案，实施特殊时期的值班制度、报告制度、考勤及巡查制度，应对可能出现的紧急事态。

9月17日，由控股股东代表及董事、监事代表组成的调查组成立并进入公司开展调查工作。至11月底，调查小组通过谈话了解、民主测评、账务抽查等形式对邮件中反映的有关问题进行了逐项调查，并形成了最终的调查结论。在此期间，C公司内部召开了多次座谈会，党支部及工会也开展了谈心活动，了解员工思想动态，听取员工对公司领导及公司发展的意见，并有针对性地对公司财务管理、设备购置等方面的规章制度进行了修订完善；A机关分管领导也多次听取C公司的情况汇报，并对相关事宜作出了一系列指示。

11月29日，C公司再次召开临时董事会会议，听取了调查组的情况汇报。调查组分析了“9·12邮件事件”的产生原因及当事人的责任，认为：

“本次‘邮件事件’的直接原因是公司高管、经营班子在员工中的认同度不高，并非某个人一时冲动作出的。特别是公司内部部分同志与D同志之间多种矛盾交织、尖锐化的结果。公司高管、经营班子与员工缺乏有效沟通，造成了矛盾的积累和激化。D同志作为公司经营管理工作的主要负责人，负有责任。

对于公司经营管理工作中存在的管理不到位、支出控制不严、收入分配不尽合理等问题，公司全体高管、经营班子都负有责任，建议上述人员从公司发展和社会稳定大局出发，结合本职工作，进行深刻反思，向公司董事会做出深刻检讨。”①

调查组对邮件反映的D的问题作出了结论，认为：

“‘电子邮件’反映的问题，基本上属于经营管理中的工作问题，重大事项均是经过集体研究决策的。至于‘电子邮件’反映的D同志个人的经济问题，带有一定的猜测性和怀疑性，没有具体的事实和线索。调查中，调查组也未得到具体线索，无法查证信件所谈的个人经济问题。”②

会议同意调查组的调查结论，同意D主动辞去公司总裁职务；③ 会议通过了《公司一线员工薪酬调整方案》，根据该方案，公司一线员工的薪酬待遇平均提高了约20%。

至此，C公司发生的群体性纠纷基本得以解决。为了方便分析，我们可将本案的过程简化为下图。

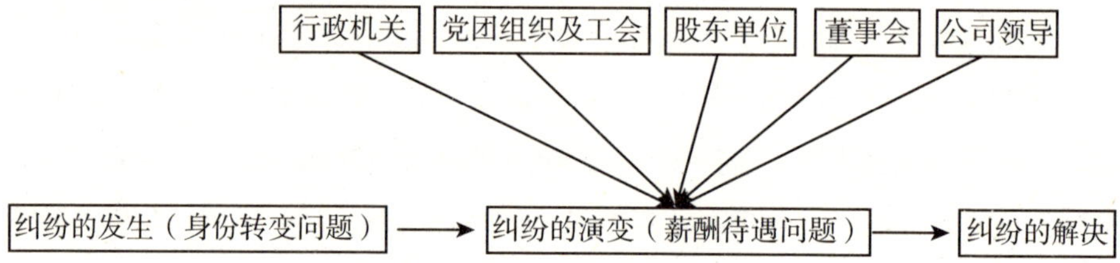

图2：C公司转制补偿案的解决过程

---

① 在课题组看来，这种表述显然带有很大的模糊性和调和性，而且由于将责任主体扩大到公司全体高级管理人员，也在一定程度上分解了D面临的压力。

② 在课题组看来，这种表述也显然没有太多的实质性内容，不仅回避了邮件提出的许多问题，而且是一种似是而非、无关轻重的结论。

③ 对比调查组的调查结论，董事会决议在D辞职问题上的表述是：“董事会认为，公司转制成立6年来，D同志作了大量工作，尤其是在建立健全公司内控制度、建设集中交易模式等方面做了大量艰苦、细致的工作，为公司生存与发展作出了重要贡献，对此应给予积极、肯定的评价。本次事件发生后，D同志态度诚恳，积极配合调查组开展调查工作，勇于承担责任，董事会对其提出辞职表示理解和尊重。经表决，会议一致同意D同志辞去公司总裁职务。”这其中的差异很值得思考和体会。

4. 余论：问卷调查统计

为了进一步了解本案以及透过本案审视普通民众对群体性纠纷及其解决方式的态度，我们设计了一份简单的问卷材料，在该公司党支部、工会的配合下在C公司范围内进行了调查。在规定的时间内，我们发出问卷50份，收回48份，回收率达到96%。问卷中涉及的主要问题及回答情况（所有问题均为单选回答）见下表：

表7：对问题一（你对本次公司发生的事件持什么态度）的回答

回收问卷数	赞成	不赞成	无所谓	其他
48	22	23	3	0
100%	45.83%	47.92%	6.25%	—

表8：对问题二（你对本次事件的结果满意吗）的回答

回收问卷数	很满意	满意	一般	不满意
48	4	30	8	6
100%	8.33%	62.5%	16.67%	12.5%

表9：对问题三（你认为本次事件通过诉讼方式解决合适吗）的回答

回收问卷数	合适	不合适	不知道
48	0	42	6
100%	8	87.5%	12.5%

表10：对问题四（如果本次事件通过诉讼方式解决不合适，最主要的理由是什么）的回答

回收问卷数	问题比较复杂，法院解决不了	法院也要听政府的，直接找政府更简单	到法院打官司时间长、费用高，得不偿失	打官司就是打关系，司法不公普遍存在	其他原因
42	17	14	8	2	2
100%	40.48%	30.95%	19.05%	4.76%	4.76%

表 11：对问题五（你赞成“大闹大解决，小闹小解决，不闹不解决”的说法吗）的回答

回收问卷数	赞成	不赞成	说不清楚
48	42	3	3
100%	87.5%	6.25%	6.25%

表 12：对问题六（你以前参与过类似事件吗）的回答

回收问卷数	参与过	没有参与过
48	6	42
100%	12.5%	87.5%

表 13：对问题七（以后还有类似事件，你会积极参加吗）的回答

回收问卷数	会	不会	说不清楚
48	15	10	23
100%	31.25%	20.83%	47.92%

（三）追问与思考

尽管从法社会学的角度分析，“合川土地承包案”与“C 公司转制补偿案”的典型性与代表性还值得深究，但基于“从原点到场域、从细微到宽广、从个案到法理、从单线索到多角度”这样一种“小叙事大视野”① 的研究进路，作为两起真实的个案，其折射出的社会现实仍然值得我们沉思，从中我们可以管窥和洞悉四川当前群体性纠纷及其解决机制的某些真实运作状况。

1. 群体性纠纷的演进具有过程性，积极预防与应对才是治本之策

从前述介绍可知，“合川土地承包案”发端于 2005 年 11 月，而 2007 年 7 月才诉至法院，至 2008 年 7 月才最终解决，整个过程历时近三年。而“C 公司转制补偿案”历时更长，最初缘于 2001 年年底 C 公司改制过程的不彻

① 关于这种研究方法的描述可参见徐昕：《论私力救济》，中国政法大学出版社 2005 年版，第 40～45 页。

底，2006 年年底已初步形成并得以显现，2007 年 7 月，因薪酬待遇问题又被重新激活，到“9. 12 邮件事件”达至高潮，最后在 2007 年 11 月底才得以基本解决，整个过程历时六年。如果仅从性质上分析，这起个案大体可分为两个阶段：一是 2006 年年底之前因身份转变问题引发的争议；二是 2007 年年初因薪酬待遇引发的争议。两个阶段既相对独立，但同时也存在千丝万缕的联系，后一阶段实质上是前一阶段发展演变的结果。和绝大多数群体性纠纷一样，两个阶段中尽管 C 公司员工提出的要求有不合政策规定之处、手段及方式都有欠妥当，但总体看来还是蕴含着相当的合理性与正当性，反映了 C 公司及 B 公司、A 机关工作中的一些失误和疏漏。如果积极预防、应对得当，不难有效化解。

首先，按照国家有关政策，身份转变应当与企业改制同时进行，一次予以解决。但 C 公司在转制时并未同步解决员工身份转变问题，这本身就是 C 公司及 B 公司、A 机关工作的失误之处。最好的解决之道当然是依据国家有关政策开展工作，避免类似情况的发生；既然发生了，但在企业改制后能够及时纠正，正面应对员工的要求，及早按有关政策予以解决，则很多问题自然水到渠成、迎刃而解，不会出现老员工私下串联、递交联名信、到主管机关去信访等后续事项，也不会有后面的“9·12 邮件事件”了。

其次，当公司经营状况好转时，提升员工薪酬待遇本是顺理成章的事情。在员工提出要求后，尽管 C 公司也采取了一些措施，比如预发绩效工资，但这显然没有从根本上解决问题，没有对准问题的症结——绩效工资只有在公司盈利的情况下才有，公司不盈利，则没有；员工固定的薪酬并未增加，在公司不盈利或亏损的情况下，其收入只能维持低水平。更何况，所谓“预发”，表明公司是用员工的“远水”（年底的绩效）来解“近渴”（每月的收入），如何能令员工信服呢？事实上，在 2007 年 7 月，员工再次递交联名信时，尽管已错过了解决纠纷的最佳时机，但若积极预防、应对得当，邮件事件也可避免，矛盾不至于以一种极端的方式凸显出来。

因此，通过对两起案件的分析，不难看出，群体性纠纷是有规律可循的。最佳办法是在纠纷产生或矛盾激化前，采取积极预防和应对措施，这才是治本之道。因为只有这样，才能消灭纠纷的产生原因，从根源上阻止纠纷的发生。这也是有论者在提及群体性事件治理对策时强调的两道防线中的第一道防线，也是最重要的防线。①

2. 受制于种种因素，当前群体性纠纷大多通过诉讼外方式加以化解

现代社会中，诉讼是解决纠纷的重要途径。在我国，20 世纪 90 年代以来，特别是随着依法治国载入宪法，诉讼在纠纷解决体系中的地位日渐凸显，成为民众张扬个性、捍卫权利的重要路径。② “合川土地承包案”的成功解决，充分说明了诉讼在化解群体性纠纷中的作用，而“C 公司转制补偿案”却没有诉诸司法，而是在多方作用下通过诉讼外渠道得以解决。课题组认为，后一案件的解决过程在实践中更具有代表性，前述有关实证数据也显示，现实中绝大多数群体性纠纷都并非通过诉讼方式加以解决，其中的缘由值得我们思考。

事实上，在该起纠纷进行中，无论是前期围绕身份转变引发的争议，还是后期因薪酬待遇产生的矛盾，都出现了律师的身影。C 公司与众多员工，在不同场合都各自咨询了律师，了解诉讼解决的可能性及预期的解决结果。表面上看，双方都作好了诉讼的打算，都在一定程度上为可能发生的诉讼做准备。但情况并非如此，经过深入了解，我们发现，双方都在根本上排除了诉讼解决的可能性，或者说，没有将司法作为解决争议的选择途径。在回答问卷中的“问题三：你认为本次事件通过诉讼方式解决合适吗”时，高达 87.5.% 的员工给出了否定的答案。这就从一个侧面说明本案付诸诉讼的不可能性。之所以如此，主要有以下几方面的原因：

一是群体性纠纷往往是多种矛盾演变激化的结果，诉诸司法一般不会收到最佳效果。与实践中存在的大多数群体性纠纷一样，C 公司的这起个案表面上只是简单的有关身份转变及薪酬待遇的纠纷，但实际并非如此，用调查组的话来说，其是“多种矛盾交织、尖锐化的结果”。我们在调研中发现，无论是 C 公司高级管理人员，还是普通员工，无论是老员工，还是新员工，

---

① 陈晋胜：《群体性事件研究报告》，群众出版社 2004 年版，第 221 页。

② 相关分析可参见吴卫军：《司法改革原理研究》，中国人民公安大学出版社 2003 年版，第 76 页。

都承认，这起纠纷中掺杂了不少公司领导之间、领导与员工之间的私人矛盾。“9·12 邮件事件”在相当程度上是私人矛盾激化的产物，其目的是将 D“整下台”；同时，矛盾的焦点不只是公司的个别领导，还指向了对 C 公司有着控制关系的 B 公司及 A 机关。很多员工反映，如果不是 B 公司及 A 机关在改制后对 C 公司及其员工的利益不关心、不过问，这起纠纷也不可能发生。在这样一种背景下，期望司法介入，并采用非此即彼的方式进行裁断，往往并不能收到最佳效果；而且，纠纷中的许多问题，事实上也并不能通过诉讼途径解决，例如，领导作风不民主的问题、生活腐化的问题、公司内部规章制度不健全的问题。事实上，作为纠纷一方的员工也充分认识到了这一点，在回答问卷中的“问题四：如果你认为本次事件通过诉讼方式解决不合适，最主要的理由的是什么?”40.48% 的人选择了“问题比较复杂，法院解决不了”这一选项，这表明该公司员工不诉诸司法并非法治意识不强，相反还说明了许多人对法院解决纠纷的功能性缺陷有着较为深刻的认识。

即便是本案中争议的核心问题——身份转变与薪酬待遇问题，付诸司法的可能性也很小，道理很简单：身份转变问题在我国主要受政策的调控和规制，何时转变、如何转变、是否补偿、补偿标准怎么确定主要由政府文件加以规定，并没有严格意义上的法律可依，法院能否受理这类案件本身值得探讨，受理后如何依法裁断更是难上加难。就薪酬待遇来说，在市场化情况下，公司作为用人单位支付给员工的薪酬已由双方签署的劳动合同加以规定（除 50 名老员工外，C 公司后聘的 100 余名新员工都与公司签署了劳动合同），员工觉得薪酬待遇不高，可以向公司提出，但在双方修改劳动合同前，公司没有提高薪酬的义务，员工可以提出辞职、甚至可以集体辞职，仅从诉讼的角度看，其单方面提高薪酬待遇的要求并不能得到支持。

二是行政主导在化解群体性纠纷方面别具优势，而司法在其间的作用较为有限。在长达几千年的封建社会中，中国形成了行政主导的政治结构，1949 年以后亦是如此。与此对应，在中国，长期以来尽管司法一直被视为政治体系的组成部分，但由于观念和体制的原因，导致“像许多发展中国家一样，中国的司法结构长期处于政治系统的边缘”。[①] 这种情况，在20世纪90年代后有了较大的改观，特别是依法治国载入宪法后，诉讼在纠纷解决体系中的地位得到实质性提升。但与此同时，司法解决纠纷本身所固有的专业性、独立性、程序性导致其效率过低、成本偏高，在化解因复杂原因形成的群体性纠纷时常有力不从心之感，与之相比，由于行政机关自身所具有的强势地位和行政权行使的特殊性，行政解决纠纷的直接性、彻底性、时效性特征则非常突出，在面对群体性纠纷时往往能起到立竿见影的效果，因此成为实践中最为常见的方式，本案的解决过程即充分说明了这一点。

“9·12邮件事件”后，在A机关主要领导的重视下，B公司、C公司领导纷纷出面，董事会高效运作，所属党团组织、工会组织紧密配合，各种资源有效整合，形成化解纠纷的合力，较好地控制了局面并在短短两个多月时间内迅速平息了纠纷，充分显示了行政主导模式在化解群体性纠纷中的重要作用。相反，如果将纠纷付诸诉讼，绝不可能在短时间内解决问题，反而会形成难以控制的局面，导致无法挽回的损失。事实上，匿名邮件中提出要求在“9月15日前”解决问题的“最后通牒”，已经从根本上排除了诉讼介入的可能性，其隐含的诉求主体只能是行政（党政）机关。也正是因为如此，课题组认为，在回答“问题四：如果你认为本次事件通过诉讼方式解决不合适，最主要的理由是什么”时，30.95%的员工选择了“法院也要听政府的，直接找政府更简单”，19.05%的员工选择了“法院打官司时间长、费用高，得不偿失”，这一情况既较为真实地反映了长期以来行政机关在民众心目中的强势地位，也印证了行政机关在解决群体性纠纷时所具有的比较优势。

三是群体性纠纷的当事人往往对行政介入抱有很高的期望，但对司法却常常并不信任。在结构功能主义者看来，社会结构乃一定社会的功能要求的实现机制，据此，功能要求如果未能得以实现，则既有环境适应性的因素，也包括了特殊类型的结构未能满足这些要求的因素。[②] 诉讼以化解纠纷为主

---

① 程竹汝：《司法改革与政治发展》，中国社会科学出版社2001年版，第47页。

② 相关分析可参见［美］D.P. 约翰逊：《社会学理论》，南开大学社会学系译，国际文化公司1988年版，第520～528页；［美］乔纳森·H. 特纳：《社会学理论的结构》，吴曲辉等译，浙江人民出版社1987年版，第125～127页。

要功能，纠纷当事人排斥诉讼的态度表明现存诉讼出现了结构性问题，不能满足社会的需要。毋庸置疑，我国现实生活中，司法腐败、司法不公普遍存在，已严重挫伤了民众接近司法的积极性和主动性，[①] 这一点在我们调研过程中有比较深的体会。在与C公司个别谈话时，一些员工认为，当前打官司就是“打关系”，员工个人与公司相比，无论是在人力、物力、财力，还是在可以动用的社会关系方面，都处于绝对劣势，付诸诉讼不会有理想的结果，还不如直接通过较为激烈的方式，引起党政机关领导的重视更能达到目的。[②] 本案的发展过程在一定程度上印证了这一点，由此引发的问题值得深思。公正是司法的灵魂和生命，正是在这个意义上，司法是社会正义的守护神和最后一道防线。培根很早就深刻地指出：“一次不公的（司法）判断比多次不平的举动为害尤烈。因为这些不平的举动不过弄脏了水流，而不公的判断则把水源败坏了。”[③] 当司法腐败、司法不公成为民众普遍共识进而影响其纠纷解决功能的充分实现、影响民众利用司法时，现存司法体制、司法机制的结构性问题已相当突出。无论是从建设社会主义法治国家，还是从构建和谐社会的角度看，大规模的司法改革已是势在必行。事实上，除了宏观方面的体制、机制因素外，即便从微观层面审视，我国现存诉讼制度也无法为解决群体性纠纷提供强有力的支撑，例如，除了民事诉讼中的代表人诉讼外，就没有可适用于群体性诉讼的其他制度设计了，即便是代表人诉讼制度，也存在诸多问题，实践中的适用频率也很低。因此，提升诉讼化解群体性纠纷的针对性和有效性也是立法完善和制度变革的重要组成部分。

3. 群体性纠纷的解决是多方利益博弈的结果，妥协在其间扮演着重要的角色

在功利主义哲学看来，“当我们对任何一种行为予以赞成或不赞成的时

---

① 相关分析可参见吴卫军：《司法改革原理研究》，中国人民公安大学出版社2003年版，第二章的内容。

② 值得注意的是，问卷调查中，只有4.76%的人选择了“打官司就是打关系，司法不公普遍存在”作为“如果你认为本次事件通过诉讼方式解决不合适，最主要的理由是什么”的答案，似乎与此处的分析有出入。但事实上，课题组认为，之所以选择该选项的人不多，主要原因在于，由于问卷都是单选答题，相对于前三个选项而言，这一选项在本案中的重要性并不突出，所以选择的人并不多。

③ ［英］培根：“论司法”，见培根：《培根论说文集》，水天同译，商务印书馆1983年版，第193页。

候，我们看该行为是增多还是减少当事者的幸福”。[①] 由此，马克斯·韦伯认为，为了实现特定社会目标，作为社会的个体，必然会考虑手段对实现目标的效益，以最小的成本达到最大的效益。在微观社会层面，韦伯将这一过程称为目的——理性行为。[②] 群体性纠纷的参与者是理性的经济人，如果在纠纷发展演进过程中都追求自身利益的最大化，就会出现博弈理论中著名的“囚徒困境”。[③] 此时，合作而非对抗就成为各方共赢的选择，而妥协无疑是各方合作达成解决方案的重要方式，这一点在“合川土地承包案”中有所体现。例如，案件受理后经过被告做工作，部分原告要求撤诉，案件审理过程中法院到案发地了解情况并组织召开社员大会，法院多次组织各方进行调解，提出可以接受的调解方案，原被告各自作出让步，签署调解协议等，都体现了博弈各方通过妥协解决纠纷的过程。而在“C公司转制补偿案”中，博弈与妥协则表现得更加充分。该案中，涉及的利益主体与当事方主要包括C公司（以董事会为利益代表）、C公司领导、C公司员工、B公司及A机关。

首先，就C公司来说，在转制前为全民所有制企业，虽然也实行自负盈亏，但缺乏独立的经营自主权，公司重大事宜均由出资主体A机关决定，因此没有追求自身利益的动力。转制后，尽管A机关仍然通过B公司发挥着决定性的影响力，但公司股权已多元化，“三会”制度也依法设立，股东要追求自身利益最大化，要对经理班子下达指标进行考核，此时控制成本和取得效益必然成为公司决策时优先考虑的重要因素。无论是身份转变的补偿问题，还是员工薪酬待遇问题，C公司自然希望以最小的经济成本实现目标，这必然与员工的利益存在矛盾。

其次，就C公司领导来说，一方面，要完成董事会下达的经营指标，以

① 此为功利主义哲学的开创者边沁对功利原则所下的定义，参见王润生：《西方功利主义伦理学》，中国社会科学出版社1986年版，第37页。

② 马克斯·韦伯的理性行为理论是功利主义哲学的具体体现，由此发展出后世的理性选择理论，具体可参见［德］马克斯·韦伯：《论经济与社会中的法律》，张乃根译，中国大百科全书出版社1998年版，第3页。

③ “囚徒困境”是博弈论中经常被描述的经典案例，相关分析在博弈论的著作中一般都有记载，也可参见［美］威廉姆·庞德斯通：《囚徒的困境——冯·诺伊曼、博弈论和原子弹之谜》，吴鹤龄译，北京理工大学出版社2005年版。

保证自身的收入以及职位；另一方面，又不能不考虑员工的各种要求。此时，在两难境地下，从自身利益最大化出发，C 公司领导必然要更多地偏向对自身有考核任免权的公司董事会，对员工利益难免有所忽视。无论是身份转变问题还是薪酬待遇问题，都不可能完全满足员工的要求，因此，员工将矛盾的焦点对准公司个别领导也在情理之中。

再次，就 C 公司员工来说，作为纠纷主要当事方，其在客观上处于最弱势地位，但基于整体数量上的优势及影响力，其发出的声音不容忽视。从自身利益出发，他们当然在身份转变时希望获取最大的利益——领取更多的补偿金或者调回原单位工作，在薪酬待遇上希望收入更高。在通过正常方式不能满足要求的情况下，“大闹大解决，小闹小解决，不闹不解决”就成为支配其行动的主要策略（前述问卷调查中，87.5% 的员工赞同这一思路），采取某种极端手段以引起重视成为必然的选择。

最后，就 B 公司及 A 机关来说，其自身对经济利益并没有太多的考虑，相反对纠纷中两个问题的非经济性因素更加重视：在身份转变上，强调不能违反国家有关政策；在收入待遇上，强调要大致公平，内部差距与行业差距都不能过大。事实上，这两个问题都最终指向公司稳定及社会稳定，是 B 公司及 A 机关政治责任与社会责任的具体体现。

在多种利益交汇和博弈中，我们看到最终结果是一种比较典型的妥协的产物——身份转变问题暂时被搁置，普通员工收入得到一定提高（问卷调查显示，超过 70% 的员工对该结果表示很满意或满意），矛盾的焦点人 D 比较体面地离职，公司经营正常进行，没有引发大的社会问题。这样一个结果，兼顾了所有参与主体的利益，但同时又不是对各参与主体利益的最大化满足，中国传统儒家思想中的“和合”理念得到最大程度的体现。当然，也应该看到，这样一种妥协不是自然形成的，期间充斥着你进我退或你退我进的反复博弈，既有利益的承诺与应允，也有行政高压及党纪政纪的威慑，其复杂性与多变性往往非亲身参与之人不能领悟，在相当程度上已超出了本论题所涵盖的范围。但无论如何，通过本案的分析，我们不难得出结论：群体性纠纷的解决是一个十分复杂的过程，需要智慧的妥协和妥协的智慧。

四、结语

课题组从统计数据与个案分析两个角度描述了四川省部分地区群体性纠纷及其解决状况并得出了初步的结论。在此基础上就完善当前群体性纠纷解决机制的进路进行了简要阐述，课题研究的基本目的已经实现。我们认为，尽管四川的相关数据及典型案件很难说就一定表征了当下国内群体性纠纷及其解决情况的一般样态，但无论如何，基于中国宏观社会结构与微观实践逻辑所固有的同质性、同构性，其至少可以作为整体现状在横断面意义上的一个样本。由此，从四川这一样本出发所展开的分析及得出的结论，应当具有相当的代表性与普适性。

主要参考书目

一、中文著作

1. 范愉，李浩. 纠纷解决——理论、制度与技能［M］. 北京：清华大学出版社 2010.

2. 徐昕. 论私力救济［M］. 北京：中国政法大学出版社，2005.

3. 张静. 国家与社会［M］. 杭州：浙江人民出版社，2000.

4. 费孝通. 乡土重建与乡镇发展［M］. 香港：香港牛津大学出版社，1994.

5. 陈瑞华. 论法学研究方法［M］. 北京：北京大学出版社，2009.

6. 陶鹤山. 市民群体与制度创新——对中国现代化主体的研究［M］. 南京：南京大学出版社，2001.

7. 苏力，贺卫方. 20 世纪的中国：学术与社会（法学卷）［M］. 济南：山东人民出版社，2001.

8. 孙万胜. 司法权的法理之维［M］. 北京：法律出版社，2002.

9. 邓正来. 国家与社会——中国市民社会研究［M］. 成都：四川人民出版社，1997.

10. 刘建军. 单位中国——社会调控体系重构中的个人、组织与国家［M］. 天津：天津人民出版社，2000.

11. 程竹汝. 司法改革与政治发展［M］. 北京：中国社会科学出版社，2001.

12. 谢晖. 法律信仰的理念与基础［M］. 济南：山东人民出版社，1997.

13. 何兵. 现代社会的纠纷解决［M］. 北京：法律出版社，2003.

14. 冉井富. 当代中国民事诉讼率变迁研究［M］. 北京：中国人民大学出版社，2005.

15. 陈晋胜. 群体性事件研究报告［M］. 北京：群众出版社，2004.

16. 苏永钦. 司法改革的再改革［M］. 台北：台湾月旦出版社，1998.

17. 吴卫军. 司法改革原理研究［M］. 北京：中国人民公安大学出版社，2003.

18. 郭星华，陆益龙，等. 法律与社会——社会学和法学的视角［M］. 北京：中国人民大学出版社，2004.

19. 薛永慧. 群体纠纷与群体诉讼研究［M］. 北京：知识产权出版社，2009.

20. 顾培东. 社会冲突与诉讼机制［M］. 北京：法律出版社，2004.

21. 渠敬东. 缺席与断裂——有关失范的社会学研究［M］. 上海：上海人民出版社，1999.

22. 于建嵘. 抗争性政治：中国社会政治学基本问题［M］. 北京：人民出版社，2010.

23. 沈恒斌. 多元化纠纷解决机制原理与实务［M］. 厦门：厦门大学出版社，2005.

24. 季卫东. 法治秩序的建构［M］. 北京：中国政法大学出版社，1999.

25. 费孝通. 乡土中国·生育制度［M］. 北京：北京大学出版社，1998.

26. 舒国滢. 在法律的边缘［M］. 北京：中国法制出版社，2000.

27. 汤维建，等. 群体性纠纷诉讼解决机制论［M］. 北京：北京大学出版社，2008.

28. 徐昕. 纠纷解决与社会和谐［M］. 北京：法律出版社，2006.

29. 范愉. 非诉讼纠纷解决机制研究［M］. 北京：中国人民大学出版社，2000.

30. 沈岿. 谁还在行使权力——准政府组织个案研究［M］. 北京：清华大学出版社，2003.

31. 宋维强. 社会转型期中国农民群体性事件研究［M］. 武汉：华中师范大学出版社，2009.

32. 王绍光. 多元与统一——第三部门国际比较研究［M］. 杭州：浙江人民出版社，1999.

33. 陈小君. 田野、实证与法理：中国农村土地制度体系构建［M］. 北京：北京大学出版社，2012.

34. 宋功德. 行政法的均衡之约［M］. 北京：北京大学出版社，2004.

35. 李国波. 农村群体性事件法律研究［M］. 广州：中山大学出版社，2010.

36. 吴卫军，樊兵，等. 现状与走向：和谐社会视野中的纠纷解决机制［M］. 北京：中国检察出版社，2006.

37. 江伟. 民事诉讼法学原理［M］. 北京：中国人民大学出版社，1999.

38. 李挚萍，陈春生，等. 农村环境管制与农民环境权保护［M］. 北京：北京大学出版社，2009.

39. 何增科. 公民社会与第三部门［M］. 北京：社会科学文献出版社，2000.

40. 苏力. 送法下乡［M］. 北京：中国政法大学出版社，2000.

41. 张梓太. 环境纠纷处理前沿问题研究——中日韩学者谈［M］. 北京：清华大学出版社，2007.

42. 孙思萌，常青. 中国：挑战黑社会［M］. 广西：广西人民出版社，2004.

43. 郑杭生. 中国社会结构变化趋势研究［M］. 北京：中国人民大学出版社，2004.

44. 吴增基，等. 现代社会调查方法：第二版，上海：上海人民出版社，2003.

45. 梁治平. 在边缘处思考［M］. 北京：法律出版社，2003.

46. 叶俊荣. 环境政策与法律［M］. 北京：中国政法大学出版社，2003.

47. 叶俊荣. 环境理性与制度抉择［M］. 台北：台湾三民书局，1997.

48. 曾建平. 环境正义——发展中国家环境伦理问题探究［M］. 济南：山东人民出版社，2007.

49. 左卫民，等. 变革时代的纠纷解决——法学与社会学的初步考察［M］. 北京：北京大学出版社，2007.

50. 王灿发. 环境纠纷处理的理论与实践——环境纠纷处理中日国家研讨

会论文集［M］. 北京：中国政法大学出版社，2002.

51. 范愉. ADR原理与实务［M］. 厦门：厦门大学出版社，2002.

52. 王蓉. 中国环境制度的经济学分析［M］. 北京：法律出版社，2003.

53. 吕忠梅. 环境法新视野［M］. 北京：中国政法大学出版社，2000.

54. 刘文朝. 农村民间借贷与建立金融协会研究［M］. 北京：中国金融出版社，2011.

55. 张佩国. 近代江南乡村地权的历史人类学研究［M］. 上海：上海人民出版社，2002.

56. 贺雪峰. 新乡土中国［M］. 南宁：广西师范大学出版社，2003.

57. 应星. 大河移民上访的故事［M］. 北京：三联书店，2001.

58. 刘荣军. 程序保障的理论视角［M］. 北京：法律出版社，1999.

59. 张文显. 法理学：第二版［M］. 北京：高等教育出版社，2005.

60. 王亚新. 社会变迁中的民事诉讼［M］. 北京：中国法制出版社，2001.

61. 黄宗智. 长江三角洲的小农家庭与乡村发展［M］. 北京：中华书局，2000.

62. 王铭铭，王斯福. 乡土社会中的秩序、公正与权威［M］. 北京：中国政法大学出版社，1997.

63. 苏力. 法治及其本土资源［M］. 北京：中国政法大学出版社，1996.

64. 强世功. 法制与治理［M］. 北京：中国政法大学出版社，2003.

65. 余少祥. 弱者的权利——社会弱势群体保护的法理研究［M］. 北京：社会科学文献出版社，2008.

66. 邓正来. 法律与立法二元观［M］. 北京：三联书店，2000.

67. 赵震江. 法律社会学［M］. 北京：北京大学出版社，1998.

68. 邵华. 自组织权利救济——多元化纠纷解决机制的新视角［M］. 北京：中国法制出版社，2007.

69. 王铭铭. 社会人类学与中国研究［M］. 北京：三联书店，1997.

70. 梁治平. 法辨［M］. 北京：中国政法大学出版社，2002.

71. 张卫平. 诉讼构架与程式——民事诉讼的法理分析［M］. 北京：清

华大学出版社，2000.

72. 王亚新，梁治平. 明清时期的民事审判与民间契约［M］. 北京：法律出版社，1998.

73. 王沪宁. 当代中国村落家族文化［M］. 上海：上海人民出版社，1991.

74. 王润生. 西方功利主义伦理学［M］. 北京：中国社会科学出版社，1986.

75. 王赐江. 冲突与治理：中国群体性事件考察分析［M］. 北京：人民出版社，2013.

76. 刘伟. 难以产出的村落政治——对村民群体性活动的中观透视［M］. 北京：中国社会科学出版社，2009.

77. 莫利拉，李燕凌. 公共危机管理：农村社会突发事件预警、应急与责任机制研究［M］. 北京：人民出版社，2007.

78. 何显明. 群体性事件的发生机理及其应急处置——基于典型案例的分析研究［M］. 北京：学林出版社，2010.

79. 朱力. 走出社会矛盾冲突的漩涡：中国重大社会性突发事件及其管理［M］. 北京：社会科学文献出版社，2012.

80. 陈士玉. 当代中国公民政治参与的模式及其发展趋势研究［M］. 长春：吉林大学出版社，2010.

81. 张桂琳. 西方政治哲学［M］. 北京：中国政法大学出版社，1999.

82. 巴且日火，陈国光. 凉山彝族习惯法调解纠纷现实案例——诺苏德古访谈记［M］. 北京：中央民族大学出版社，2012.

83. 嘉日姆几. 尊严，利益？——云南小凉山彝汉纠纷解决方式的人类学研究［M］. 昆明：云南大学出版社，2014.

84. 张居盛. 彝族纠纷解决：过去、现在和未来［M］. 北京：大众文艺出版社，2006.

85. 李剑. 凉山彝族纠纷解决方式研究［M］. 北京：民族出版社，2011.

86. 何耀华. 西南民族研究彝族专集［M］. 昆明：云南人民出版社，1987.

87. 林耀华. 凉山彝家的巨变［M］. 北京：商务印书馆，1995.

88. 刘正发. 凉山彝族家支文化传承的教育人类学研究［M］. 北京：中央民族大学出版社，2007.

89. 张邦铺，等. 凉山地区多元化纠纷解决机制研究——以彝族为例［M］. 北京：中国政法大学出版社，2013.

90. 刘正发. 凉山彝族家支文化传承的教育人类学研究［M］. 北京：中央民族大学出版社，2007.

二、中文译著

1. ［美］博登海默. 法理学——法哲学及其方法［M］. 邓正来，译. 北京：华夏出版社，1987.

2. ［法］皮埃尔·布迪厄，［美］年康德. 实践与反思——反思社会学导引［M］. 李猛，李康，译. 北京：中央编译出版社，1998.

3. ［日］樱井哲夫. 福柯——知识与权力［M］. 姜忠莲，译. 石家庄：河北教育出版社，2001.

4. ［美］布莱克. 法律的运作行为［M］. 唐越，苏力，译. 北京：中国政法大学出版社，1994.

5. ［德］黑格尔. 法哲学原理［M］. 范扬，张企泰，译. 北京：商务印书馆，1961.

6. ［美］罗伯特·K. 默顿. 社会研究与社会政策［M］. 林聚任，等，译. 北京：三联书店，2001.

7. ［日］川岛武宜. 现代化与法［M］. 王志安，等，译. 北京：中国政法大学出版社，1994.

8. ［美］阿尔蒙德，等. 比较政治学：体系、过程和政策［M］. 曹沛霖，等，译. 上海：上海译文出版社，1987.

9. ［美］德勒巴克，等. 新制度经济学前沿［M］. 张宇燕，等，译. 北京：经济科学出版社，2003.

10. ［美］戴维·波普尔. 社会学：第10版［M］. 李强，等，译. 北京：中国人民大学出版社，1999.

11. ［美］D. P. 约翰逊. 社会学理论［M］. 南开大学社会学系，译. 北京：国际文化出版公司，1988.

12. ［美］马丁·P. 戈尔丁. 法律哲学［M］. 齐海滨，译. 北京：三联书店，1987.

13. ［日］小岛武司. 诉讼外纠纷解决法［M］. 丁婕，译. 北京：中国政法大学出版社，2005.

14. ［美］波斯纳. 法律的经济分析［M］. 蒋兆康，译. 北京：中国大百科全书出版社，1997.

15. ［美］詹姆斯·M. 波恩斯，等. 美国式民主［M］. 谭君久，等，译. 北京：中国社会科学出版社，1993.

16. ［英］约瑟夫·拉兹. 法律的权威［M］. 朱峰，译. 北京：法律出版社，2005.

17. ［美］卡多佐. 司法过程的性质［M］. 苏力，译. 北京：商务印书馆，1998.

18. ［德］马克斯·韦伯. 论经济与社会中的法律［M］. 张乃根，译. 北京：中国大百科全书出版社，1998.

19. ［美］埃里克森. 无需法律的秩序——邻人如何解决纠纷［M］. 苏力，译. 北京：中国政法大学出版社，2003.

20. ［美］汉密尔顿，等. 联邦党人文集［M］. 程逢如，等，译. 北京：商务印书馆，1982.

21. ［美］乔纳森·特纳. 社会学理论的结构［M］. 邱泽奇，译. 北京：华夏出版社，2001.

22. ［美］布莱克. 社会学视野中的司法［M］. 郭星华，等，译. 北京：法律出版社，2002.

23. ［日］棚濑孝雄. 纠纷的解决与审判制度［M］. 王亚新，译. 北京：中国政法大学出版社，1994.

24. ［日］汤浅道男，等. 法人类学基础［M］. 徐晓光，等，译. 香港：香港华夏文化艺术出版社，2001.

25. ［美］D. 布迪，C. 莫里斯. 中华帝国的法律［M］. 朱勇，译. 南京：江苏人民出版社，1998.

26. ［美］吉尔兹. 地方性知识［M］. 王海龙，张家煊，译. 北京：中央编译出版社，2000.

27. ［美］路易斯·亨利·摩尔根. 古代社会［M］. 杨东莼，等，译. 北京：商务印书馆 1987.

28. ［美］道格拉斯·C. 诺斯. 经济史中的结构与变迁［M］. 陈郁，等，译. 上海：上海三联书店、上海人民出版社，1994.

29. ［美］彼得·布劳，马歇尔·梅耶. 现代社会中的科层制［M］. 马戎，等，译. 北京：学林出版社，2001.

30. ［美］威廉姆·庞德斯通. 囚徒的困境——冯·诺伊曼、博弈论和原子弹之谜［M］. 吴鹤龄，译. 北京：北京理工大学出版社，2005.

31. ［美］L. 科塞. 社会冲突的功能［M］. 孙立平，译. 北京：华夏出版社，1989.

32. ［英］培根. 培根论说文集［M］. 水天同，译. 北京：商务印书馆，1983.

33. ［英］罗素. 罗素文集（3）［M］. 靳建国，等，译. 呼和浩特：内蒙古人民出版社，1997.

34. ［美］马丁·夏皮罗. 法院：比较法上和政治学上的分析［M］. 张生，李彤，译. 北京：中国政法大学出版社，2005.

35［美］劳伦斯·弗里德曼. 选择的共和国——法律、权威与文化［M］. 高鸿均，等，译. 北京：清华大学出版社，2005.

36. ［美］马丁·夏皮罗. 法院：比较法上和政治学上的分析［M］. 张生，李彤，译. 北京：中国政法大学出版社，2005.

后　记

几经修改完善，本书终于以现在的面貌呈现在读者面前。无论是美或是丑，是有所见地还是人云亦云，作为作者，我们总算尽力了，不当之处还望读者不吝指正。

本书是国家社会科学基金西部项目（编号09XFX032）“西部地区农村群体性纠纷及其解决机制研究——基于实证视角的描述与分析”的结项成果。项目的顺利完成，得益于全体课题组成员之努力。作为课题主持人，我主要承担了课题分工、提纲草拟、调研组织、部分成果撰写及最后统稿等工作。全书由三位作者分工完成，具体情况如下：

第一章、第二章、第四章、附录一、附录二　吴卫军（法学博士、电子科技大学教授）

第三章、第七章　徐岩（电子科技大学马克思主义教育学院博士研究生、副研究员）、吴卫军

第五章、第六章　冯露（法学博士、电子科技大学副教授）

成书之际，要感谢的对象很多：感谢全体课题组成员（包括参与课题研究但不是本书作者的张帆博士）的辛勤劳动，感谢课题调研过程中给予我们大力支持的相关单位及个人，感谢电子科技大学法律系众多研究生及本科生提供的素材，感谢发表课题前期成果的部分学术刊物及其编辑，感谢参与结项鉴定的各位专家、教授，感谢国家社会科学基金、四川省学术和技术带头人培养资金及电子科技大学中央高校基本科研业务费对课题出版的支持。

本书出版只是一个新的起点，未来的路还很长……生活或许有夏花般的绚烂，也不乏秋叶般的静美，但平和与恬淡才是不变的真谛；不管岁月怎样变迁、时光如何流淌，祝愿我和我的亲友们顺心如意、喜乐安康。

是为记!

吴卫军

农历丙申年十月于蓉城